ŒUVRES COMPLÈTES

D'ALEXANDRE DUMAS

DE PARIS A CADIX

II

IMPRESSIONS
DE VOYAGE

— DE PARIS A CADIX —

PAR

ALEXANDRE DUMAS

PARIS

CALMANN LÉVY, ÉDITEUR

ANCIENNE MAISON MICHEL LÉVY FRÈRES

3, RUE AUBER 3,

1888

IMPRESSIONS
DE VOYAGE

— DE PARIS A CADIX —

PAR

ALEXANDRE DUMAS

II

NOUVELLE ÉDITION

PARIS

CALMANN LÉVY, ÉDITEUR

ANCIENNE MAISON MICHEL LÉVY FRÈRES

3, RUE AUBER 3,

—

1888

IMPRESSIONS

DE VOYAGE.

DE PARIS A CADIX.

XXI.

Grenade, ce 29 octobre.

Vous vous souvenez peut-être, madame, qu'excepté une retraite que j'oserai comparer à celle des dix mille, toute cette histoire de la terrasse de Grenade est restée sans dénoûment. Je vous ai dit toutes les alarmes de notre pauvre Couturier, les visites empressées des senores escribanos, et les différentes évaluations faites par eux des dommages causés par cette petite pierre rouge à l'œil gauche d'Alexandre.

Le moins agréable de ces escribanos, mais à coup sûr le plus **retors**, s'était, malgré nos instances, et je dirai pres-

que malgré nos menaces, installé chez nous; et, cloué sur
une chaise, incrusté devant une table, il grossoyait, grossoyait, grossoyait, ne s'interrompant que pour nous répéter,
en relevant ses lunettes vertes au-dessus de ses yeux et en
les fixant entre ses sourcils absens et ses cheveux jaunes :

— Messieurs, la famille Contrairas s'est rendue coupable
d'un délit prévu par toutes les lois espagnoles à la fois;
peut-être si vous intercédiez beaucoup près du chef politique, les délinquans ne seront-ils point envoyés aux prési-
des, mais ils ne peuvent manquer de payer une amende
énorme, une indemnité colossale; puis il ajoutait avec sa
funèbre urbanité et son sourire mortuaire :

— Beau procès, messieurs, beau procès ! la famille Contrairas sera tout à fait ruinée dans quinze jours.

Et il se remettait à grossoyer avec le mouvement régulier
et criard d'une mécanique.

Cette assurance, qu'il nous donnait avec l'impassibilité de
la conviction, nous faisait frissonner de la pointe des pieds
à la racine des cheveux, nous nous regardions les uns les
autres avec une secrète envie d'étrangler le seigneur escribano, et de faire à son corps, le plus combustible de tous
les corps que nous eussions jamais vu, un bûcher avec ses
paperasses : c'était en effet le plus court moyen d'en finir
avec toute cette affaire.

C'est que, vous comprendrez facilement cela, madame,
nous ne pouvions nous habituer à cette idée d'être venus en
Espagne, par les pittoresques montagnes du Guipuscoa, les
sables gris des deux Castilles, les plaines safranées de la
Manche, sous les cyprès, les grenadiers et les vignes du Généralife, en face de l'Alhambra, et des vallées merveilleuses
où sur son lit de cailloux sonores roule le Xénil, aux rives

bordées de lauriers-roses, pour faire un procès même très beau à trois jeunes garçons très laids. Aussi en étions-nous arrivés, tant chaque visiteur, et les visiteurs s'étaient succédé toute la journée, tant chaque visiteur nous parlait, dis-je, avec acharnement de cette grosse pierre et des scélérats qui l'avaient lancée, à ne plus voir dans la pierre qu'un grain de sable, et dans les drôles qui l'avaient lancée que des chérubins un peu folâtres.

Songez, madame, que Grenade est le plus beau pays du monde; songez qu'on y respire le jour tout ce que le soleil enlève de parfums à l'oranger, à la violette, aux roses et aux jasmins toujours verts et fleuris, et la nuit tout ce qu'un ciel d'azur, constellé de millions d'étoiles, peut secouer de fraîcheur sur la terre; qu'on s'y perd à chaque pas sous des allées de buis, de lentisques et de sycomores, à travers ces échancrures duquel il semble voir la face souriante de Dieu, qui a béni ce pays enchanté; qu'on a, si l'on regarde Grenade des terrasses du Généralife, à sa gauche, les tours cuivrées du palais que pleura Boabdil; à sa droite, l'Albaizin et ses nids de Bohêmes cachés dans les aloès et les cactus; devant soi, une vallée verdoyante et parfumée, qui va vers un horizon bleuâtre échancrer une chaîne de montagnes qui semblent la ceinture que le Seigneur jaloux mit comme un rempart autour de la ville, à laquelle ses habitans ont donné la forme et le nom du plus doux fruit; enfin, derrière soi, la Sierra-Nevada, immense forteresse granitique, toute crénelée d'argent mat et d'argent poli. Toutes merveilles que nous avions désirées avant de les voir, et adorées après les avoir vues. Songez que, lorsque le soir nous voilait cette Grenade poétique, il nous restait la promenade insoucieuse dans la ville endormie, le théâtre embrasé par les baylès na-

tionaux, le plaisir de se perdre en sortant du théâtre dans
ces rues mystérieuses où devant de douces et indulgentes
Madones brûlent des cierges parfumés ; en un mot, le droit
de nous reposer si délicieusement la nuit de n'avoir rien
fait dans la journée. Et voilà, comprenez-vous bien cela,
madame? voilà qu'un méchant escribano nous effaçait tout
ce bonheur avec un seul trait de sa plume de corbeau. Voilà
que nous avions un procès, un beau procès, un magnifique
procès! Vous figurez-vous vos pauvres voyageurs, si à l'aise
dans leurs vestes de voyage, endossant leurs habits noirs
pour aller visiter leurs juges; votre serviteur, flanqué de
l'interprète Desbarolles forcé d'abandonner un instant sa
carabine, vous figurez-vous, dis-je, votre serviteur veillant
au maintien de son droit de père et à sa dignité d'ambassa-
deur? Voyez-vous monsieur Dumas hijo, en sa qualité de
témoignage vivant, forcé d'entretenir sous sa paupière gauche la fraîcheur de cet arc-en-ciel qui vient d'ordinaire iri-
ser une pommette contusionnée? Voyez-vous Maquet pâlir
sur des grosses et sur des mémoires, Giraud lever le plan
des deux terrasses, et Boulanger toiser, la chaînette du géo-
mètre à la main, la parabole décrite par ce morceau de bri-
que grenadine, depuis la phalange d'une main espagnole
jusqu'à l'orbite d'un œil français ?

En vérité, tout cela nous constituait, vous en conviendrez,
madame, une position intolérable; aussi invoquâmes-nous
d'une commune voix cette bonne Providence, la même que
vous connaissez déjà, madame, pour l'avoir vue à nos côtés
en divers endroits écartés, et dans différentes positions plus
ou moins difficiles.

Elle répondit comme toujours, la consolante déesse! seulement cette fois elle était vêtue d'une veste de peau de mou-

ton, roulait entre ses doigts un chapeau relevé, entouré, avec deux pompons sur le flanc, tenait un fouet d'arriéro, et répondait au nom de Lorenzo Lopez. Elle me démêla, comme Jeanne d'Arc fit de Charles VII, au milieu de tous mes amis, qui faisaient cercle autour de l'escribano avec la stupeur de l'épouvante, et s'approchant de moi avec respect :

— Senor, me dit-elle, j'ai réuni les mules qu'on est venu me commander de votre part : elles sont à l'écurie, nous partirons demain d'aussi bon matin que vous voudrez.

L'escribano leva sa tête bombée, le suppôt d'Arimane flairait Oromase.

— Votre Seigneurie partirait-elle, demanda-t-il avec inquiétude.

— Et pourquoi donc ne partirais-je pas ? demandai-je.

— Parce qu'il est impossible que vous quittiez Grenade en ce moment, don Alejandro.

— Allons donc ! vous plaisantez ; est-ce que je suis prisonnier, par hasard ?

— Non ; mais vous avez un procès, et l'on ne s'en va pas quand on a un procès, surtout un beau procès comme celui-là.

Tout ceci nous était dit en espagnol, idiome que nous comprenions à grand'peine ; mais il y a dans toutes les langues des discours, des phrases, des mots que tout le monde comprend sans avoir appris ces langues. Appelez cela, si vous le voulez, madame, le langage de la situation. L'interprète Desbarolles n'eut donc pas besoin de nous expliquer ce que le seigneur escribano venait de dire, son accentuation l'avait trahi.

Je fis un signe à Maquet et à Boulanger, ils entraînèrent la Providence hors de la chambre.

Arimane resta seul.

Alexandre vint s'asseoir près de lui en le couvant de son œil droit, et prêt à le contenir si besoin était.

Giraud, aiguisant son crayon comme on ferait d'un stylet, alla se placer devant la porte, et, pour ne pas perdre son temps ni son intarissable bonne humeur, il commença de faire son portrait.

Enfin Desbarolles se mit à rouler désespérément son pouce droit autour de son pouce gauche, mouvement qui décelait chez lui ou une grande quiétude ou une grande agitation.

Cette fois il n'y avait pas à s'y tromper, les pouces de Desbarolles étaient à l'inquiétude.

Je me penchai à son oreille :

— Vous qui parlez l'espagnol comme Cervantes, lui dis-je, allez aider Maquet et Boulanger à débattre les prix avec le muletier.

— J'y vais, répondit-il.

Il prit sa carabine et sortit.

Malgré les nattes qui couvraient le plancher et sur lesquelles j'avais compté pour assourdir le pas toujours quelque peu retentissant de Desbarolles, le seigneur escribano l'entendit, se retourna, le vit sortir, et se gratta l'oreille avec sa plume.

Dix minutes se passèrent sans qu'Alexandre, Giraud ni moi, tentassions le moins du monde de réveiller la conversation.

Au bout de ce temps, Maquet et Boulanger rentrèrent affectant la plus innocente insouciance.

Le seigneur escribano se retourna pour les voir rentrer, comme il s'était retourné pour voir sortir Desbarolles; en reconnaissant qu'ils étaient seuls, un rayon de joie blafarde illumina son visage.

— Est-ce fini ? demandai-je le plus bas possible à Maquet.

— Oui, ou à peu près ; du moins Desbarolles et le muletier se tiennent à dix francs.

— Lui avez-vous dit de ne pas souffler le mot de notre départ devant le seigneur escribano ?

— Non, mais je cours le lui dire.

Mais au moment où Maquet s'élançait vers la porte, la porte s'ouvrit avec fracas, et maître Desbarolles apparut les bras en croix, la bouche en cœur, une paillette à l'œil.

— C'est fait ! s'écria-t-il d'une voix de tonnerre.

L'escribano se retourna comme s'il eût été mis en contact avec la pile de Volta, il releva ses lunettes comme c'était son habitude quand il regardait autre chose que son papier.

Les plus braves pâlirent.

Il était évident que notre interprète juré venait de commettre l'imprudence prévue. En vain nos signes de détresse le lui apprirent, en vain ses bras retombèrent, en vain sa bouche passa de l'arc concave à l'arc convexe, en vain son œil s'éteignit. Hélas ! madame, il était trop tard.

L'escribano avait tout entendu, tout compris ; il plia proprement sa pancarte, essuya sa plume, et nous saluant avec une grâce menaçante, il prit congé de nous.

Il n'avait pas refermé la porte, qu'une salve d'imprécations écrasait le malheureux Desbarollles.

— Vous n'avez donc pas vu mes yeux ? criait Maquet.

— Vous n'avez donc pas deviné ce que voulait dire mon doigt sur mes lèvres ? disait Boulanger.

— Je t'ai pourtant allongé un triomphant coup de pied, grommelait Giraud.

— Ah ça ! que voulez-vous dire tous ? demanda Desbarolles effarouché ; eh ! qu'y a-t-il donc ?

— Pardieu ! il y a que vous avez crié : C'est fait ! dit Alexandre.

— Je l'ai crié dans ma langue maternelle, que cet Espagnol ne comprend pas, répondit majestueusement Desbarolles, espérant nous anéantir sous ce dilemme.

— Oui, repris-je ; mais vous aviez les bras en guirlande ; l'Espagnol a compris, et il *s'est foui,* comme on dit en Espagne ; cela nous portera malheur.

— Oh ! sacré tonnerre ! dit Desbarolles en frappant le parquet de sa carabine, tandis que sa figure passait graduellement de l'expression de l'étonnement à celle du désespoir.

— Voyons, ne vous désolez pas, lui dis-je ; cela ne remédiera à rien ; parlez-nous bien plutôt de ce muletier ; qu'avez-vous arrêté avec lui ?

— J'ai retenu toutes les mules de notre homme, dit-il ; huit mules.

— Je ne veux pas d'une mule, s'écria Alexandre : cela va trop doucement.

— Le cas était prévu ; vous aurez un cheval, dit Desbarolles.

— Et moi je ne veux pas non plus d'une mule, s'écria à son tour Boulanger : cela va trop vite.

— J'avais pensé à une voiture pour vous, dit Desbarolles ; mais outre que sur certains points la route de Grenade à Cordoue est praticable à peine pour les mules, il n'y a pas une seule voiture à louer à Grenade.

— Alors j'irai à pied, dit Boulanger ; je ne suis pas cavalier, moi.

— Ah ! cher ami, lui dis-je, ne t'inquiète point ; tu as vu les étriers mauresques des montures espagnoles ; ce sont des espèces de boîtes dans lesquelles les cavaliers s'embarquent jusqu'à mi-jambe ; tu ne seras pas à cheval, tu seras en bateau.

— Alors me voilà rassuré, dit Boulanger : en bateau j'irais au bout du monde.

En ce moment, la porte tourna sur ses gonds, et Pepino, le patron de tous les pupillos français, passés et futurs, entra annonçant :

— Monsieur le corrégidor

— Bon, murmura chacun de nous, nous tenons notre procès, ou plutôt notre procès nous tient.

Monsieur le corrégidor, en redingote noire, apparut alors sur le seuil, tenant un rouleau de papiers à la main ; il nous parut sinistre ; il fit trois pas et s'arrêta pour saluer.

Comme il était probable qu'un magistrat qui se présentait avec tant de solennité allait employer un langage relevé, fleuri, technique, tout percé de faux-fuyans comme les cuevas des Bohémiens, je fixai auprès de moi l'interprète Desbarolles, en le suppliant d'oublier l'anglais et l'allemand pour ne se souvenir que de l'espagnol et du français.

J'avais bien raison de me précautionner ainsi : le magistrat commença par un exorde ; il posa une narration, poussa une confirmation, et conclut par une péroraison. Nous avions eu la triste chance de tomber sur un orateur.

Desbarolles suait à grosses gouttes, et il me semblait voir la mémoire liquéfiée de notre interprète s'enfuir par tous les pores.

1.

Voici la substance de son discours, madame.

— Je n'ai pas hésité, senor et senores, à me présenter devant un illustre écrivain, planète brillante escortée de lumineux satellites.

Il vous a été fait au moyen d'une pierre une injure, un tort, une agression même, et cela pendant que vous étiez sur une terrasse qui domine la place des Cuchilleros. Je me suis fait représenter la pierre, qui est rouge, et j'aperçois d'ici à la lueur des bougies l'œil de monsieur votre fils, qui est vert.

— Bleu, interrompit Alexandre.

— Le soir le bleu paraît vert, dit Giraud ; n'interromps pas monsieur pour si peu de chose.

— Qui est vert, reprit l'orateur. Messieurs, il ne dépendra pas de la justice espagnole que vous soyez vengés d'une manière terrible.

Veuillez en conséquence signer cette plainte, que j'ai rédigée pour vous en épargner la peine.

— Mais, monsieur, répondis-je par la voix de l'interprète, je ne me suis pas plaint, et mon fils se déclare suffisamment vengé.

Le corrégidor daigna sourire.

— Vous n'êtes pas juge dans votre cause, senor, me dit-il.

— Eh bien ! senor corrégidor, puisque la justice veut bien me faire cette politesse de se substituer à mon lieu et place, je la supplie avec tout le respect que je dois à une si grande dame d'oublier mon offense.

— Cela est impossible ; nous ne souffrirons jamais qu'un illustre Français comme est le senor don Alejandro, ait été impunément insulté, attaqué, frappé dans la personne de son fils. Nous sommes hospitaliers à Grenade, senores.

— Soit ; mais je vous déclare que je ne signerai jamais une plainte qui peut ruiner une famille, senor corrégidor.

— Ma foi ! senor don Alejandro, la famille Contrairas a moins de scrupules, car elle a signé contre vous une plainte en violation de domicile : elle se porte demanderesse, elle réclame des dommages-intérêts ; de sorte que si vous ne la ruinez pas, elle vous ruinera, elle. Ce qui lui sera d'autant plus facile, ajouta le magistrat avec un coup d'œil perçant, que vous manifestez l'intention de partir.

— De partir ! qui vous a dit cela, monsieur ?

— Un estimable escribano qui sort à l'instant de chez vous, et à l'empressement duquel vous devez ma visite.

Cinq regards, acérés comme des poignards, transpercèrent le malheureux Desbarolles, qui reconnut alors toute l'étendue de sa faute.

Je vis que c'était le moment de briser les vitres et de passer du Fabius au Scipion.

— Eh bien ! oui, m'écriai-je, nous partirons. Nous laisserons la famille Contrairas nous ruiner si bon lui semble ; mais nous ne signerons rien ; nous ne témoignerons de rien, et surtout nous ne gâterons pas le souvenir d'une aussi adorable ville que Grenade par les ennuis d'un abominable procès ; le soleil lui-même a des taches, c'est vrai ; mais Grenade est mieux que le soleil lui-même : c'est la maîtresse du soleil.

— Est-il possible, senor, que vous enleviez ainsi à la justice sa liberté d'action ? dit le magistrat.

— J'aime mieux l'injustice, répondis-je.

— Alors vous êtes décidé, riposta le corrégidor de ce ton qui veut dire gare.

— Irrévocablement décidé.

— Bueno.

Et le magistrat nous salua révérencieusement.

A peine la porte fut-elle refermée sur ses talons que je m'écriai :

— Messieurs, les grandes circonstances amènent les grands pardons. Oublions l'attentat de Desbarolles. Ne nous laissons ruiner que de loin, s'il est possible ; et pendant qu'il en est temps encore, fuyons les alcades, les corrégidors, et surtout les escribanos.

— Fuyons, répéta toute l'assemblée.

— Oui, fuyons ; mais comment fuirons-nous ? dit Boulanger.

— Nous avons un cheval, nous avons huit mules, nous avons des étriers mauresques.

— Pardon, interrompit Desbarolles fort troublé, pourquoi donc parlez-vous toujours d'étriers mauresques ; je n'ai jamais dit que nos mules eussent des étriers mauresques. Que diable ! ne me faites pas dire non plus ce que je ne dis pas.

Boulanger frémit.

— Après tout, repris-je, voyons, Boulanger, quand ils ne seraient pas tout à fait mauresques, pourvu que le pied y entre. Que diable ! le Cid se tenait bien à cheval après sa mort, tu te tiendras bien à mule pendant ta vie.

— Allons, dit Boulanger avec sa bonté ordinaire, j'essayerai, et pourvu qu'il y ait des étriers quelconques...

— Mais, reprit Desbarolles, voilà justement le hic ! c'est qu'il n'y a pas d'étriers du tout, ni mauresques ni autres.

— Où met-on ses pieds, alors ? demanda Boulanger.

— On les laisse pendre. En hiver cela les réchauffe ; en été cela les dégourdit.

— Les pieds pendent ! s'écria Boulanger ; mais l'équilibre, messieurs ; où prend-on l'équilibre ?

— Dans le centre de gravité, répondit majestueusement Desbarolles.

En effet, je me rappelai que sur les routes parcourues nous avions vu passer bon nombre de voyageurs, les jambes flottantes aux flancs de leurs mules.

— Je crois en effet que Desbarolles a raison, repris-je, il n'y a pas d'étriers ; mais console-toi, mon cher Louis, à la selle de ces mules s'élèvent, l'un devant, l'autre derrière, deux montans rembourrés avec soin, et qui pour la plupart sont garnis de clous dorés ; ce qui fait un admirable effet, tu te le rappelles ; l'un soutient le ventre du cavalier jusqu'à la poitrine, l'autre lui comprime les reins jusqu'aux omoplates. Ainsi emboîté dans sa selle, le voyageur peut dormir comme dans un fauteuil. Or, comme nous voyagerons de jour, tu ne dormiras pas, et tu pourras même, dans cette espèce de carapace qui te laissera la liberté des bras, tu pourras faire tes croquis en marchant. As-tu de la répugnance pour voyager en fauteuil ?

— Ma foi non ! dit Boulanger transporté d'aise.

— Tu consentais bien à voyager en bateau ; tu seras mieux, et tu ne risqueras pas le mal de mer.

— C'est-à-dire que je m'en fais une fête.

— Va donc pour le fauteuil.

— Va pour le fauteuil.

— Un moment, un moment ! interrompit Desbarolles. Mais on voit bien que vous ne voyagez pas comme nous depuis quatre mois en Espagne ; sans cela vous sauriez...

Desbarolles s'arrêta hésitant.

— Eh bien ! que saurions-nous, voyons ?

— Vous sauriez que cette selle, dont venez de donner à
Boulanger une description si poétique, est comme ces mon-
naies fictives avec lesquelles on compte, mais qui n'existent
pas. Avez-vous jamais vu une pistole, vous ?

— Comment! s'écria Boulanger, la selle mauresque n'existe
pas ?

— Elle existe, elle existe... chez les Maures, et nous la
trouverons bien certainement en Algérie ; mais vous ne la
trouverez pas en Espagne, et surtout chez les arriéros.

— Mais alors, qu'y trouverons-nous chez vos arriéros ? la
selle à l'anglaise ?

— Hum ! fit Boulanger, la selle à l'anglaise !

— Tu es comme Bertrand, dit Giraud, tu ne t'y fies pas.

— Mais, reprit Desbarolles, décidé à nous faire mesurer
l'abîme d'un seul coup, mais c'est que la selle anglaise
n'existe pas plus que la selle arabe, pas plus que les étriers
mauresques.

— Tu verras, mon pauvre ami, dis-je à Boulanger, que tu
seras obligé de te contenter d'un bât.

— Eh ! eh ! dit Maquet ; en y attachant deux paniers.

— Alors, tu voyageras en cacolet, on mettra les provisions
dans les paniers, et on t'élèvera au grade d'inspecteur général des vivres.

— Va pour les cacolets, dit Boulanger, quoique je me dé-
fie des nouvelles inventions.

— Mais c'est que le bât est inconnu! s'écria Desbarolles,
c'est que le bât est illusoire, que jamais un seul bât n'est
entré en Espagne, ou du moins n'a déshonoré le dos d'une
mule.

— Alors sur quoi monter, donc ? dit Boulanger ; avouez-

moi cela tout de suite ; s'agit-il d'aller d'ici à Cordoue à poil
nu, comme un Numide ? voyons, accouchez, Desbarolles.

— Voici comment cela se pratique, répondit l'interprète :
l'arriéro étend une couverture sur son mulet, et fixe cette
couverture avec une sangle.

— Puis ? demanda Boulanger.

— Puis, pour ceux qui sont habitués au vain luxe des
étriers, il fixe sur le garrot de l'animal une corde à chaque
bout de laquelle il pratique un nœud coulant ; on passe les
pieds par cette ouverture, et je vous assure, Boulanger, que
si l'on n'est ni en bateau, ni en fauteuil, ni en cacolet, on
n'est véritablement pas mal.

— J'irai à pied, s'écria Boulanger d'un air résolu.

— A pied ?

— Sans doute.

— Il y a quarante-deux lieues d'ici à Cordoue, nous devons
faire le chemin en trois jours, c'est treize à quatorze lieues
par jour, voilà tout.

— Tu te trompes, mon ami, dit Alexandre ; quarante-
deux lieues de l'Espagne font soixante-six lieues de France
à peu près, c'est vingt-deux lieues par jour, et non quatorze ;
quatre-vingt-huit kilomètres, pour parler plus clairement.
Tu te sens la force d'avaler quatre-vingt-huit kilomètres en
douze heures, toi ? merci !

— D'ailleurs, repris-je, tu connais le caractère de la mule ?

— Oui, entêté comme une mule, cela se dit, je sais bien.

— Entêtée, parce qu'elle récuse le trot, nie le galop, et ne
veut marcher qu'au pas. Toi qui es peintre, voyons, n'as-tu
pas vu quantité d'enseignes qui représentaient une jeune
fille tirant une mule et une mule tirant une jeune fille ? qu'y
avait-il au-dessus ou au-dessous de l'enseigne ? *Aux deux*

entêtés; mais tu n'as jamais vu sur une enseigne une mule emportant son cavalier ou sa cavalière, jamais.

— C'est vrai, jamais.

— D'ailleurs, ta mule essayerait de t'emporter, qu'avec l'aide de la bride...

— En tirant, n'est-ce pas?

— Oui, en tirant comme cela, hein! n'est-ce pas, Desbarolles, qu'avec une bonne bride on arrêterait la mule la plus rétive? Voyons, répondez, morbleu! Vous êtes familier avec les mules, vous, depuis quatre mois que vous êtes en Espagne.

— Certainement, qu'on l'arrêterait avec une bride, dit-il.

— Tu vois bien.

— Si on avait une bride, mais on n'a pas de bride.

— Pas de bride?

— Non, jamais. Oh! le licou suffit, la mule est l'animal le plus facile à conduire que je connaisse.

— Je n'arriverai jamais vivant à Cordoue, dit Boulanger; j'irai à pied, décidément, j'irai à pied!

— Mais il n'y a que des muletiers qui puissent suivre à pied des mules, dit Giraud.

— Je ferai comme si j'étais muletier.

— Tu es fou.

— Mais, dit Maquet, l'homme froid de nous tous, l'homme raisonnable, l'homme à ressources enfin, je ne vois pas pourquoi on se passerait de selles, d'étriers et de brides.

— Je le vois bien, moi, dit Boulanger, c'est qu'on n'en a pas.

— Oui, mais on peut en avoir.

— Où cela?

— Chez un bourrelier, parbleu!

— Tiens, au fait, m'écriai-je, achetons, messieurs, achetons.

— Cela manquera de caractère, dit dédaigneusement Desbarolles.

— Eh bien ! tu monteras sans selle, sans bride et sans étriers, on ne t'en empêche pas, toi.

— Et nous deux Maquet, dit Alexandre, nous allons chez un bourrelier. Venez, Maquet.

Mais Maquet avait regardé sa montre.

— Messieurs, dit-il en posant sa montre sur la table, minuit va sonner, et je vous ferai observer qu'à neuf heures du soir toutes les boutiques sont fermées ; or, un marchand espagnol a trop de peine déjà à vendre gracieusement pendant le jour, pour se décider à vendre la nuit. J'ai donc donné un conseil impraticable, un conseil dont je me repens, puisqu'il a fait naître de fausses espérances, et dont je demande pardon à la société.

— D'ailleurs, reprit Desbarolles, qui tenait singulièrement à avoir l'air d'un contrabandista, d'ailleurs le rendez-vous donné aux muletiers est fixé à quatre heures précises du matin, et jamais d'ici là, les marchands consentissent-ils à nous ouvrir, nous n'aurions assez de temps pour acheter étriers, selles, brides, disposer tout cela, faire nos malles, ranger les dessins, payer la note, et dormir, car enfin, messieurs, il faut bien dormir.

Il faut vous dire, madame, que Desbarolles est un dormeur féroce.

Il dormirait comme un coq, à la pointe d'un clocher, comme un héron, sur une patte. Il est vrai que même en dormant il conserve un extérieur des plus convenables.

— Dame ! il y aurait un moyen, dit Alexandre.

— Lequel?

— Au lieu de partir demain à quatre heures du matin, partons demain à midi; il fait jour à six heures du matin, les magasins ouvrent à huit; les malles seront faites, les dessins seront rangés, la note sera payée de cette nuit; il nous restera quatre heures, c'est plus qu'il ne faut pour acheter une selle, une paire d'étriers, une bride pour Boulanger.

— Et les autres?

— Pardieu, les autres iront comme ils pourront.

— Mais si demain on s'oppose à notre départ?

— Eh bien! nous ferons une sortie.

Desbarolles courut à sa carabine.

— Voilà, dit-il en prenant une pose d'escopetéro, voilà!

— Tu es fou! Nous lutterons à six contre une ville?

— Tu as bien pris la poudrière de Soissons à toi tout seul! Et même que tu es décoré de Juillet pour cela. Ah! Attrape!

— Que pense Maquet? demandai-je.

— Messieurs, je pense que l'on ne tenterait pas d'employer la violence contre des gens qui sont venus en Espagne en hôtes presque royaux; je pense que nous sommes menacés mais non encore atteints d'un procès; que nous n'avons rien signé, que nous n'avons encore reçu ni citation ni commandement ni lettre officielle, et que par conséquent nous sommes libres de quitter Grenade à l'heure du jour ou de la nuit qui nous conviendra. Oh! si au contraire nous étions officiellement convoqués...

Maquet en était là de sa déduction, quand un grand coup du marteau de fer retentit sur la porte de la rue.

— Oh! oh! qui vient ici à minuit? demanda Giraud.

— Croyez-vous déjà qu'on vous assiége ? répondit Maquet. Celui qui frappe est un des pupillos de Pepino. Vous savez que ses pensionnaires n'osent rentrer chez eux que lorsque nous sommes couchés ; celui-là nous croit couchés, et il se hasarde à rentrer. Le pauvre garçon, c'est bien naturel !

— Bien, firent quelques-uns de nous avec un reste de doute.

Ceux qui doutaient avaient raison : un pas lourd et ignorant des localités résonna sur les dalles du patio, puis dans l'escalier : enfin Pepino entra chez nous, son bonnet de nuit à la main.

Il paraissait radieux.

— Une lettre, dit-il.

— Une lettre ! et de qui ?

— De Son Excellence le seigneur capitaine général. On attend la réponse en bas. Demonio ! vous avez de belles connaissances, messieurs.

— C'est bien. Dites que nous sommes couchés, et que demain à notre réveil vous nous remettrez le message de monsieur le capitaine général.

— Mais, senor...

— Dites cela, je vous prie.

Pepino s'inclina et sortit.

Je tenais le papier d'une main mal assurée ; je le pesais avec des pressentimens sinistres. Il me semblait qu'en l'ouvrant j'allais donner la liberté à une foule de malheurs enfermés dans une nouvelle boîte de Pandore.

Cependant il fallait bien finir par ouvrir la fatale lettre ; je l'ouvris, je lus le premier tout bas, et je la passai à Desbarolles pour la lire tout haut à son tour, c'était son droit.

La dépêche était écrite en espagnol.

Elle contenait trois lignes dont Desbarolles déclama lentement la traduction.

« Le capitaine général invite monsieur Alexandre Dumas à se présenter demain chez lui à onze heures du matin.

» Il le prie d'agréer, etc. »

Vous le voyez, madame, monsieur le capitaine général avait sur moi un grand avantage, celui d'être concis.

Cette concision frappa tout le monde; aussi n'y eut-il plus parmi nous qu'un mouvement; on oublia selles, étriers, bâts, cacolets, brides, amour-propre et sommeil; chacun courut aux malles, qui étaient vides, et qui se remplirent avec la rapidité de canaux pendant une inondation. Eau de Benjoin lui-même feignit de se remuer pour nous aider quelque peu. Maquet régla la dépense, Boulanger renferma les dessins, Giraud recueillit ce qui nous restait de notre splendeur passée, en huile, vinaigre, beurre, jambon, etc. Desbarolles fit en rangeant les armes partir, selon son habitude, un ou deux coups de fusil, qui heureusement ne blessèrent personne. Alexandre s'endormit avec un héroïsme dont peu de gens eussent été capables au milieu d'un pareil vacarme. Et moi, madame, me retirant dans le coin que la déférence de mes compagnons m'a ménagé, je me mis à vous écrire cette lettre, que j'achève à trois heures trente-cinq minutes du matin, tandis que mes compagnons, harassés de fatigue, dorment comme des soldats au bivouac sur un amas de bagages et de fusils.

Il me reste pour arriver à quatre heures, moment, vous vous le rappelez, madame, fixé pour notre départ, il me reste vingt-cinq minutes, que je vais tâcher d'employer de la même façon.

Daignez agréer, etc.

XXII.

Cordoue.

Vous nous avez perdus de vue à Grenade, madame, dans
la casa de Pupillos, calle del Silencio, au moment où mes
cinq compagnons dormaient le plus vite qu'ils pouvaient
pour se remettre de leurs fatigues, et où j'allais essayer de
faire comme eux.

A quatre heures précises, un piétinement vigoureux retentissant sur le pavé de la rue, nous réveilla tous, à l'exception d'Alexandre : c'était le pas des mules. Nous ouvrî-
mes la fenêtre ; une vapeur tiède, humide et pénétrante, en-
vahit la chambre : il pleuvait.

C'est un corps bien puissant que le corps des escribanos,
madame. Ils avaient inventé un procès, dérangé un alcade,
poussé en avant un corrégidor, ému un capitaine général,
et fait tomber du ciel la première pluie que nous eussions
essuyée depuis Madrid.

Mais, croyez-le bien, madame, fût-il tombé du ciel du feu,
des hallebardes, des épées, des escribanos, des tragédies,
nous étions tellement résolus à partir, que nous fussions
partis ce matin-là. Il s'agissait bien maintenant de selles, de
brides, de cacolets, d'étriers et de bâts ! nous étions capa-

bles d'emporter les mules sur notre dos, et les muletiers sur leurs mules.

Figurez-vous, madame, je vous prie, le tumulte effroyable que peuvent faire, dans une rue de six pieds de large, huit mules piétinantes, un cheval hennissant, deux arriéros braillards, quatre portefaix cupides, et un hôte jaloux de plaire jusqu'au dernier moment à ses pupillos. Représentez-vous le choc des caisses, le gémissement des planchers, le cri des marches, les interrogations des voisins réveillés par le bruit. Songez que nous avions à vingt pas de nous une caserne de gendarmerie ; qu'un capitaine général nous attendait le même jour à dix heures du matin; que nous désirions disparaître avec le silence et l'impalpabilité de quatre ombres, et vous aurez une idée de ce que nous dûmes souffrir pendant l'heure et demie que dura ce vacarme étourdissant.

Pour comble de misère, nous nous sentîmes tout à coup embrasser par une douzaine d'amis recrutés depuis notre séjour à Grenade, parmi lesquels Couturier, coi et couvert, brillait par son absence, et qui vociféraient des adieux déchirans. Ils avaient en outre traversé toute la ville avec une précipitation capable d'éveiller tous les capitaines généraux d'Espagne.

Les adieux durèrent une autre demi-heure, et six heures sonnaient à l'église métropolitaine, quand nous nous arrachâmes à ces embrassemens, et que, légers comme la belle Calenderia Melindès, nous nous enfonçâmes de toute la vitesse de nos jambes, le fusil sur l'épaule et le couteau de chasse au côté, par une rue tortueuse, qui nous paraissait se développer dans la direction de la porte de Cordoue, porte à laquelle nous avions donné l'ordre à nos muletiers de nous rejoindre avec nos mules.

Nous supposions qu'on nous arrêterait beaucoup moins à pied qu'à mule ; ce que c'est que la peur, madame !

Vous aviez donc peur ? me demanderez-vous.

Ma foi ! oui, madame, je l'avoue ; j'ai toujours peur des dangers inconnus, impalpables, invisibles, et je mets, j'en demande bien pardon à la Justice, mais je mets la Justice au rang de ces dangers-là.

Nous marchâmes une bonne demi-heure, et nous dûmes faire quelque chose comme un quart de lieue de plus qu'il n'était nécessaire.

On s'aperçoit qu'on entre dans Grenade ou qu'on en sort, du côté de Cordoue, en longeant un vaste pâté rond de maçonnerie situé au bout d'une place plantée d'arbres encore tout jeunes ; dans un des angles de cette place s'élève derrière un mur blanc un superbe palmier qui abandonne coquettement à la brise ses mouvans et gracieux panaches ; c'est là, sur cette place, que nous nous reconnûmes, que nous osâmes faire halte, nous compter, et attendre les mules, dont le pas, n'en déplaise à Giraud, est loin d'égaler la course de quiconque ne veut pas rendre visite à un capitaine général.

Sûrs d'être au grand complet, et ne voyant pas encore venir les mules, aimant mieux d'ailleurs ne prendre possession de nos montures que hors des murs de la ville, nous continuâmes d'avancer dans un crépuscule grisâtre qui commençait de remplacer la nuit.

Je vous ai dit, madame, qu'il pleuvait ; partout ailleurs et dans un autre moment c'eût été une triste perspective que cette pluie, surtout pour des gens qui vont voyager à l'espagnole, c'est-à-dire *sub dio ;* mais soit que la pluie d'Espagne tombe tiède et parfumée sur les haies, le sol et la plaine, soit qu'en pénétrant un manteau de voyage elle indique au voyageur qu'il est parfaitement libre, indépendant, maître de lui-même, et qu'il s'éloigne de toute civilisation et de toute capitainerie, nous marchions heureux sur le terrain détrempé de la route.

Souvent nous nous retournions. Si nous voulions nous poser en gens poétiques, nous vous dirions, madame, que pareils aux habitans du Paradis perdu, mais plus décemment vêtus qu'eux, nous nous retournions pour chercher Grenade la mauresque au milieu des brumes matinales; plus prosaïquement nous pourrions encore vous dire, madame, que nous nous retournions pour savoir si les mules suivaient. La vérité, madame, la belle, la noble vérité, la vérité pure, la vérité nue, est que nous nous retournions comme des déserteurs sans passeports qui craignent d'être poursuivis.

Le chemin devant nous était coupé par un petit pont d'une forme charmante : les ponts ont beaucoup de coquetterie en Espagne; ils savent qu'ils sont des ponts *in partibus*, et qu'ils ne valent point par l'eau de leurs fleuves comme les ponts des autres pays; ils n'ont qu'une arche, c'est vrai, mais ils en usent comme d'une bouche béante pour sourire au voyageur. Nous admirâmes ce petit pont en le traversant, et sous prétexte de l'admirer encore, nous nous retournâmes après l'avoir traversé.

Vraiment, madame, j'aurais, si je le voulais, à vous dérouler ici une bien plus belle phrase que la fameuse phrase de madame de Sévigné : *Je vous le donne en cent, je vous le donne en mille*, vous savez, si je vous donnais à deviner à votre tour le nom de la chose qu'aux premières lueurs du matin nous aperçûmes en nous retournant. Heureusement j'ai le style épistolaire beaucoup moins taquin que celui de l'illustre dame en question ; je vous dirai donc que sur la route grisonnante, après la longue file de nos mules déjà rivées par l'habitude à la queue l'une de l'autre, après Eau de Benjoin hissé sur le meilleur mulet qu'il avait pu trouver, après nos deux arriéros ; tout au fond de l'horizon indécis, je vous dirai que l'on commençait à distinguer trois silhouettes mouvantes et de mauvais augure à trois cents pas.

C'étaient, autant qu'on pouvait le voir à travers la brume, c'étaient des objets noirs assez informes encore. A deux cents pas, ces objets prenaient un aspect martial et représentaient des soldats vêtus de bleu, fournimentés de jaune ; à cent pas c'étaient tout bonnement des gendarmes avec un fusil sous le bras et un tricorne en toile cirée sur la tête.

Si cette lettre, madame, pouvait le moins du monde être comparée en longueur à celles que j'ai eu l'honneur de vous écrire jusqu'à présent, je ne manquerais pas de placer ici le sacramentel *daignez agréer*, et de la clore sur un intérêt palpitant qui vous ferait peut-être désirer, à vous, le prochain courrier, et au public le prochain feuilleton. Mais vous devez, madame, vous être habituée à cette heure à ne plus chercher dans mes lettres aucune suite autre que la suite naturelle des événemens, aucune combinaison dramatique autre que le développement de ces événemens eux-mêmes. Au lieu de faire ici du feuilleton recommandable par sa science d'intrigue, intéressant par sa coupe provocante, je vais donc continuer ma narration, et vous donner encore trois ou quatre colonnes, que je vous prie de lire, madame, avec autant de faveur que si elles se fussent fait attendre un jour.

Ce fut Maquet qui s'écria :

— Oh ! des gendarmes !

Le mot eut quelque succès, vous vous en doutez bien, et nous nous retournâmes en pivotant sur le talon avec une précision qui eût fait honneur à un peloton de troupe de ligne, et qui eût mérité la croix à une escouade de la garde nationale.

Je les avais déjà vus, moi, ces gendarmes ! je les avais vus avec cet œil perçant dont vous voulûtes bien admirer la puissante optique, un jour que, de ma terrasse de Saint-Germain, je lus pour vous l'heure qu'il était à l'horloge du chemin de fer, c'est-à-dire à plus d'un quart de lieue. Je les avais, dis-je, parfaitement aperçus avant Maquet, et, pendant les dix secondes d'avantage que ma vue a sur celle de Maquet, j'avais pu peser dans mon esprit toutes les probabilités, et me dire que la plus probable de ces probabilités était que ces braves agens de la force publique venaient à notre intention, et que nous ayant manqués de cinq minutes à la casa de Pupillos, ils avaient allongé leurs jambes garnies de la dépouille du taureau, comme dit monsieur de Châteaubriand, dans la direction de Cordoue, direction que chacun savait d'avance devoir être la nôtre.

Il était déjà disgracieux de s'enfuir de Grenade un peu plus vite et un peu plus tôt que ne le fait tout honnête voyageur qui a strictement payé sa dépense, en y ajoutant les pourboires habituels : combien n'allait-il pas être plus désagréable encore de revenir en ville avec une escorte de gendarmes, et cela justement à l'heure où s'ouvrent les paupières et les boutiques !

Cette pensée était repoussante, et je la repoussai pendant ces dix secondes que me donnait d'avance sur celle de Maquet ma supériorité visuelle.

L'exclamation : — Oh ! des gendarmes ! frappa donc,

comme je l'ai dit, tout le monde, non point parce qu'elle apportait une nouvelle inattendue, mais au contraire une nouvelle trop attendue.

Chacun se retourna, je l'ai dit.

Desbarolles, le plus belliqueux de la troupe, fut le premier qui répondit à cette exclamation.

— Bravo ! s'écria-t-il, nous allons livrer bataille.

Je jetai successivement les yeux sur tous les visages, et je vis que, sans désirer la bataille d'une façon aussi animée que Desbarolles, chacun, le cas échéant, était disposé à l'accepter.

Je pris naturellement et à l'instant même le commandement général des forces de l'armée, cavalerie et infanterie.

Armée imposante, s'il vous plaît, madame, à qui les armes de tout genre et les munitions de toute espèce ne manquaient point.

La cavalerie se composait d'Alexandre, de Giraud et de Desbarolles, les trois plus intrépides centaures de la troupe.

L'infanterie se composait de Maquet, de Boulanger, des deux arriéros, de Paul et de moi.

Seulement les deux arriéros et Paul étaient des troupes de réserve sur lesquelles il eût été imprudent de trop compter.

Je jetai les yeux autour de moi pour tirer autant que possible parti des dispositions naturelles du terrain.

La rivière, qui aurait dû couler dans son lit et qui découchait depuis environ six mois, nous livrait par son absence des retranchemens naturels dans lesquels il était de bonne stratégie de nous embusquer. Le pont qui la traversait offrait une retraite facile à la cavalerie, et nous de notre embuscade nous protégions efficacement cette retraite ; nous lui donnions par cette protection le temps de se reformer et de revenir à notre aide par une nouvelle charge, si besoin était.

J'ordonnai à la cavalerie de monter à cheval, et à l'infanterie de prendre position dans le lit de la rivière, à la réserve de gagner les derrières.

Voilà ou j'admirai la providence du Seigneur. Le Seigneur avait prévu de toute éternité qu'il y aurait un moment où nous aurions besoin du lit d'une rivière pour en faire un retranchement, et après avoir dit à la mer : Tu n'iras pas plus loin ! il avait dit aux rivières espagnoles : Vous ne coulerez dans votre lit que pendant six mois de l'année.

Ces dispositions prises, comme il nous restait du temps, j'ouvris le conseil.

On opina par ancienneté.

Desbarolles, notre doyen d'âge, s'écria en agitant sa carabine : — La guerre ! la guerre !

Giraud dit que n'ayant jamais peint de bataille parce qu'il n'en avait jamais vu, il ne serait pas fâché d'en voir une, afin de savoir à quoi s'en tenir sur la valeur artistique de Salvator Rosa, de Lebrun et d'Horace Vernet ; que d'ailleurs cette bataille étant livrée pour la plus grande gloire de la France ; elle ne pouvait manquer de prendre place au château de Versailles, consacré par le roi à toutes les gloires de la France, qu'ayant vu la bataille, il avait des chances pour obtenir du gouvernement cette commande, qui serait la première ; qu'en conséquence il se rangeait à l'avis de son ami Desbarolles, et opinait pour la guerre.

Boulanger déclara que, sur son âme et conscience, il ne se sentait coupable d'aucun crime, si ce n'est d'avoir fait au fils

Contrairas cette observation, qu'en adoucissant les tons de son Alhambra de carton, l'ensemble du petit monument serait plus satisfaisant de couleur; qu'il n'avait fait de tort à personne, ni à l'alcade, ni au corrégidor, ni au capitaine général, ni aux escribanos, et que dans cette quiétude de conscience, si messieurs les gendarmes le tourmentaient, il tourmenterait messieurs les gendarmes. En conséquence, il opinait, comme Giraud et Desbarolles, pour la guerre.

Les gendarmes avançaient toujours.

Maquet prit la parole.

Il déclara que la guerre est une fâcheuse extrémité, un féroce non-sens au point de vue social; que cependant il faut l'admettre au point de vue historique: que d'ailleurs elle jette un rayon glorieux sur la vie des empires et sur l'existence des hommes; que la guerre a ses avantages, si elle a ses désagrémens; et que dès lors qu'on vit dans un pays assez peu civilisé pour terminer encore les querelles de roi à roi, de peuple à peuple, ou d'homme à homme par la guerre, mieux vaut la guerre qu'une paix honteuse.

Il termina son discours en faisant observer que si le coup d'éventail donné à monsieur Duval par le dey d'Alger avait amené la conquête de l'Algérie, il n'était pas impossible que la pierre lancée à Alexandre par un des membres de la famille Contrairas amenât la conquête de Grenade. Alors je me trouvais naturellement le successeur immédiat du feu roi Boabdil; Alexandre l'héritier présomptif de la couronne; Maquet mon premier ministre; Boulanger et Giraud mes peintres ordinaires; Desbarolles le général en chef de mes armées; Juan Lopez et Alonzo Perez les directeurs de mes haras; enfin, Paul le chef de mes eunuques, changement qui constituait à chacun une position bien autrement honorable que de rentrer dans Grenade les menottes aux mains.

Il opina donc pour la guerre.

Une rumeur d'approbation accueillit cette improvisation non-seulement chaleureuse, mais encore savante et politique.

— La parole est à Alexandre, dis-je en faisant un signe de la main, destiné à calmer l'enthousiasme, mauvais conseiller en certaines occasions.

— Merci, papa, dit Alexandre.

Et il tira de sa poche un grand papier. Nous crûmes qu'il allait purement et simplement en faire des bourres, et avec ces bourres bourrer son fusil ; nous nous trompions. Il y a parfois beaucoup de prudence et surtout de raisonnement dans cette jeune tête. Il développa ce papier, que nous reconnûmes à son bariolage pour un passeport, et nous lut ces mots :

« Nous ministre et secrétaire d'état des affaires étrangères,
» prions les officiers civils et militaires chargés de maintenir
» l'ordre public dans l'intérieur du royaume et dans tous les
» pays amis ou alliés de la France, de laisser librement pas-
» ser monsieur Alexandre Dumas fils, se rendant en Algérie
» par l'Espagne, et de lui donner aide et protection en cas
» de besoin.

« Le présent passeport délivré à Paris, le 2 octobre 1846.

» Le ministre des affaires étrangères,

« GUIZOT. »

— Or, messieurs, ajouta-t-il, il résulte, comme vous le voyez, des termes mêmes de ce passeport, qu'on ordonne, au nom du roi de France, de nous laisser passer et circuler librement. Je dis nous et non pas moi seulement, parce que vous avez tous, du moins je le présume, des passeports pareils au mien. Cet ordre est donné à tous les officiers civils et militaires de l'intérieur du royaume de France et de tous les pays alliés de la France. Or, si nous ne sommes pas en France, et dans ce moment-ci j'avoue que je ne serais point fâché d'y être ; or, si nous ne sommes pas en France, nous sommes en pays allié de la France. Qu'y faisons-nous dans ce pays allié ? Nous y passons et circulons, aux termes de notre passeport. Les gendarmes, qui ne sont rien autre chose que les subalternes des officiers civils et militaires, nous doivent donc non-seulement libre passage et circulation libre, mais encore aide et protection, en cas de besoin, contre ceux qui nous empêcheraient de passer et de circuler. Donc je propose, avant d'en venir aux hostilités, que chacun de nous, son passeport à la main, demande aide et protection aux gendarmes, fût-ce contre eux-mêmes. S'ils refusent, ils seront dans leur tort, et nous les rosserons.

— Mais cependant... hasardai-je.

— Nous les rosserons, reprit Alexandre, et nous serons dans notre droit, notre passeport toujours à la main. Il y a sur notre passeport, au dos c'est vrai, mais cela y est tout de même, il y a :

« L'intéressé est porteur d'un fusil à deux coups et d'un couteau de chasse. Signé LÉGER, chancelier de l'ambassade de France à Madrid. »

— Or, je reprends mon dilemme où tu l'as interrompu : si je suis porteur d'un fusil et d'un couteau de chasse, c'est pour me servir dans l'occasion de ce couteau de chasse et de ce fusil ; car, si c'était pour ne pas m'en servir, ils me seraient inutiles, et je ne me donnerais pas la peine de les porter ; c'est pour m'en servir contre quiconque m'empêchera de passer et de circuler librement. Donc, si les gendarmes m'empêchent de librement passer et de librement circuler, je m'en servirai contre les gendarmes.

— Bravo, Alexandre! s'écria Giraud; ce que tu viens de dire là est fort éloquent. Desbarolles, passe-moi ma carabine.

Desbarolles passa la carabine à Giraud, fronça le sourcil, retroussa sa moustache, enfonça son sombrero sur sa tête, prit sur le pont une attitude héroïque, et dit:

— Les gendarmes, ça m'est bien égal; je me moque bien des gendarmes, moi!

Cependant les gendarmes avançaient toujours.

— Messieurs, dis-je, vous le voyez, avant cinq minutes les gendarmes seront sur nous. Si peu disposé que je sois à commencer les hostilités, je crois que nous ne devons pas nous laisser surprendre. Quand ils vont avoir passé cette auberge que vous voyez à droite, s'ils continuent à se diriger de notre côté, la cavalerie poussera une reconnaissance jusqu'à ce qu'elle les rencontre. S'ils viennent pour nous, ils nous tiendront à peu près ce langage:

— Messieurs, vous avez oublié l'invitation que monsieur le capitaine général a eu l'honneur de vous faire?

A ceci vous répondrez:

— Il est vrai, seigneurs gendarmes, que nous avons reçu l'invitation de monsieur le capitaine général; mais cette invitation est pour onze heures, et il n'en est que six; nous avons donc encore cinq heures pour nous rendre à cette invitation.

— Mais si cette réponse ne leur suffit pas?

— Vous montrerez vos passeports.

— Et si, malgré nos passeports, ils veulent nous forcer de revenir à Grenade?

— Alors, comme nous sommes six et qu'ils ne sont que

trois, c'est nous qui les arrêterons et qui les emmènerons à Cordoue.

— A la bonne heure ! crièrent en chœur Alexandre, Giraud et Desbarolles.

— Silence dans les rangs. Voici les gendarmes qui arrivent au point que je vous ai signalé, c'est-à-dire à la hauteur de l'auberge. Apprêtez-vous à parlementer, seigneur interprète.

— Hein ! comme ils nous observent ! dit Giraud.

— Ils se consultent, dit Maquet.

— Ils apprêtent leurs fusils, dit Alexandre.

— Ils hésitent, dit Boulanger.

— Notre position militaire leur impose, dit Desbarolles.

— Voici le moment venu, du calme, messieurs, ajoutai-je.

Tous les yeux se fixèrent sur les trois gendarmes. Alors le premier s'arrêta devant l'auberge, baissa son arme et se baissa lui-même pour passer sous la porte. Le deuxième suivit le premier, imitant en tout point sa manœuvre ; enfin le troisième suivit le second, et la porte se referma sur eux.

Plus de gendarmes.

La posada était le terme de leur voyage ; le but, de boire à la santé du capitaine général, sans doute, un verre de mancenilla.

A cette vue, j'avoue que pour mon compte un immense poids fut soulevé de ma poitrine ; comme les autres, j'étais décidé à la guerre ; mais, ainsi que Maquet, je tenais cette guerre pour une rude extrémité. J'aimais donc mieux, je l'avoue, quitter cette adorable ville, où j'avais été si bien reçu par les uns et si mal reçu par les autres, sans coup férir, que d'y rentrer même avec les honneurs du triomphe et la perspective d'y fonder une dynastie.

Si fort intrèpide que l'on soit en présence de toutes choses, on éprouve toujours en celle des gendarmes une vive satisfaction lorsqu'on est assuré qu'on n'aura rien à démêler avec eux; nous levâmes la tête, et nous aspirâmes joyeusement l'air de la liberté.

Nos mules en faisaient autant derrière les parapets de ce petit pont de pierre, qui, réduit à son rôle de voie publique, semblait en versant du haut de son cintre un reste d'humidité converti en gouttes d'eau, semblait, dis-je, déplorer la perte de cette importance historique qu'un combat lui eût certainement donnée.

Nos mules, dis-je, indifférentes aux émotions que nous venions d'éprouver, et qui n'avaient vu dans notre halte stratégique qu'un retard naturel, profitaient de ce retard pour brouter ça et là les herbes ruisselantes de rosée. Parmi elles errait mélancoliquement le cheval destiné à Alexandre. C'était un de ces chevaux comme j'en ai rencontré partout, en Italie, en Allemagne en Afrique, et comme vous avez dû certainement en voir à Montmorency.

Il était sous poil bai brun; je devrais dire: il avait été, car l'antique pelage qui devait, il y a quelques dix années, faire son ornement, n'existait plus qu'en de rares endroits de son corps.

Les mules grises ou brunes, rasées de l'épaule à la hanche, comme je crois vous avoir déjà dit que c'était la coutume en Espagne, n'avaient, selon la prédiction de Desbarolles, ni selle, ni étrier, ni bride; mais en échange beaucoup de caractère au point de vue de la peinture.

Une couverture de toile ou de laine grossière pliée en huit et assujettie sur le dos de l'animal par une forte sangle, offrait un siége d'apparence assez flatteuse; et comme il faut que tout Espagnol donne à toute chose, si misérable qu'elle

soit, un je ne sais quoi de flottant, de coloré et de pittoresque, une vieille mante andalouse, pareille au surtout des ma-
raîchers de la banlieue de Paris, mais conservant au milieu
de sa vieillesse une couleur vive et ragoûtante, une vieille
mante pendait en plis symétriques sur le cou de la mule,
avec un certain air de housse qui réjouissait la vue de Giraud, et qui eût certainement réjoui celle de Boulanger, si
elle eût été accompagnée du moindre étrier.

Je vous ai dit, je crois, madame, que notre bagage était
porté par trois mules, sur l'une desquelles Eau de Benjoin
s'était juché : restaient donc cinq mules à housses, et le
cheval mélancolique que vous savez.

La plus grande de ces cinq mules portait sur la tête un
fragment d'aparejo de laine noire et jaune, et sur le dos
un fragment de couverture plus entière que les autres. Sa
tournure était à la fois coquette et martiale ; très évidemment elle avait fait sa toilette des dimanches.

Cette mule se mit à me regarder d'un air majestueux. Cet
air me frappa.

Qui sait, me dis-je, si, comme l'ânesse de Balaam, cette
mule n'a pas le don des langues ? Elle aura entendu tout à
l'heure ces messieurs me désigner pour leur chef ; elle se
voit la plus belle et la plus pimpante ; elle s'appelle la Capitana, elle aura conclu naturellement de notre rencontre que
« Qui se ressemble s'assemble, » et elle s'offre à moi.

Elle m'avait choisi, je la choisis ; seulement elle ne s'appelait point la Capitana.

Maintenant, voulez-vous comprendre, madame, toute la
différence qu'il y a entre les montures à longues oreilles de
notre pays et les mulets d'Espagne? Voyez l'œil entr'ouvert
de l'âne et l'œil suffisant de la mule : l'un baisse le col pour

faciliter l'ascension au Parisien qui descend jusqu'à lui;
l'autre essaye selon ses moyens de se soustraire au cavalier
qui veut la monter. L'âne, après avoir reçu à dos son vainqueur, ne se décide à marcher qu'au deuxième ou troisième
avertissement; la mule, au contraire, ainsi qu'il est dit
dans l'opéra d'*Adolphe et Clara*, prend d'abord l'air bien
méchant.

Boulanger, voyant cette attitude hostile, caressa sérieusement sa barbe.

Alexandre s'était élancé sur son cheval, qui, du coup pliant
des quatre jarrets, avait failli s'aplatir sur la terre.

Giraud s'était fait soutenir par un pied, et au moyen de ce
cric improvisé, il était parvenu à enfourcher sa mule.

Desbarolles avait pris son élan en vrai contrabandista,
avait nagé un instant à la sangle sèche, et, après quelques
secondes de position horizontale, avait retrouvé la perpen-
diculaire. Boulanger, sans fierté aucune, avait invoqué l'aide
d'une borne.

Enfin Maquet et moi, les plus grands de la troupe, nous
n'avions eu besoin que de lever la jambe droite à la hauteur
de notre hanche, et cet angle rentrant fermant exactement
l'angle saillant formé par le dos de nos mules, nous avions,
avec une facilité qui nous avait conquis l'admiration de nos
arriéros, enfourché chacun notre monture.

Du haut de ma mule, qui me permettait par sa haute taille
de dominer toute la société, je jetai un regard sur la troupe.

Chacun était à son poste, ferme et résolu. Je remarquai
même sur le visage de Boulanger, vers lequel, je l'avoue, je
m'étais tourné avec une certaine inquiétude, je remarquai
même un certain air de calme et même d'hilarité qui me
frappa de joie et d'étonnement.

J'abaissai mon regard de son visage au reste du corps, et je vis que la satisfaction qu'il éprouvait venait de ce qu'il n'avait plus de jambes.

En effet, nos arriéros avaient trouvé pour remplacer les étriers de Boulanger un moyen fort ingénieux : une grande mante, fermée naturellement par un bout, et liée de l'autre par une corde de fil d'aloès, avait été fixée au garrot de sa mule, et présentait ainsi à chacune de ses extrémités une espèce de sac dans lequel il avait fourré ses jambes, et qui non-seulement assurait leur équilibre, mais les maintenait dans une douce chaleur.

Boulanger ne voyageait plus en fauteuil ni en bateau; Boulanger voyageait en chancelière.

— Quand je le disais, s'écria Desbarolles, que le voyage à mule était le mode le plus heureux de locomotion !

Ces paroles étaient bien simples, mais par malheur il fallait toujours que Desbarolles accompagnât ses phrases de quelque geste. A défaut de sa carabine, fixée à l'arrière de sa mule, il tenait son parapluie. Le geste dont il accompagna les paroles que nous avons dites fut l'ouverture dudit ustensile. Giraud eut beau lui faire observer, en voyant ses intentions, que le moment était mal choisi, puisque la pluie venait de cesser, il n'en voulut pas démordre; il poussa le ressort raidi; le ressort, après un instant de résistance, céda tout à coup. Au bruit qu'il fit en cédant, à l'aspect de cette chose inconnue qui se déployait au-dessus de sa tête, sa mule prit peur, alla donner dans Boulanger encore mal assuré sur ses étriers d'une nouvelle espèce. Boulanger chancela ; mais en chancelant il envoya un coup de poing dans le nez de la mule. L'endroit était sensible ; la mule pivota sur elle-même, carambola de Giraud à Alexandre, reçut deux autres coups de poing, renversa un arriéro qui tentait de l'arrêter, lui sauta par dessus le corps, et reprit au grand galop le chemin de Grenade.

Pendant cinq minutes, nous eûmes le spectacle qu'eurent les Macédoniens regardant le fils de Philippe aux prises avec Bucéphale; plus la silhouette du parapluie retourné, s'amoindrissant à l'horizon selon les lois de la perspective.

Mais Desbarolles, quoiqu'il n'eût pour coërcitif qu'un licou, quand selon toute probabilité Alexandre avait un mors, Desbarolles ne fut pas moins heureux que l'illustre vainqueur de Darius. Au bout de cinq minutes, il était complétement maître de son animal, qu'il ramenait à nous en le châtiant à grands coups de riflard, dans le double but sans doute de lui faire comprendre qu'il venait de faire une faute, et de le familiariser non-seulement avec la vue, mais encore avec le contact de l'objet qui l'avait effrayé.

Ce dernier incident, qui fournissait à Giraud le sujet d'une nouvelle vignette, acheva de rendre toute sa gaieté à la caravane. Nous essayâmes de rassembler les mules dispersées, et de marcher sinon de front, du moins quatre par quatre. Tous les efforts que nous tentâmes furent inutiles : la mule de Desbarolles elle-même, après avoir été beaucoup trop vite, paraissait décidée à ne plus aller du tout.

L'arriéro qui avait été renversé, et qui heureusement ne s'était point blessé, vint à notre secours.

— Senores, dit-il, vous réussiriez mieux avec de la douceur qu'avec de l'emportement; les mules ont des noms, appelez-les par leurs noms.

En effet, il suffit à Maquet de crier à sa mule :

— *Arre !* Pandeigo, c'est-à-dire : Allons ! Pandeigo ;

A Boulanger : — *Arre !* Gaillardo ;

A Desbarolles : — *Arre !* Pajarito ;

A Giraud : — *Arre !* Redondo ;

A Alexandre : — *Arre !* Acca ;

Et aussitôt, les bêtes domptées baissèrent le cou, agitèrent en cadence leurs jambes grêles, et elles se mirent en
route avec une vitesse d'une lieue d'Espagne à l'heure.

A ma prochaine lettre, madame, les détails de ce voyage,
près duquel vous verrez bientôt que les voyages du capitaine Cook, de Mungo-Park, et de Tamisier sont bien peu
de chose.

Veuillez agréer, etc.

XXIII.

Cordoue, 4 novembre.

Je vous écris, madame, d'une charmante terrasse donnant sur un patio tout planté d'orangers, et d'un hôtel qui
ressemble au moins à une maison. Il est cinq heures de
l'après-midi, et les rayons d'un admirable soleil, qu'on pren
drait chez nous pour un soleil de septembre, dorent le haut
de la feuille sur laquelle je vous écris, et réjouit celui qui
vous dit : — *Ave.*

Vous nous avez laissés faisant une lieue et demie de
France à l'heure.

Cette première lieue et demie faite, le soleil apparut, tout

en secouant sur nous un reste de pluie, mais bientôt cette
pluie cessa, et la brume s'éclaircissant, la plaine se déroula
devant nous, grise et verte, bornée au lointain par des montagnes bleues. Devant nous les bergeronnettes à la queue
mouvante couraient avec des pépitemens joyeux, et les alouettes encore lourdes d'humidité s'élevaient dans les airs, d'où
elles nous jetaient leur chant clair et matinal.

Le défi était tentant pour des chasseurs, dont cet air vivace
de la plaine ouvrait subitement l'esprit aux préoccupations
joyeuses, et l'estomac à l'appétit. Aussi, comme le village où
nous devions déjeuner était distant encore de deux lieues,
nous arrêtâmes nos mules, nous mîmes pied à terre, et nous
ordonnâmes à notre arriéro Juan de faire halte à la première
fonda qu'il trouverait sur son chemin, et de remplir de vin
une outre à large panse que j'avais fait charger sur la mule
de Paul.

Juan avait prévenu nos désirs, ou plutôt notre excellent
Peppino avait été au devant de nos besoins. Nous cassâmes
un morceau de pain dur, que nous arrosâmes de l'un de ces
interminables coups de vin blanc sucré que l'on boit dans
la tasse de bois sans fond qui forme le goulot de l'outre;
puis, tout heureux de cette liberté éclairée par un beau soleil, nous nous étendîmes dans la plaine, nos fusils au poing,
et espérant voir, comme le jeune Ascagne,

Aprum aut fulvum descendere monte leonem.

La montagne était là, belle et rocheuse, avec ses oiseaux
de proie tournant en cercle autour de sa tête chauve, mais
quant au rude sanglier et au lion fauve, ils nous firent défaut, et je fus forcé d'envoyer à deux perdrix que je manquai

une des balles que j'avais glissées à leur intention dans le double canon de ma carabine.

Cependant ce coup, tout infructueux qu'il avait été, m'avait permis d'apprécier la justesse de cette arme, véritable chef-d'œuvre de Devisme. Les deux perdrix, distantes de cent pas à peu près de moi, étaient éloignées de six pouces l'une de l'autre; je visai entre elles deux, comptant sur la déviation de la balle à droite ou à gauche. La balle, au contraire, avait porté juste au milieu.

De leur côté, Maquet et Alexandre, moins ambitieux que moi, s'étaient mis tout bonnement en chasse des alouettes, des verdiers et des bergeronnettes; et cela non pas dans un simple but de destruction, mais dans un but d'utilité sociale. Nous étions prévenus que nous ne trouverions rien, ou du moins presque rien sur la route, et nous n'étions pas fâchés de corroborer ce rien, fût-ce même ce presque rien, d'une douzaine de mauviettes.

La fusillade commença à droite et à gauche du chemin. Les fusiliers étaient Alexandre et Maquet. Boulanger fournissait les bourres, Giraud pensait à sa famille, et Desbarolles, à qui sa chère carabine ébranlait la mâchoire à chaque coup qu'il avait l'imprudence de tirer avec elle, ne jugeant pas la valeur du gibier égale au dommage qu'il lui eût causé, Desbarolles parlait castillan avec Juan et Antonio.

Quand nous eûmes brûlé une livre de poudre et tué une douzaine de moineaux, les trois lieues que nous avions à faire avant notre déjeuner se trouvèrent faites, et nous aperçûmes un gros bourg enfoui dans des saules et des mûriers magnifiques.

Boulanger, dont j'interroge la mémoire, croit se rappeler madame, que ce bourg avait nom Tino.

Quel que soit son nom, il n'en avait pas moins un charmant aspect; un ruisseau d'azur traversait cette forêt d'arbres aux deux nuances.

Le temps boudait, la faim commençait à s'emparer de l'estomac au détriment des jambes. Alexandre remonta sur son cheval accablé de fatigue, Giraud, Desbarolles et moi remontâmes sur nos mules, et Boulanger, qui, si comfortablement qu'il fût dans sa chancelière, avait saisi avec enthousiasme, comme un autre Antée, l'occasion de toucher le sol, Boulanger déclara négligemment que, ne se sentant aucune fatigue, il aimait mieux continuer de marcher à pied, et qu'il ne remonterait à mule qu'après le déjeuner.

Maquet, ouvrant la marche sur Pandeïgo, traversa le premier un petit pont à l'angle duquel plusieurs enfans guettaient l'arrivée de notre imposante cavalcade; or, l'influence de l'Andalousie se faisait sentir jusque chez ces enfans; d'abord ce n'était plus, comme dans les deux Castilles et dans la Manche, de petits spectres graves et maigres drapés dans des haillons, c'étaient de beaux enfans frais et joyeux, courant devant nous avec des cris qui peut-être n'étaient pas des cris de bienvenue, mais qui enfin criaient et couraient, c'est-à-dire manifestaient les deux caractères principaux de l'enfance.

Le pont franchi, nous aperçûmes à travers le voile d'une fine pluie une longue file de maisons.

— Ah ! s'écrièrent les chasseurs, on va donc pouvoir se laver les mains.

— Ah ! s'écrièrent les autres, on va donc pouvoir déjeuner !

Desbarolles et Giraud se regardèrent seuls sans rien dire : ils avaient l'expérience du voyage antérieur.

— Juan, demanda enfin Desbarolles, à quelle venta nous arrêtons-nous ?

— Eh ! pardieu ! à la meilleure, dit Alexandre.

Vous saurez, madame, qu'il est aussi inutile de demander à un muletier de vous conduire à la meilleure auberge qu'il serait inutile de le demander à son mulet. La meilleure auberge d'un muletier, c'est toujours celle où il a l'habitude de s'arrêter lui-même.

Aussi Juan n'ayant pas répondu à Desbarolles, dont il regardait sans doute la question comme oiseuse, Desbarolles renouvela-t-il sa question.

— A celle-là, dit-il ; et il nous montra la dernière maison du village.

— Pardieu, dis-je, c'est donc en Espagne comme en France, la maison que l'on désire est toujours la dernière de la rue : cependant les rues ont d'ordinaire deux extrémités, le hasard devrait bien les favoriser à tour de rôle, celui qui cherche n'aurait au moins qu'une mauvaise chance.

La pluie tombait en s'épaississant toujours ; une porte formant un trou sombre creusé dans un mur blanc nous offrait sa large arcade ; nous entrâmes.

Plusieurs hommes d'une mauvaise mine, plusieurs femmes assez laides, plusieurs enfans échevelés, étaient entrés avec nous sous l'espèce de hangard suivant nos mules, et regardaient les escopetas de los senores : une escopette intéresse toujours un Espagnol, à plus forte raison sept escopettes.

A gauche de cette porte ronde dont je vous ai dit un mot, s'étendait la grande salle commune, véritable atrium de théâtre, sans fenêtres, sans dégagemens apparens sur le reste de la maison ; c'était bien la réelle venta d'Espagne, qui se compose d'un espace caillouté avec une espèce de galet qui vous broie les pieds; espace circoncrit entre des murs blancs, meublé de trois bancs, d'un âtre, d'un râtelier circulaire pour des mules, et d'accessoires aussi étranges que rares, accrochés çà et là, tels que pimens rouge, amphore au long col, outre en peau de chèvre, et guitare.

Voilà l'état des lieux ; maintenant voici l'état des choses : un reste de feu dans l'âtre, de l'eau dans l'amphore, rien dans l'outre, cordes complètes à la guitare.

Nous fîmes un certain fracas en entrant, mais un fracas de mules est familier aux hôtes des ventas ; malgré ce fracas, qui en France eût fait descendre aubergistes et garçons du grenier à la cave, personne ne bougea pour nous aider à mettre pied à terre ou tenir la bride de nos mules, personne enfin ne nous fit cette bonne mine d'hôte ou d'hôtesse affamé qui ne déplaît jamais à un voyageur à jeun.

Pas même un chien aboyant à qui donner un coup de pied pour passer la mauvaise humeur inspirée par l'accueil qu'on nous faisait. A force de chercher dans l'ombre, cependant, nos yeux découvrirent un homme et une femme, assis sur un banc, devant des cendres fumantes.

L'hôte, c'était lui, avalait et expectorait béatement la fumée de sa cigarette ; la femme la regardait avaler et expectorer.

Eau de Benjoin, qui, comparé à ces momies vivantes, pouvait passer pour un prodige d'activité, les alla secouer dans leurs ténèbres.

Cependant nous regardions se placer les unes près des autres nos mules ruisselantes de pluie, nous détachions les fusils, chacun essuyait le sien, ce qui remettait sous les yeux de chacun l'état déplorable de ses mains ; aussi toutes les voix criaient-elles : — Agua, agua, agua!

En Espagne on crie toujours dans le désert, surtout si le cri est poussé dans une auberge ; aussi commençant à être convaincu de cela, je cherchais des yeux dans tous les coins cette eau tant désirée, et le long de la muraille le récipient destiné à la mettre.

Pendant ce temps, Alexandre se couchait tout de son long sur un banc ; Giraud furetait pour trouver des pommes de terre ; Maquet, encore attristé de n'avoir pas reçu de lettres à Grenade, mais espérant en recevoir à Cordoue, prenait des notes ; Boulanger déplorait l'état du temps, et Desbarolles faisait passer sur ses épaules son inséparable carabine détachée des flancs de sa mule.

Et chacun en accomplissant ces différens mouvemens répétait : — Agua, agua, agua !

Eau de Benjoin vint à moi.

— Vous le voyez, monsieur, dit-il, ils ne bougent pas.

— Parlez-leur.

Vous vous rappelez, n'est-ce pas, que je vous ai dit que Paul savait quelques mots d'espagnol ?

Il en savait deux mots.

Ces deux mots sont *mira* et *anda* : vois et va. Il les répartit équitablement entre les hommes et les animaux, de manière à ne point faire de double emploi ; aux hommes il dit : Mira ; aux animaux il dit : Anda.

En général avec ces deux mots il avertit les uns de faire attention aux gestes qu'il fait, et les autres aux gestes qu'il va faire.

Pour la troisième fois Paul alla toucher l'épaule de l'hôte en lui disant :

— Mira !

L'hôte étendit le bras avec un geste pareil à celui que dut

3.

faire Epiménides, en se réveillant, soupira, et reprit sa position mélancolique.

Eau de Benjoin se retourna de mon côté en me demandant des yeux ce qu'il fallait faire.

— Eh pardieu ! répondis-je en haussant les épaules, nous servir nous-mêmes.

Et en même temps je lui montrais du doigt une sorte de chaudron assez bien récuré qui étalait son disque d'or concave et pâle en un coin de la muraille ; sur ce disque une paillette de jour glissant par un trou rayonnait comme une étoile.

Eau de Benjoin s'empara du chaudron, le plongea dans un seau d'eau avec lequel nos arriéros venaient de désaltérer leurs mules, et me l'apporta triomphant.

Chacun fit le geste de relever ses manches, les miennes étaient relevées depuis longtemps.

Mais soit que l'hôte eût l'antipathie des mains propres, soit que son chaudron espagnol lui parût devoir être souillé par le contact d'une peau ou plutôt de six peaux françaises, il fit un bond qui le transporta de la cheminée à la portée de Paul, lui arracha le chaudron des mains, et avec un formidable roulement d'yeux, alla verser sur le seuil de la porte l'eau qu'il contenait, depuis sa première jusqu'à sa dernière goutte.

Puis, satisfait de cet exploit, que je lui avais laissé accomplir, dans la conviction que son intention dérivait d'une prévenance au lieu d'être l'effet d'un repentir, il alla se rasseoir sur son siége.

Il me vint un instant l'idée de saisir un des bancs qui étaient à ma portée, et d'aplatir l'homme entre deux bancs ; mais Alexandre, qui avait vu briller mon œil, et qui sait combien rapidement chez moi le tonnerre suit l'éclair, Alexandre saisit un de mes bras, tandis que Giraud contenait l'autre.

— Ceci est contraire à nos conventions, m'écriai-je ; vous savez bien qu'il a été arrêté qu'à la première insolence...

— Un aubergiste peut être grossier avec nous, mon père, mais jamais insolent, dit Alexandre.

— Ce petit Dumas, fit Giraud avec cet air qui n'appartient qu'à lui, ce petit Dumas a dix fois plus d'intelligence que son père.

— Qu'y a-t-il ? s'écria Desbarolles sortant pour la première fois de son sommeil, sans que le pouce de Giraud intervînt, et portant la main à sa carabine.

— Rien, répondis-je, seulement sortons.

Je jetai mon fusil sur mon épaule, nos compagnons en firent autant, et nous sortîmes en abandonnant nos mules à la garde des arriéros.

Paul venait le dernier en murmurant.

— Mira, mira, je l'avais bien dit, là. Voici l'amo qui s'en va, là.

Amo était un troisième mot que Paul avait appris et qui veut dire : le maître, le propriétaire, le nourricier.

Comme on m'avait vu plus d'une fois faire la cuisine de la société, c'était probablement dans ce dernier sens que ce mot avait été pris.

Bref, prononcé sérieusement par les Espagnols, il avait été répété en charge par nos amis, et il était convenu que ce nom, soit qu'il voulût dire maître, soit qu'il voulût dire propriétaire, soit qu'il voulût dire nourricier, ce nom était le mien.

L'hôte et sa femme ne firent pas plus d'attention à l'allocution de Paul qu'ils n'en avaient fait à notre départ.

C'est une singulière créature, madame, que l'aubergiste espagnol, et qui mériterait de la part des physiologistes un examen tout particulier. Il habite une maison ouverte sur la rue ; au-dessus de la porte de cette maison est écrit ou *venta*, ou *fonda*, ou *posada*, ou *parador*, tous mots qui peuvent à peu près se traduire plus ou moins fidèlement par celui d'*hôtellerie* ; et chaque fois qu'attiré par la légende, un voyageur a l'imprudence de passer le seuil de cette porte, il semble par cette violation de domicile avoir encouru toute l'animadversion du propriétaire de la maison. Or, pour ce propriétaire à l'œil flamboyant, aux crins hérissés, au geste presque menaçant, l'argent lui-même ne paraît avoir aucune valeur. Il serait bon de s'entendre cependant ; il est si facile d'effacer un écriteau de dessus une porte, et il y a si peu à faire pour un Espagnol de passer de l'état d'aubergiste à l'état de bourgeois, que cela en vérité ne le dérangerait presque pas plus que de passer de l'état de bourgeois à celui d'aubergiste.

Nous revînmes donc sur nos pas. Je vous ai dit, je crois, que la venta où nous avaient conduits nos arriéros était située à l'extrémité du village. Il était nécessaire que nous revinssions par conséquent sur nos pas pour en trouver une autre.

Vers le milieu de la rue, nous lûmes au-dessus d'une porte : *Parador San-Antonio.* Nous entrâmes.

Même atrium pavé, même pénombre, mêmes pimens, mêmes guitares ; seulement, au fond des ténèbres éclairées par la réverbération d'un feu mourant, deux figures de belle humeur, l'une encadrée dans de beaux cheveux noirs, c'était celle de l'hôtesse; l'autre dans un bonnet de laine rougeâtre, c'était l'hôte.

En nous voyant, tous deux se levèrent et vinrent à nous. Giraud lui-même, l'éternel défenseur des us et coutumes espagnols, cria : Hosannah ! et Desbarolles : Miracle !

C'était la première fois qu'ils trouvaient une pareille prévenance depuis qu'ils étaient en Espagne.

En un moment, ravis de déposer notre colère, et de redescendre aux terrestres régions de la bonhomie, nous fîmes tuer deux poules, casser vingt œufs, éplucher un boisseau de pommes de terre, et hacher un oignon.

Je devrais dire : Nous tuâmes deux poules, cassâmes vingt œufs, épluchâmes un boisseau de pommes de terre et hachâmes un oignon.

Maquet, avec force larmes, hacha l'oignon; Giraud éplucha les pommes de terre; Boulanger cassa les œufs; Desbarolles fit tuer les poules, et veilla à ce qu'incontinent après leur mort elles ne fussent point plongées dans l'eau bouillante, comme c'est l'habitude en Espagne.

Quant à Alexandre, on sait que ses fonctions se bornaient, une fois arrivé, à chercher l'endroit le plus convenable au sommeil, et à s'endormir immédiatement à cet endroit.

Moi, je ne cherchais pas un endroit où dormir, je cherchais une table.

Après force tours et retours dans l'atrium, l'hôtesse se sarda à me demander ce que je désirais.

— Je désire une table, répondis-je.

— Voici, dit-elle.

Je n'avais pas vu cette table, madame, parce que Paul était assis dessus.

En Andalousie, les tables sont des tabourets un peu moins hauts que les tabourets ordinaires. L'Andalous, en l'an de grâce 1846 et en l'an de l'hégire 1262, est encore aussi Arabe qu'un Arabe.

L'Andalous ne mange donc pas sur une table, mais sur un tabouret. Quand on veut manger sur ce tabouret, il faut s'asseoir à terre.

Si l'on tient absolument à manger à la française, il faut s'asseoir sur le tabouret, et manger sur une chaise ou sur ses genoux.

Desbarolles eut mission de trouver trois ou quatre tables de la dimension de la première. Leur adjonction l'une à l'autre donne l'équivalent d'une banquette.

Les quatre tables furent trouvées, furent adjointes, et une de nos mantes les couvrit toutes.

Au bout de trois quarts d'heure cette table improvisée se voyait surchargée de deux poules frites, d'une omelette au jambon, de pommes de terre sautées, et d'une salade.

Cette salade offrait une spécialité, c'est qu'elle était faite sans huile et sans vinaigre.

Madame, si jamais vous voyagez en Espagne, où l'huile est impossible et le vinaigre nul, je vous recommande les salades sans huile et sans vinaigre.

Les salades sans huile et sans vinaigre se font avec des œufs et du citron. Or, en Espagne, il y a partout de bons œufs et partout d'excellens citrons.

C'est moi qui ai inventé cette salade, et j'espère bien lui laisser mon nom.

L'hôtesse, les poings sur ses hanches, nous regardait manger avec une satisfaction qui tenait de l'étonnement. Un Espagnol est toujours étonné lorsqu'on mange devant lui.

Cependant le pueblo, — pardon, madame, voilà que, comme Desbarolles, je me laisse entraîner à parler castillan, — cependant le bourg voyant des tourbillons de fumée s'échapper de la cuisine, voyant passer des œufs dans un panier, un broc de vin aux mains de la servante, entendant crier les poules que l'on égorgeait, le bourg comprit qu'un festin avait lieu à la parador San Antonio, si bien que le bruit de ce festin se répandit jusque dans cette hôtellerie où l'on avait refusé de nous laisser laver les mains.

Alors commença notre vengeance.

Hélas ! l'homme est ainsi fait, madame, il veut bien ne pas gagner d'argent, mais à la condition que son voisin n'en gagnera pas non plus ; si son voisin en gagne, il est jaloux.

D'autant plus jaloux, que Paul, sur notre ordre, étant allé voir si les mules étaient prêtes, emporta, pour lui tenir compagnie le long de la route, un plat sur lequel il avait mis un spécimen de chacun des mets servis sur notre table.

Notre premier hôte put donc voir ainsi que nous avions mangé chez son confrère, poulets, omelette, pommes de terre frites et salade. Il en résultait que nous avions dû dépenser au moins trois douros. Or, sur cette dépense de trois douros, il y en avait bien deux de bénéfice pour l'hôte de la parador de San-Antonio.

Pendant notre déjeuner un Français était venu : il avait flairé des compatriotes, et le malheureux, qui n'avait pas pu dire depuis deux ans un seul mot de sa langue maternelle, excepté quand il parlait à son chien, le malheureux avait hâte de communiquer avec nous. C'était un pauvre diable de rémouleur qui était venu tourner sa roue en Espagne, dans l'espérance de repasser force cuchillos et force navajas. Selon l'apparence, la spéculation n'avait pas été heureuse. Il en résulta que, sans lui faire rien repasser, je lui laissai une douzaine de réaux qui parurent lui causer un sensible plaisir. En échange de ce bon procédé de notre part, il nous annonça que cinq contrebandiers avaient été arrêtés et dévalisés à une lieue au delà de Buena ; un d'eux même avait été tué pour punir la résistance qu'il avait faite. Or, nous devions passer le surlendemain par ce chemin dangereux pour arriver à Castro de Rio ; il nous invitait donc à prendre nos précautions. Nos muletiers avaient entendu raconter le fait ; mais ils ignoraient dans quel lieu ce fait s'était accompli.

Voilà, madame, l'histoire de notre premier repas, fait au milieu des aventures.

Toute la journée il plut, et nous traversâmes de grands fleuves, dont les abîmes humides engloutissaient nos mules jusqu'aux boulets. Ces fleuves-là étaient depuis le matin grossis par le déluge.

Presque tous avaient des ponts. Mais les ponts s'étaient ennuyés sans doute de n'avoir pas une goutte d'eau pour se regarder, la sécheresse s'y était mise, ils avaient commencé par se gercer, puis ils s'étaient fendus, et presque tous restaient avec une arcade et une moitié d'arcade, pareils à un éléphant qui soulève sa trompé.

Vers quatre heures, la pluie cessa. On descendit des mules, on se dispersa aux deux côtés du chemin, et l'on joignit une seconde douzaine de moineaux à la première.

Depuis le matin nous n'avions rencontré sur notre route que de rares et pauvres caravanes, des voyageurs isolés, ou quelque pâtre en haillons, debout sur un rocher de granit dominant la plaine, immobile et largement taillé comme le piédestal qui le supportait, quand nous vîmes de l'autre côté d'une petite crête apparaître une tête, grandir un corps, et se dessiner deux jambes et deux bras. Ces deux jambes arpentaient le terrain le plus vite possible, dans le but de nous joindre, et l'un de ces deux bras nous faisait signe de nous arrêter, tout en nous montrant un animal supporté par l'autre bras.

Quand cette figure ne fut plus qu'à une centaine de pas de nous, nous reconnûmes dans l'homme un braconnier, dans l'animal un lièvre.

Notre homme nous avait flairés pour étrangers, et pensant que nous n'avions pas à l'endroit de son ruminant les mêmes préjugés que ses compatriotes, il avait espéré nous le placer à bon prix.

— Ah! ah! un lièvre, messieurs, fis-je reconnaissant le premier, grâce à l'excellence de ma vue, le quadrupède offert.

— Ah! bah! un lièvre? dit Desbarolles.

J'ai toujours soupçonné Desbarolles de ne pas aimer le lièvre.

— Un lièvre n'est pas à dédaigner, dit Boulanger.

— Surtout assaisonné par mon père, ajouta Alexandre tenant toujours à rehausser autant qu'il est possible la gloire dont il est destiné à être l'héritier.

— Pourquoi faire un lièvre? dit Desbarolles; nous soupons à Alcala Réal, une ville de quinze mille âmes; c'est bien le diable si nous n'y trouvions point à souper.

Desbarolles est incorrigible à l'endroit de ses illusions sur l'Espagne.

— Prenons toujours, messieurs, dit Maquet, prenons toujours.

— Qu'en dis-tu, Giraud? demandai-je.

— Je n'ai pas voix au chapitre. Je suis caissier ordonnance : je payerai. Voilà tout ce que je puis dire.

— C'est bien, Maquet ; allez au-devant de l'homme, et passez le traité ; je vous ouvre un crédit jusqu'à concurrence de deux piécettes.

On se rappelle qu'on avait créé pour Maquet une place inconnue jusqu'aujourd'hui dans la hiérarchie financière : celle de marchandeur.

Il faut dire que Maquet s'acquittait de ses fonctions économiques comme il s'acquitte de tout, c'est-à-dire avec cette conscience féroce que je lui ai déjà reprochée, et qu'il met dans les petites comme dans les grandes choses.

Nous suivîmes Maquet des yeux. Après un débat de deux minutes, le lièvre passa des mains du braconnier dans les siennes, et nous le vîmes revenir triomphant, nous apportant un beau trois quarts.

Pardon, madame, de me laisser aller à des termes de chasse : un trois quarts est un lièvre à qui il ne manque plus que quelques mois de croissance pour avoir atteint toute sa grosseur.

— Combien ? demandai-je à Maquet.

— Une piécette.

— Mon ami, vous êtes la perle des économistes. Giraud, une piécette à Maquet.

— Voilà.

Et la piécette passa des mains de Giraud dans celles de Maquet, et des mains de Maquet dans celles du braconnier, lequel se retira fort satisfait.

En France le lièvre valait trois francs. Nous avions volé le hasard de quarante sous.

Nous nous remîmes en route, car une halte d'un instant

avait été faite, pendant laquelle chacun avait pressé l'outre
sur son sein, à la façon dont un berger presse sa musette
non pas pour y faire entrer du vent, mais pour en faire sortir du son.

Voulez-vous nous voir dans le paysage, madame? rien de
plus facile.

Le paysage est des plus accidentés ; les montagnes succè-
dent aux montagnes, et à chaque sommet nouveau, quand le
permet le brouillard liquide dont nous sommes enveloppés,
nous découvrons de merveilleux lointains qui seraient bien
plus merveilleux encore si un rayon de soleil venait leur
donner la vie.

N'importe! tels qu'ils sont nous nous en contentons, car
ils sont encore des plus beaux que nous ayons vus.

Maintenant, soit que nous montions presque toujours un
à un au flanc d'une montagne, et que nous la rayions d'une
longue ligne bariolée, soit que la moitié de la caravane
disparaisse derrière une crête, tandis que l'autre moitié apparaît encore détachant en vigueur un ou deux de nous à
son sommet, soit enfin qu'elle redescende le versant opposé
à celui qu'elle vient de gravir, voilà comment elle s'avance,
et de quoi elle s'occupe.

Desbarolles marche le premier, à dix pas de nous, sa carabine sur l'épaule : il forme l'avant-garde. De temps en
temps le froid le gagne ; il fait brrroum, et tire des contre
de quarte et des contre de tierce avec son parapluie pour se
réchauffer

Je viens après, suivi de Maquet, ou suivant Maquet. Nous
avons le nez au vent pour essayer de découvrir une belle
coupe de montagne, un horizon pittoresque, la cime de quelque piton caché dans les nuages, et emménageant par les

yeux autant de paysages qu'il nous en faut pour une con-
sommation de cinquante volumes.

Alexandre, toujours monté sur Acca, compare la méthode
Baucher à la méthode Daure, fait une voltige incessante,
s'élançant en selle, tantôt au montoir, tantôt au remontoir,
tantôt par la croupe, et courant, pareil à un sergent de bataille, de la tête à la queue, pour porter à chacun, comme
des munitions de rechange, ses calembourgs et ses saillies.
Les arriéros m'ont déjà dit deux mots de l'exercice inaccoutumé qu'il impose à leur cheval. Leur avis est qu'il ne sup-
portera pas trois jours d'un pareil travail.

C'est le mien aussi

Boulanger laisse aller sa mule selon sa fantaisie ; il est
bien assis, et il a chaud aux pieds, ce qui lui donne un air
de béatitude réjouissant à voir. Giraud, qui est écuyer, dé-
ploie toutes les ressources de l'art pour forcer sa monture à marcher de front avec sa compagne. Ils causent, ils
causent pâte, couleur, dégradation de lumière, etc., etc.

Eau de Benjoin nous suit le dernier ; il est juché sur une
espèce de plate-forme composée de malles, de porte-man-
teaux et de sacs de nuit ; il mange, boit, dort et tombe.

— Mais, me direz-vous, madame, je suis un peu grammairienne, et vous venez de vous servir là d'un indicatif présent qui indique l'état continu. Que Desbarolles fasse des
contre de quarte et des contre de tierce avec son parapluie,
je le conçois ; que vous et Maquet fassiez des provisions de
paysages, je le conçois encore ; qu'Alexandre voltige, rien
de mieux ; que Boulanger et Giraud parlent peinture, à
merveille ! Mais enfin on ne tombe pas à l'état chronique.

— Pardonnez-moi, madame, et voici comment.

J'ai dit que Paul mangeait, dormait, buvait et tombait.

C'est la réunion de ces quatre imparfaits qui forme l'état chronique.

Le repas de Paul est permanent; quand il ne boit pas, quand il ne dort pas, quand il ne tombe pas, Paul a toujours un pain, truffé de jambon, de saucisses ou d'œufs durs. Paul a toujours une fiole pleine de vin blanc ou de vin rouge. Vous n'êtes pas grammairienne, madame, sans être un peu anatomiste. Or vous savez que la digestion fait affluer le sang aux extrémités supérieures; vous savez que de cet afflux de sang vers le cerveau naît la somnolence. Vous savez que la somnolence ôte la conscience de tout, même celle du danger. Or Paul oublie en dormant qu'il est sur un mulet, et même sur les bagages superposés à ce mulet : tant que le mulet ne fait point de faux pas, Paul, maintenu par les lois de la pesanteur, repose sur son centre de gravité; mais dès que le mulet bute, l'équilibre se détruit, et Paul tombe.

J'ai donc pu dire, en indiquant l'état continu, Paul mange, Paul boit, Paul dort, Paul tombe.

Il est vrai que j'aurais dû dire : Paul se ramasse et remonte sur son mulet; ainsi j'aurais accompli le cycle de la journée de Paul.

— Mais comment tombe-t-il incessamment sans se briser les os?

Je m'attendais à cette question, madame, et je me suis préparé à y répondre. — Je ne sais pas.

Madame, en revenant à Paris, je solliciterai de l'Ecole de Médecine une commission spéciale pour examiner Paul. Paul doit être fait en caoutchouc; c'est d'abord l'hypothèse la plus probable, puisqu'il en a la couleur. Paul tombe, madame, et l'on n'entend aucun bruit. Paul rebondit; voilà tout. Puis Paul se retrouve sur ses jambes, la bouche fendue par un sourire, et ses trente-deux dents au soleil.

— Tiens! dit-il, c'est la seconde fois, c'est la troisième fois, c'est la quatrième fois d'aujourd'hui que je tombe.

Vous le voyez, Paul ne se plaint pas : il se contente d'énumérer les chutes qu'il a faites.

Paul compte très bien ; il compte jusqu'à cent.

Aussi ne nous inquiétions-nous plus de ces chutes que relativement. Chaque fois que nous entendions les éclats de rire de nos arriéros, nous nous retournions, et nous voyions alors Paul lourdement enfoncé dans quelque ornière, se soulevant dans son bournous noir à glands rouges ; et, après avoir lâché les paroles sacramentelles que nous avons dites, s'aidant du bras de Juan ou d'Antonio pour reprendre sa position sur sa mule.

J'ai dit *relativement,* car ce n'était pas sans de notables dommages pour lui et pour nous que Paul tombait ainsi.

Tantôt il perdait son vin, tantôt sa fiole, tantôt nos capsules, tantôt notre poudre, tantôt notre plomb, enfin tantôt quelque volume de poésie que nous lui avions confié.

Il en résulte qu'à chaque chute de Paul l'un de nous se détachait à tour de rôle et allait visiter le lieu de la chute ; mais il avait beau chercher sur la place, jamais il ne trouvait rien, et ce n'était que le soir qu'on s'apercevait du déficit opéré dans la journée. En vérité, nos arriéros étaient d'honnêtes gens, sûrs et incapables d'une mauvaise pensée ; mais la terre buvait notre bien, les gnômes nous volaient.

A propos, un détail, madame.

Vers le midi du premier jour, comme je voulais à mon tour contribuer au souper pour un certain nombre d'alouettes, je mis pied à terre, et sentant dans la poche de mon pantalon quelque chose qui me gênait, j'y introduisis la main et j'en tirai un pistolet à six coups. Il a déjà, vous vous le rappelez, madame, été question de la paire.

J'en tirai donc un pistolet à six coups, et levant la main en l'air je m'écriai :

— Un homme de bonne volonté et une poche libre.

— Deux ou trois voix me répondirent, six ou huit poches me furent offertes.

Un mauvais génie vint me conseiller, le pistolet m'avait gêné, je craignais qu'il ne gênât un de mes amis. Je dis à Paul :

— Tenez, Paul, prenez ce pistolet et mettez-le quelque part.

Paul le mit dans sa poche.

Ce fait consigné, je reprends le fil de mon récit, c'est-à-dire le grand chemin.

Vers le soir, le froid augmenta ; peut-être appellerait-on tiède cette température en France ; là-bas, par comparaison sans doute, elle était glaciale. Les arriéros se frappaient la poitrine à grands coups d'avant-bras.

Maquet et Giraud mirent pied à terre ; ils précédèrent la colonne dans le double but de se réchauffer en marchant et de faire préparer les logemens à Alcala Réal.

Nous autres les suivions à grand'peine sur nos mules fatiguées ; avec l'arrivée de la nuit, le brouillard s'était changé en pluie, et peu à peu nos habits s'étaient imprégnés de cette bruine glacée. Nous avions donc aussi le plus grand désir d'arriver, mais deux choses s'opposaient à ce que nous pressassions le pas de nos mules. La première, nos mules elles-mêmes qui refusaient d'aller plus vite ; la seconde, l'engourdissement dans lequel nous étions tombés, et qui rendait inutiles tous nos principes d'équitation, puisque nous ne sentions plus nos mules entre nos jambes. Pour mon compte, je sais qu'au moindre faux pas de ma bête, j'eusse roulé à terre ni plus ni moins que Paul.

Cependant nous commencions d'apercevoir dans l'obscurité la montagne en forme de cône au pied de laquelle est bâtie la ville. Le chemin, bourbeux, crayeux, crevassé, plein de vastes mares, tournait comme la coquille d'un limaçon.

Enfin, nous arrivâmes à une espèce de boulevard d'apparence assez pittoresque. La lune transparaissait sous les nuages et diaprait de blanc et d'or les flaques d'eau, plus profondes que les fleuves traversés par nous dans la journée.

Nous entrâmes sous une porte en ogive, et nous descendîmes une espèce de faubourg.

A peine eûmes-nous fait dix pas dans la ville, que nous fûmes forcés de mettre pied à terre, les mules cédaient au moindre heurt, et le pavé anguleux en fournissait vingt par minute. Jamais je n'ai vu verglas aussi glissant que ce pavé d'Alcala.

Paul s'obstina à rester sur sa mule. Il tomba deux fois. Ces deux chutes lui complétèrent la douzaine.

Enfin nous atteignîmes une place, et de l'autre côté de cette place une fonda, fonda plus riante à nos yeux que ne l'est aux yeux des matelots un port après l'orage.

Moi, pauvre étranger, encore peu familier avec les rapports de l'extérieur à l'intérieur, tout gelé que j'étais, je m'arrêtai un instant à la porte, admirant la façade de cette fonda.

C'est qu'aussi c'était une véritable façade de palais, avec

ses écussons héraldiques, ses croisées sculptées, ses corniches brodées de feuilles et de fleurs.

J'entrai. Maquet et Giraud n'avaient pas perdu leur temps. Nous trouvâmes toutes les figures accortes et riantes. Un cigare de la Havane, qui étoilait d'une touche de feu la bouche de l'hôte, nous apprit à quel sacrifice nous devions ce bon accueil.

Eau de Benjoin s'était précipité dans l'auberge, et mettait tout sens dessus dessous. Cette activité me fit comme d'habitude venir la chair de poule.

Je l'appelai.

Il fit semblant de ne pas m'entendre.

Je l'appelai plus fort, il se retourna. Je lui fis de la main un signe impératif ; il vint à moi.

— Qu'avez-vous perdu, Paul ? lui demandai-je.

Paul baissa la tête.

— Voyons, qu'avez-vous perdu ? répétai-je.

— Monsieur, à deux cents pas de la ville...

— Eh bien ?

— Ma mule a buté.

— Et vous avez passé par-dessus sa tête ?

— Non, monsieur ; j'en demande pardon à monsieur, cette fois-là je suis tombé de côté.

— Peu importe.

— Oh ! si fait, monsieur, il importe beaucoup.

— En quoi cela importe-t-il ?

— Quand je tombe en glissant par-dessus la tête de ma mule, je tombe sur mon derrière.

— Bien !

— Mais quand je tombe de côté, je tombe sur la tête.

— Très bien !

— J'en demande pardon à monsieur, ce n'est point très bien, c'est très mal qu'il devrait dire; car lorsque je tombe sur ma tête, rien ne tient dans mes poches.

— Ah! malheureux! vous avez perdu le pistolet.

— Ah! monsieur comprend! s'écria Paul satisfait. Oui, monsieur, je l'ai perdu, continua-t-il d'un ton caressant.

— Comment! perdu le pistolet! s'écrièrent vingt voix.

— Perdu! reprit Paul en saluant modestement et en ouvrant la paume des mains en signe d'adhésion.

— Et vous dites que vous l'avez perdu! Où cela?

— A un quart de lieue d'Alcala.

— Vous êtes sûr?

— Certainement, monsieur. Je l'avais un quart d'heure avant de tomber; dix minutes après être tombé je ne l'avais plus; donc, je l'ai perdu en tombant.

— Vous vous êtes aperçu que vous l'aviez perdu, vous vous en êtes aperçu dix minutes après l'avoir perdu, et vous n'êtes pas retourné!

— Oh! monsieur! il pleuvait, et puis il faisait froid.

— Mais, dit Maquet, il y a encore quelque chance de retrouver votre pistolet peut-être.

— Comment cela?

— Il fait nuit, il fait froid, il pleut, comme dit Paul, tout Alcala sommeille, le pistolet ne peut être ramassé.

— Holà! Juan! holà! Antonio! m'écriai-je.

Les deux muletiers accoururent.

— Vous savez où Paul est tombé la huitième fois?

— Pardon, monsieur, la neuvième.

— Soit, la neuvième.

— Où est-il tombé?

— Près du chemin qui monte au château, à quelques

pas de la croix qui indique l'embranchement des deux routes.

— Très bien ! après ?

— Eh bien ! Paul en tombant a perdu là un pistolet à six coups. Courez, mes enfans, il y a quinze francs pour chacun de vous si le pistolet se retrouve ; cinq francs s'il ne se retrouve pas.

Ils prirent un fallot et s'élancèrent hors de la venta.

Une demi-heure après ils revinrent. Ils n'avaient rien trouvé.

— C'est étonnant ! murmurait Paul, c'est étonnant ! C'est pourtant bien là que je l'ai perdu.

Maintenant, madame, voilà le côté grave de la chose. Ne croyez pas que ce côté grave soit dans la perte. Non, il est dans les conséquences de la perte.

Ecoutez et frémissez.

Ce pistolet à six coups est un objet de destruction absolument inconnu en Espagne, où l'on en est encore à l'escopette de Gil Blas ; c'est un pisto'et qui n'a pas plus l'air d'un pistolet que d'autre chose ; je dirai même qu'il a plutôt l'air d'un dévidoir que d'un pistolet. En effet, à chaque fois qu'avec l'index on tire non pas une gâchette, mais un anneau, le canon, composé de six tubes accolés les uns aux autres, le canon tourne sur lui-même, et à chaque tour un coup part. Eh bien ! un malheureux Espagnol l'a déjà trouvé ce soir ou le trouvera demain matin ; comme l'objet est d'un aspect riant, il sera d'abord heureux d'avoir trouvé cet objet ; puis, comme il songera que cet objet doit être utile à quelque chose, il en cherchera le mécanisme. Maintenant, madame, supposez qu'il en trouve le mécanisme au moment où les six bouches chargées chacune d'une balle seront en face de sa figure.

— Ah ! mon Dieu !..

Vous avez compris : il se fera sauter la cervelle ni plus ni moins que Werther, et moi j'aurai la mort d'un homme et le deuil d'une famille à reprocher à Eau de Benjoin.

Après une si triste image, madame, je ne saurais vous entretenir de notre souper et dé nos lits ; arrêtons-nous donc là pour aujourd'hui, et ce sera d'autant plus sage, que ma lettre représente déjà une valeur de dix ou douze colonnes.

Agréez, etc.

XXIV.

Cordoue.

Tranquillisés sur la perte du pistolet, qui était bien réelle, nous en revînmes à la posada.

Comme tout cet interrogatoire s'était passé en français, l'hôte n'en avait rien entendu ; mais il faut dire aussi qu'il n'avait point paru s'en préoccuper le moins du monde.

Nous nous aperçûmes que si nous ne nous occupions pas de lui, il ne s'occuperait pas de nous ; je m'approchai donc, le visage riant, de cet homme qui tenait dans ses mains puissantes les destinées d'un souper et d'une chambre.

Nous fûmes réellement assez bien reçus

Autour de l'âtre, âtre immense, antique, occupant une portion de la chambre, fumaient devant un beau feu qui fumait aussi, mais avec une discrétion dont je lui sus gré, fumaient une douzaine de coquins, d'une affreuse mine; c'étaient des muletiers, des mendians, des porteurs de balle.

Je dois le dire, en nous voyant entrer, mouillés jusqu'aux os, raidis de froid, tombant de sommeil, quelques-uns s'écartèrent, soit qu'ils eussent pris leur somme de chaleur et qu'ils jugeassent qu'il était temps de se retirer, soit qu'ils fussent touchés d'un sentiment de charité chrétienne: j'aime mieux croire à ce dernier procédé.

Nos amis se précipitèrent sur les places vacantes; au bout de cinq minutes, chacun dormait dans les poses les plus variées et les plus pittoresques.

Maquet allait en faire autant que les autres.

— Mon ami, lui dis-je, le moment des grands sacrifices est venu; tous ces corps fatigués qui dorment vont être réveillés dans une heure par les cris de leur estomac. Veillons, et faisons le souper.

Maquet poussa un soupir; mais, toujours stoïque et dévoué, il laissa dormir Boulanger, Desbarolles, Alexandre et Giraud lui-même.

Giraud dormait, madame, au lieu d'éplucher les pommes de terre ou de hacher les oignons : jugez de la fatigue générale par cette fatigue particulière.

Nous nous glissâmes entre le feu et la muraille ; dans une cheminée ordinaire, nous nous fussions trouvés adossés à la plaque.

Paul, rendu actif par la perte qu'il venait de faire, s'était emparé du lièvre, et montait et descendait les escaliers comme une ombre noire son lièvre à la main.

4.

Tout en montant et en descendant, il tirait la peau du lièvre, de sorte que la dernière fois qu'il nous apparut, il tenait enfin la peau d'une main et le lièvre de l'autre.

— Voyons, demanda Maquet, qu'y a-t-il à faire? je vous préviens que si je reste cinq minutes oisif je m'endors.

— Mon ami, il s'agit de plumer les mauviettes.

Maquet poussa un cri.

Il faut vous dire, madame, une chose que j'ignorais moi-même, une faiblesse que Maquet m'avait cachée, c'est que Maquet a horreur de toucher les plumes.

Je compris cela d'autant mieux, que moi j'ai horreur de toucher le velours.

Maquet fut héroïque; il s'assit près de moi et commença sa triste besogne avec des frissons qui hérissaient sa chair à chaque pincée de duvet sanglant qu'il enlevait aux petites bêtes refroidies.

Au bout d'une heure les vingt ou vingt-quatre mauviettes étaient plumées.

Comme nous achevions, ou plutôt comme j'achevais la dernière, l'horreur avait donné aux doigts de Maquet une si prodigieuse activité, que, malgré mon habitude supérieure à la sienne, il avait cependant fini avant moi; comme j'achevais, dis-je, la dernière mauviette, et que je la couchais près de ses compagnes sur une belle feuille de papier blanc tirée de mon nécessaire, Paul reparut.

Il n'avait plus à la main ni peau ni lièvre.

— Les chambres de ces messieurs sont prêtes, dit-il.

Je crus avoir mal entendu.

— Les chambres ! répétai-je.

— Oui, monsieur, les chambres.

— Vous avez trouvé des chambres?

— J'en ai trouvé, dit Paul au comble de la satisfaction.

— De vraies chambres?

— A peu près.

Paul n'osait pas se prononcer, comme on voit; cependant cet à peu près était déjà mieux que nous l'espérions.

— Et nous pourrons dîner dans une de ces chambres?

— Dans une? oui, monsieur, il y a grand feu...

— Eh bien ! apprête tout ce qu'il nous faut.

— Tout est prêt, monsieur...

— La poêle, la manteca, la farine, l'oignon?

— Tout, monsieur; il n'y a que les pommes de terre que je n'ai pas osé me permettre d'éplucher, sachant que c'est la besogne de monsieur Giraud.

— Les pommes de terre! où sont les pommes de terre? demanda Giraud réveillé par cet appel à sa spécialité.

— Ah! c'est bien heureux ! fis-je.

— Regarde-moi ces paresseux-là. Si ce n'est pas honteux! dit Giraud. Ils dorment, tandis que nous nous abîmons de travail. Ah! je sais bien qui est-ce qui va manger une fameuse figue.

Et s'approchant de Desbarolles, il lui aplatit le nez au niveau des pommettes des joues.

— Hein! fit Desbarolles ; hein! qu'y a-t-il?

— Comment! tu n'as pas de honte, paresseux? lui dit Giraud. Tu vois, ou plutôt tu ne vois pas puisque tu dors, tu vois l'amo et Maquet qui plument les mauviettes que tu n'as pas même tuées, et à ce spectacle touchant tu ronfles comme un cordelier! Fi! je ne te connais plus, comme dit Corneille.

— Bien! Giraud, bien! dit Boulanger réveillé à son tour, et je partage toute ton indignation. Le souper est-il servi?

— Pas encore tout à fait, cher ami, répondis-je ; mais si tu veux nous suivre.

— Et le petit Dumas? fit Giraud.

— Eh! laisse-le dormir.

— Seul, à la merci de toutes ces figures de bandits ! Viens, malheureux jeune homme abandonné par ton père, viens.

Et il prit le bras d'Alexandre endormi, qui le suivit machinalement, sans avoir la conscience du danger auquel Giraud l'arrachait.

Tout le monde ayant repris à peu près connaissance, à l'exception d'Alexandre, on enfila un escalier à haute marche, et l'on aborda la chambre destinée à servir de salle à manger.

Un feu clair flambait dans l'âtre ; cela nous réjouit tout d'abord.

Il est vrai que lorsque nous cherchâmes la cause de cette clarté et de cette vivacité, nous nous aperçûmes qu'elles étaient dues à la croisée, qui, privée de deux carreaux et dénuée d'espagnolette, laissait passer autant de vent qu'il eût été nécessaire pour faire tourner un moulin.

Ce vent, glacial parce qu'il venait de la montagne, allait faire battre une porte sans verrous et sans serrure opposée à la fenêtre.

Maquet, le mieux éveillé de nous tous avec moi, boucha la fenêtre avec nos manteaux.

Alexandre fut conduit par Giraud dans l'angle de la cheminée, où un tabouret semblait attendre un dormeur.

Le tabouret n'attendit pas longtemps.

Boulanger lutta un instant contre le sommeil, et se rendormit près d'Alexandre.

Desbarolles, jaloux de conserver au moins les apparences de l'homme éveillé, resta debout, mais errant comme un somnambule, et marchant mollement sur les mauviettes plumées avec tant de peine par Maquet et moi, et que nous venions de poser à terre.

Giraud courait de bas en haut et de haut en bas. Pour ce soir, il avait jugé à propos de substituer la pomme de terre sous les cendres à la pomme de terre frite.

Chaque fois qu'on fermait la porte, la fenêtre s'ouvrait en faisant voler au milieu de la chambre les manteaux destinés à la calfeutrer. Chaque fois qu'on refermait la fenêtre, la porte s'ouvrait comme aspirée par elle, et semblait nous renvoyer tout l'air froid qui avait déjà traversé la chambre, et était allé se rafraîchir encore dans le corridor.

Cependant le souper s'avançait; le lièvre passait dans la poêle à l'état de civet, et les mauviettes grésillaient dans la casserole.

Maquet cria: A table! comme on crierait: Aux armes! Et à ce cri tout le monde se réveilla, même Alexandre.

On se mit à table.

Il serait difficile, madame, de vous donner une idée bien exacte de ce qu'on vous présente pour une chambre sur la route de Grenade à Cordoue, et cela, dans une ville de quinze mille âmes, que l'on appelle pompeusement Alcala la Royale.

D'abord une table vermoulue, deux ou trois chaises boiteuses, qui nous ont inspiré si peu de confiance, que l'on a monté pour les remplacer des bancs de la cuisine. Deux portes ouvertes, l'une sur un corridor, l'autre sur un grenier. Une fenêtre battant à tous les vents du ciel; enfin, un plancher effondré et donnant sur un poulailler, dont les coqs chantent avec acharnement, prenant les lumières de nos chandelles pour celle du jour.

Ainsi, du vent sous les pieds, du vent par la fenêtre, du vent par les portes, du vent aux quatre points cardinaux.

Il n'y a pas jusqu'à la cheminée qui ne nous envoie sa portion de vent; seulement celui-là est le plus désagréable de tous, attendu qu'il est mêlé de fumée.

Et par-dessus tout cela, le gloussement des poules et le chant du coq.

Le souper n'en fut pas moins gai. Comme ceux qui se trouvaient près du feu étaient grillés, et que ceux qui se trouvaient loin du feu étaient gelés, le chronomètre de Maquet fut placé sur la table, et toutes les cinq minutes il se fit un changement des premiers contre les derniers, et vice versâ; de cette façon chacun fut gelé et rôti par portions égales.

Tout le monde avait déclaré ne pouvoir coucher dans la chambre où l'on soupait. Il y avait de quoi amasser des fluxions de poitrine pour tout le voyage.

Paul fut lancé à la recherche d'une chambre; dix minutes après il revint.

Il avait découvert une espèce de cachot sans fenêtres, et orné d'une seule porte; on était assuré du moins contre les courans d'air.

Dans cette chambre, il avait fait porter tous les matelas qu'on avait pu réunir; de draps, il n'en était pas question, et mieux valait même qu'il n'en fût pas question.

Au reste, ce voyage d'exploration, qui nous conduisait de la salle à manger à la chambre à coucher, nous offrait un curieux enseignement sur la façon de dormir en Andalousie.

Nous enjambâmes dans les corridors et dans les escaliers une douzaine d'hommes endormis; c'étaient nos muletiers, nos marchands forains, nos porte-balles de la cuisine. Moins délicats que nous, ils ne s'étaient point enquis d'une ou plusieurs chambres. Ils s'étaient éparpillés dans la venta. Chacun selon son goût et sa commodité avait pris sa place; l'un couché tout de son long sur le côté gauche ou le côté droit, l'autre adossé au mur, l'autre étendu tout de son long sur le dos, avec les deux mains sous sa tête en place de tout oreiller.

Cette vue nous donna quelque philosophie. En effet, qu n'éprouve pas de besoins comprend difficilement ceux des autres.

Nous cherchâmes nos deux muletiers parmi tous ces hommes, mais un Andalous qui dort ressemble tellement à un autre Andalous, qu'il nous fut impossible de les reconnaitre.

La nuit fut meilleure que l'on ne devait s'y attendre. Il y a un point sur lequel les auberges espagnoles sont calomniées, c'est celui de la propreté. Ces murs blanchis à la chaux attristent par leur nudité peut-être, mais arrivent à réjouir l'œil par leur couleur, sur laquelle apparaît à l'instant même le moindre insecte ennemi du sommeil des voyageurs.

Il va sans dire que les insectes du pays s'accommodent à merveille avec les hommes du pays; jamais je n'ai vu un muletier indigène être réveillé par une puce autochthone.

La fatigue nous avait donné une insensibilité toute castillane. Aussi dormîmes-nous d'une façon satisfaisante jusqu'au lendemain cinq heures du matin, heure à laquelle nos muletiers nous éveillèrent impitoyablement, sous prétexte que nous avions à faire dans la journée dix lieues espagnoles.

Il y avait dans l'insistance qu'ils mirent à nous faire partir avant le jour quelque chose qui ne me paraissait pas clair, puisque ces dix lieues pouvaient à la rigueur se faire en douze heures.

Deux heures perdues pour les repas, pour les évolutions de voltige, et pour les croquis, cela faisait quatorze heures.

Nous pouvions donc être arrivés à Castro de Rio vers les neuf heures, c'est-à-dire une heure plus tôt que nous n'étions arrivés la veille à Alcala Réal.

Quelques instances que nous adressassions à nos hommes pour avoir la raison de leur insistance, nous n'en pûmes rien tirer que ces quatre mots:

— Vamos, signors! vamos! vamos!

Nous fûmes donc forcés de nous en remettre au temps, ce grand révélateur de tous les mystères, de nous révéler celui-là.

Nous enfourchâmes nos mules, qui paraissaient toutes ragaillardies de la bonne nuit qu'elles avaient passée, et après avoir fait notre provision de vin, nous nous mîmes en route, laissant à la Providence, qui nous était apparue la veille sous la forme d'un braconnier, le soin de nous fournir le reste.

<hr>

XXV.

Cordoue.

Ce départ avait lieu le dimanche 2 novembre, madame, par un beau temps quoiqu'un peu couvert; quelques nuages, égarés à la suite de l'orage de la veille, couraient transparens à la surface du ciel, et laissaient entrevoir à travers leur tissu floconneux les étoiles, qui apparaissaient brillantes dès qu'ils étaient passés..

La route se déroulait devant nous à peine tracée sur un sol rougeâtre et écorché; à droite et à gauche de cette route s'étendait la plaine, toute hérissée de chardons et d'herbes parasites; il était évident que l'agriculture n'était pas la principale occupation des habitans d'Alcala Réal. Le chemin allait en montant.

Tout le monde était gai et chantant; le malaise et la mauvaise humeur de la veille avaient disparu avec le sommeil de la nuit; on se faisait une fête de chasser toute la journée; les mauviettes avaient été trouvées excellentes.

En arrivant au sommet du premier monticule, nous embrassâmes un assez vaste horizon tout bosselé de collines; une ligne rougeâtre, interceptée de place en place par la crête des montagnes, rayait le ciel, jetant quelques rayons lumineux au front de tous ces sommets, et laissant le reste dans cette obscurité matinale que l'on sent être le dernier effort de la nuit contre le jour, de l'ombre contre la lumière.

Peu à peu ce reste d'ombre se dissipa, et le soleil apparut radieux.

Aussitôt, madame, ce fut un concert charmant; tout se mit à chanter dans la nature, depuis la perdrix remisée dans son sillon jusqu'à l'alouette qui dans son vol vertical allait disparaître au ciel.

Il n'y eut pas jusqu'au cheval d'Alexandre, jusqu'au malheureux Acca, lequel, jusque là l'œil morne et la tête baissée, comme les chevaux d'Hippolyte, avait suivi les mules, qui retrouvant un peu de vieux sang andalous sous l'éperon français se mit à longer les flancs pour prendre la tête de colonne.

Cela rendit à Alexandre quelque espoir de pouvoir reprendre avec Acca dans la journée ses exercices de voltige, interrompus la veille par les observations judicieuses de nos arriéros.

Cependant nos muletiers ne furent pas dupes de ce reste de flamme ; ils le regardèrent passer avec étonnement, mais quand il fut passé, ils secouèrent la tête en gens qui ne sont pas dupes de cette suprême démonstration.

Je vis le geste, et je conseillai à Alexandre de substituer le plaisir de la chasse à l'exercice de l'équitation.

Il jeta un coup d'œil interrogateur à Maquet ; Maquet sauta en bas de sa mule, Alexandre en bas de son cheval, et tous deux prenant leurs fusils, se jetèrent sur les ailes, comme deux tirailleurs qui vont éclairer le corps d'armée.

— Ne vous écartez pas, senores, ne vous écartez pas, crièrent les muletiers, nous devons arriver de jour à Castro del Rio.

J'ai déjà eu l'honneur de vous dire, madame, que je ne comprenais point cette nécessité d'arriver de jour ; mais ayant échoué dans l'explication que j'avais demandée, je ne tentai pas même une nouvelle épreuve.

Rien ne peut vous donner une idée de ces grands paysages d'Espagne, madame, de ces horizons nus, sans un arbre, sans une maison, sans un coin du culture qui dénonce la civilisation : on dirait une terre vierge et solitaire, depuis le jour où elle est sortie des mains de Dieu ; cette absence de toute vie, de toute végétation, donne aux aspects une âpreté qui double leur grandeur, tout s'empreint du caractère des lieux, même les esprits les plus rebelles, et il ne fallait rien moins que l'individualité française six fois répétée en nous pour

résister à cette teinte de tristesse et de sauvagerie que le sol
sur lequel on marche semble refléter sur le voyageur.

Nous marchâmes six heures ainsi, sans voir autre chose
que des montagnes, des chardons, du sable et des roches ;
quoique nous fussions au 2 novembre, la chaleur était étouffante, et à chaque instant nous avions recours à nos outres,
pendues comme deux fontes à droite et à gauche du garrot
de la mule de Paul, lequel Paul était attaché lui-même à sa
mule, comme une troisième outre, afin d'éviter cette multipli-
cité de chutes, non pas dangereuses, Dieu merci ! grâces à
l'élasticité de la matière inconnue dont Paul est composé,
mais contrariante par le temps qu'elle faisait perdre.

Enfin, vers les onze heures, nous aperçûmes sur un petit
plateau cinq ou six maisons rangées parallèlement et formant
avec la route que nous suivions un angle droit. De l'autre
côté de la route était une fontaine entourée d'un abreuvoir ;
quelques haies jaunes et nues joignaient les unes aux autres ces maisons, échelonnées sur un seul rang.

Nous étions si bien convaincus que c'était dans ce petit
hameau sans nom que nous devions nous arrêter, que nous
ne nous en informâmes même point ; aussi notre étonnement
fut-il grand quand nos arriéros, après avoir fait boire leurs
mules à la fontaine, nous saluèrent du sacramentel Vamos,
vamos.

Il faut le dire, jamais injonction lancée avec tant d'assurance n'eut si peu de succès ; le malencontreux accusatif fut
salué d'une réprobation générale, et il fut déclaré aux deux
guides qu'ils pouvaient suivre leur chemin si bon leur semblait, mais que quant à nous, nous ne nous remettrions en
route que suffisamment ravitaillés.

Les grandes résolutions imposent toujours un certain res-

pect à ceux à qui elles sont exprimées ; nos muletiers baissèrent la tête, et nous suivirent les bras pendans dans la
nouvelle direction que nous imprimions à nos montures.

Nous mîmes pied à terre en face de la maison la plus ap-
parente, et Desbarolles fut détaché pour prendre langue avec
les naturels du pays.

Les naturels se composaient de cinq ou six hommes et
d'autant de femmes, immobiles sur le seuil de leurs portes,
ils regardaient avec étonnement cette caravane composée
d'hommes mis pour eux d'une façon aussi étrange que le
sont pour nous les Chinois ou les Hottentots ; nos burnous
ou les capuchons adaptés à nos vestes de voyage avaient surtout le privilége d'exciter leur hilarité. Ils nous prenaient
pour des moines, et grâce aux nouvelles idées courantes en
Espagne, ils paraissaient avoir bonne envie de nous lapi-
der ; heureusement que chacun de nous, comme ces fro-
cards de la Ligue que se plaît à décrire le *Journal de l'Étoile*,
avait un fusil à l'épaule et un cor de chasse au côté ; cette
circonstance seule, j'en suis certain, nous sauva de l'ana-
thème qui poursuit en Espagne le capuchon, sous quelque
forme qu'il se présente.

Il va sans dire que lorsque nous parlâmes d'auberge et de
déjeuner, on rit bien plus fort qu'on n'avait ri en voyant nos
burnous.

Enfin Desbarolles, à force de marivaudages, obtint d'une
brave femme qu'elle nous prêterait sa maison et les quelques
ustensiles de cuisine qu'elle contenait ; mais d'alimens quelconques à mettre dans ces ustensiles, il n'en était point
question.

Chacun de nous se jeta dans la campagne pour tâcher de
découvrir quelques vivres : on apercevait de loin nos chas-

seurs qui arrivaient à grands pas de l'air le plus satisfait
du monde.

On leur fit signe de hâter leur course, et ils passèrent du
trot au galop.

Je fis cent pas au-devant d'eux : ils avaient été d'une maladresse insigne, et malgré un feu très bien nourri que nous
avions entendu, ils ne rapportaient absolument rien : ils
prétendirent avoir tiré sur des pierres pour s'amuser.

Pendant ce temps, nos fourriers regagnaient le gros de la
troupe, l'oreille basse ; Boulanger seul par ses manières en-
gageantes avait obtenu un pain et six œufs ; Desbarolles
avait demandé de la salade, on l'avait fait répéter trois fois,
et on lui avait répondu qu'on ne connaissait point cela.

De leur côté, les chasseurs avaient très faim.

En ce moment, madame, nous vîmes comme la veille poindre au-dessus d'un monticule un chapeau, une tête, puis un
corps ; nous reconnûmes la Providence à cette manière de
nous apparaître ; comme la veille, elle tenait un lièvre à la
main.

La pauvre Providence, comme vous le voyez, madame, n'é-
tait pas variée dans ses moyens, mais elle n'avait pas besoin
de cela pour faire son effet.

Elle fut saluée par des cris de joie, auxquels Maquet im-
posa silence ; on se rappelle que la Providence ne donnait
pas ses lièvres pour rien ; ils n'étaient pas chers, c'est vrai,
mais tout se corrompt dans ce monde, et elle pouvait, en
voyant nos besoins, hausser ses prix, ce qui aurait fini par
revenir au même que s'il n'y avait pas eu de Providence.

Mais nous avions eu tort de douter de la déesse, elle se
montra bonne fille, et moyennant une piécette, nous eûmes
notre lièvre ; c'était son prix, à ce qu'il paraît.

Ce lièvre fut immédiatement dépouillé, dépecé et mis en civet; toutes ces hésitations, toutes ces recherches, toute cette cuisine, nous avaient pris deux heures. Nos muletiers paraissaient bouillir d'impatience, et nous avaient déclaré que nous n'arriverions jamais le même soir à Castro del Rio; ils mirent une telle amertume à cette signification, que nous commençâmes à croire qu'il y avait quelque mystère caché sous cette insistance.

Nous nous remîmes en route vers une heure : nos chasseurs étaient éreintés, et remontèrent sur leurs mules, ou plutôt remontèrent l'un sur sa mule, l'autre sur son cheval; le pauvre Acca n'avait absolument rien gagné à l'absence de son cavalier de droit : Juan s'était, aussitôt qu'il avait vu Acca libre, constitué son cavalier de fait, de sorte que le malheureux animal avait, pour tout bénéfice, porté un muletier qui lui était connu au lieu d'un voyageur qui lui était inconnu.

Cependant, entre les jambes d'un appréciateur de Baucher et d'un admirateur de Daure, Acca reprit à l'instant même son petit air de race.

— Allons, allons, dit Desbarolles, il ira jusqu'à Cordoue.

Mais Giraud, qui était notre régulateur en matière chevaline, secoua la tête d'un air de doute.

Son opinion parut être partagée par les deux muletiers, qui avaient fait tout ce qu'ils avaient pu pour déterminer Alexandre à continuer sa route à pied; selon eux, le canton que nous allions traverser était le plus giboyeux de toute l'Espagne.

Je me laissai prendre à cet appât, moitié par confiance, moitié par fatigue de cheminer à mule, et je me jetai à mon tour dans la plaine, mon fusil à la main.

Selon toute probabilité, le lièvre que venait de nous vendre le braconnier formait à lui seul le total du gibier con-
tenu dans cette plaine si giboyeuse, et il avait fallu être la
Providence, c'est-à-dire cette déesse aux yeux perçans, pour
le découvrir perdu dans l'immensité.

Je marchai trois heures sans rien voir, qu'une espèce de
village qui apparaissait et disparaissait dans les plis du
terrain, et que nous atteignîmes enfin vers quatre heures du
soir.

Nous allions proposer à nos arriéros de faire une halte,
lorsque nous les vîmes s'arrêter eux-mêmes à la porte de
l'unique venta que possédât la localité.

— Est-ce que nous sommes à Castro del Rio ? leur demandai-je tout étonné d'avoir fait une si grande journée à
quatre heures du soir, et malgré la halte si disputée du
matin.

— Non, monsieur, répondit Juan, nous sommes à...

— Et pourquoi nous arrêtons-nous à...?

— Dame ! monsieur, parce que les bêtes sont fatiguées.

— Comment, fatiguées ? nous avons fait à peine huit
lieues !

— Fatiguées ! dit Alexandre, et il fit exécuter à Acca un
mouvement de trot circulaire et trois changemens de pied.

— Si les mules sont fatiguées, dit Maquet, laissons-les
reposer une heure, repartons ensuite.

— Oh ! impossible, dirent les muletiers d'une seule voix.

Ceci ressemblait à une conspiration.

— Voyons, pourquoi impossible ? demandai-je de cette
voix de maître qu'il faut bien, en voyage surtout, prendre
de temps en temps avec les serviteurs.

— Parce que, monsieur, si vous voulez absolument

continuer votre chemin, mieux vaudrait le continuer tout de suite.

— Je n'y comprends rien, expliquez-vous.

— Monsieur permet-il ? demanda Eau de Benjoin en s'approchant les épaules effacées, et la paume des mains ouvertes.

— Oui, je permets, dites.

— Je les ai entendus causer.

— Qui ?

— Les muletiers.

— Eh bien ?

— Eh bien ! monsieur, ils ont peur.

— Comment, peur ?

— Oui.

— Et de quoi ?

— Il paraît que c'est à deux lieues d'ici qu'est le malo sitio ?

— Qu'est-ce que le malo sitio ?

— Le mauvais endroit, monsieur...

— Quel mauvais endroit ?

— Le mauvais endroit dont parlait le compatriote de monsieur.

— Quel compatriote ?... Achevez, voyons.

— Le rémouleur.

— L'endroit où les cinq contrebandiers ont été arrêtés; monsieur ne se rappelle pas ?

— Ah ! si fait.

— Oui, oui, firent signe de la tête Juan et Alonzo.

— Messieurs, une aventure ; qu'en dites-vous ?

— Va pour l'aventure, dit Giraud.

— Oh! oui, papa, je t'en prie, dit Alexandre; montre-nous de vrais voleurs, je serai bien sage.

— Desbarolles, repris-je, vous voyez notre unanimité, mon ami.

— Je la vois.

— J'espère que vous vous réunissez au désir général.

— Moi et ma carabine.

— Bravo! Demandez donc à nos arriéros, en ce cas, combien il nous faut de temps pour être au malo sitio.

Desbarolles fit la question désirée.

— Trois heures, répondirent les muletiers.

— Demandez-leur à quelle heure la lune se lève.

— A huit heures, répondirent-ils.

— En ce cas, Desbarolles, mon ami, expliquez-leur que nous allons nous reposer une heure ici, nous et nos mules, pour donner le temps à la lune de se préparer; nous désirons passer le malo sitio à neuf heures du soir.

Desbarolles, en fidèle interprète, répéta mes paroles syllabe par syllabe; les deux muletiers l'écoutaient la bouche ouverte : on eût dit qu'il leur parlait arabe.

Il était évident qu'ils ne comprenaient pas ce désir de se mettre en relation avec des voleurs, par le clair de lune, dans un malo sitio, à moins que ce désir ne fût exprimé par d'autres industriels du même genre, qui avaient la délicatesse de ne point passer sans se mettre en rapport avec des confrères.

Cependant comme jusqu'à cette heure ils ne nous avaient point envisagés sous ce point de vue, il était évident qu'il leur en coûtait de revenir sur la première idée qu'ils s'étaient faite que nous étions honnêtes gens.

5.

Ils débattirent donc longuement la proposition, mais il fallut céder : j'étais l'amo.

On donna une heure de repos aux bêtes, on mangea une omelette, on examina les fusils, dont on renouvela les charges et les amorces, et l'on partit au milieu de toute la population, qui nous regarda partir les bras levés au ciel.

XXVI.

Cordoue.

Pardonnez-moi, madame, de vous avoir laissée tout un jour dans les transes qu'a dû vous inspirer notre situation. mais puisque je vous écris de Cordoue, puisque nous avons par conséquent traversé le malo sitio, vous avez compris, je l'espère, que nous n'y étions pas restés.

La soirée était charmante, et jamais soirée ne fut faite pour inspirer moins de craintes; un crépuscule plein de transparence nous enveloppait peu à peu et confondait derrière nous, dans les premières ombres de la nuit, le village que nous venions de quitter, et les quelques arbres dont, par privilége spécial, il était ombragé.

Je commence à croire, madame, que ce n'est point la nature qui prive l'homme d'arbres, mais que c'est l'homme qui ment aux besoins de la nature en les détruisant. Je me rappelle l'Italie, où tout arbre est impitoyablement abattu parce qu'il fait de l'ombre, *perchè fa uggia.* Comprenez-vous ce crime reproché à un arbre, de faire de l'ombre dans un pays où le soleil chauffe à quarante-cinq degrés ? Décidément je pense et je compte à mon retour soumettre ce grand système à l'Académie des sciences, que primitivement le monde entier a été divisé en deux religions, la religion du soleil, qui était celle de l'Orient, et la religion de la lune, qui était celle de l'Occident. Les adorateurs du soleil ont abattu les arbres parce qu'ils faisaient de l'ombre, et depuis ce temps-là les arbres, rancuniers jusque dans leurs racines, n'ont pas repoussé.

A l'Occident au contraire, dans cet empire de la mystérieuse Phébé, tout a été fait pour ménager de profondes retraites à la chasseresse divine et à ses nymphes, amies de la fraîcheur et du bain ; de là nos forêts profondes, de là nos ruisseaux profonds, de là nos larges lacs ; ce ne sont pas les petits ruisseaux qui font les grandes rivières, ce sont les belles et larges forêts.

Bref, madame, nous avions vu quelques arbres à peu près verts, et cette verdure au mois de novembre nous avait réjoui l'œil ; elle avait tourné nos idées, vers l'art, et de l'art nous étions tout naturellement passés aux artistes.

Je ne sais rien de plus charmant, madame, quand on se trouve cinq ou six hommes d'intelligence réunis à cinq ou six cents lieues du pays natal, je ne sais rien de plus charmant, dis-je, que de rallier à soi par le souvenir et par la causerie, qui est la déduction naturelle des souvenirs, les autres hommes d'intelligence qu'on a laissés dans ce pays ; ainsi la beauté de la nature nous avait conduits aux beautés de l'art ; de l'œuvre de Dieu nous étions descendus par une pente naturelle aux œuvres des hommes, et en voyant de

grands arbres, de beaux rochers, de larges horizons, les
noms de Decamps, de Delacroix, d'Ingres, d'Horace Vernet,
de Dupré et de Rousseau, nous étaient venus sur les lèvres.

Je crois, madame, qu'il y aurait eu quelque profit à ceux
qui rendent annuellement compte des expositions du Louvre
à nous entendre, sans aucune de ces petites haines ou de
ces mesquines passions qui bourdonnent autour des gens de
mérite, discuter, par cette belle nuit, au milieu de pays de
Vélasquez et de Murillo, cette grande et éternelle question,
la seule qui vaille la peine d'être discutée puisque c'est la
seule qui survit aux siècles ; cette grande et éternelle question de la lutte du génie contre le vulgaire, question vitale
s'il en fut, que les intérêts et la politique essayent éternellement d'étouffer, et qui éternellement reparaît calme et souriante comme une déesse antique, après avoir mis sous ses
pieds la politique et les intérêts.

Dites-moi qui était secrétaire d'état d'Élisabeth quand
Shakespeare écrivait Hamlet et Roméo.

Dites-moi qui était sénateur de Rome sous Léon X quand
Raphaël peignait les stanze du Vatican.

Si les noms de quelques ministres ont surnagé sur le flux
des temps, c'est qu'ils se sont cramponnés non pas aux rois
de la terre, mais aux rois de l'intelligence et de l'art. Mé-
cène n'est connu que grâce aux vers d'Horace, et les pen-
sions accordées par Colbert à Racine et à Corneille ont
presque fait oublier que ses armes étaient une couleuvre, et
que cette couleuvre a traîtreusement mordu le pauvre Fou-
quet au talon.

Nous en étions au plus ardent de notre discussion, au plus
chaud de notre enthousiasme ; nous venions de traverser un

torrent encaissé entre deux rives profondes, dont les accidens avaient tenté vainement de ralentir notre dialogue,
quand nous vîmes nos deux guides se consulter, et Juan revenir vers nous en nous faisant des signes.

La conversation cessa aussitôt.

J'allai à lui...

— Malo sitio! me dit-il en me montrant une grande ombre projetée devant nous par une espèce de bois.

— Los Pateros ?

— Si.

— Mes enfans, dis-je en me retournant, assez de pinceaux
comme cela ; aux fusils ! aux fusils !

L'avertissement produisit un effet miraculeux, la conversation cessa comme par enchantement, chacun fit halte sur
le lieu même où il était ; ceux qui étaient à pied coururent à
leurs mules ; en dix secondes tout le monde était armé.

— Qu'y a-t-il ? demanda-t-on ensuite.

Je mis pied à terre.

— Il y a que nous approchons, à ce qu'il paraît, du malo
sitio, où les cinq contrebandiers ont été arrêtés, voilà une
quinzaine de jours, et qu'il s'agit de nous mettre sur la dé-
ensive.

— Voilà, dit Desbarolles en faisant sonner le chien de sa
carabine.

— Allons, dit Giraud, voilà encore Desbarolles qui com-
met des imprudences.

— Quelle imprudence ? demanda Desbarolles.

— Tu sais bien que quand tu as une fois armé ta carabine, tu ne peux plus la désarmer qu'en la tirant.

— On la tirera, dit Desbarolles.

— Oui, dans nos jambes. Messieurs, je demande que Desbarolles forme l'avant-garde.

— Il la formera.

— Silence donc, silence ! firent les arriéros.

— Voyons ; décidément, messieurs, il paraît que la chose est sérieuse ; examinons les localités.

Je n'ai jamais vu à la clarté d'une lune magnifique plus beau paysage que celui du malo sitio.

Nous avions, au point où nous étions parvenus, c'est-à-dire sur la rive la plus escarpée du petit ruisseau que nous venions de traverser, une espèce de bois taillis à notre gauche ; du milieu de ce bois taillis s'élançait de temps en temps un arbre qui, épargné par les coupes précédentes, avait atteint toute sa hauteur ; cet arbre était sombre et immobile, pas un souffle de vent ne passant sur le paysage.

A droite, nous avions une plaine immense, bordée par des montagnes ; sous nos pieds moutonnaient de grands buissons de pin et de genièvre, qui semblaient des tirailleurs jetés en avant par la forêt. Au delà de ces buissons, et comme ils allaient montant à la hauteur des touffes d'herbes, on voyait, dans un endroit où les bords s'abaissaient, briller le ruisseau, pareil à un ruban argenté.

Au fond, à une distance où l'œil avait peine à les distinguer, les contours de quelques arbres, au milieu desquels apparaissaient comme des fantômes les murs blancs d'un moulin, qui dentelaient le paysage.

Jamais malo sitio ne me parut moins propre à inspirer la terreur ; aussi toute la caravane paraissait-elle bien plus disposée à rire qu'à trembler : il est vrai que Juan et Alonzo tremblaient pour tonte la caravane.

Je jetai les yeux sur Paul ; il avait conservé son impassibilité habituelle, et avait profité de la circonstance pour tirer de sa poche un morceau de pain concave et dont la concavité contenait un reste de civet.

Paul continuait de boire et de manger à l'état chronique; mais il ne tombait plus depuis qu'il avait eu l'idée de se faire attacher à sa mule.

— Eh bien ! Paul, lui dis-je, pourquoi ne mettez-vous pas pied à terre?

— Ah ! monsieur, dit-il, parce que ce serait du temps perdu ; il faudrait me détacher, puis me rattacher ; j'aime mieux rester où je suis.

— Mais si les voleurs tirent sur nous, vous allez leur servir de point de mire, Paul.

— Oh ! monsieur, ils ne me verront pas, je suis noir.

Et il se mit à rire avec cette silencieuse hilarité qui n'appartient qu'à lui, et qui chez lui exprime la satisfaction complète de lui-même.

Il n'y avait rien à répondre à une si excellente raison ; nous laissâmes Paul sur sa mule, et nous commençâmes à prendre nos dispositions pour traverser le malo sitio.

Comme ces dispositions étaient prises dans le plus grand silence, nous entendîmes tout à coup un bruit étrange et qui nous fit frissonner malgré nous.

Ce bruit n'avait rien d'humain, et ne ressemblait à aucun bruit connu ; c'était comme la longue plainte d'un homme qu'on égorge ; mais pour se plaindre ainsi, il eût fallu être non pas un homme, mais un géant ; d'ailleurs cette plainte, avec sa gamme croissante et décroissante, revenait de cinq secondes en cinq secondes.

Nous n'étions pas disposés à la crainte, et de plus aucun de nous n'était d'un caractère timide ; cependant, je crois pouvoir affirmer que la perception de ce bruit nous fit passer à tous un frisson dans les veines ; nous nous regardâmes, et attendîmes la reproduction de ce bruit singulier pour lui assigner une cause.

Le bruit se reproduisit.

Personne de nous ne fut capable de donner de ce bruit une définition satisfaisante.

Nous appelâmes nos muletiers, et nous les interrogeâmes. Ils étaient si troublés qu'ils ne comprirent rien à notre demande.

— Oui, dirent-ils, oui, vous avez raison, retournons sur nos pas, messieurs, retournons sur nos pas.

— Oh ! dit Boulanger, je la tiens.

— Quoi ?

— La cause de ce bruit.

— Vraiment ?

— Oh ! bon Sancho Pança ! digne Don Quichotte ! immortel Cervantes !

— Voyons, cher ami, qu'ont à faire là-dedans Cervantes, Don Quichotte et Sancho ?

— Nouà, mes amis, nouà.

— Ah ! fit Giraud ! regarde que nous sommes bêtes, Desbarolles ! comment, tu ne t'es pas rappelé ce bruit là, que nous avons entendu cent fois ?

— Dis donc, dis donc, s'écria Desbarolles, tu pourrais bien parler au singulier, ce me semble.

— C'est vrai, que tu es bête ! dit Giraud.

Nous éclatâmes de rire ; ce moment de crainte avait fait place à la confiance la plus parfaite.

— Voyons, dit Giraud, relève ta carabine et marchons, ramplan, plan, plan.

Nos muletiers nous regardaient tout abasourdis, et ne comprenaient rien à cette nouvelle manière de traverser les mauvais pas.

Cependant, tout en ayant l'air de railler le danger, je commençai par prendre toutes les dispositions qui pouvaient le diminuer : chacun de nous plaça sa mule entre lui et le bois, et marcha, la main gauche appuyée au garrot de l'animal ; de cette façon, le corps de la mule protégeait le corps du voyageur, et, quoique dans des conditions moins sûres, les jambes.

Boulanger lui-même avait pris un fusil, en promettant positivement qu'il tâcberait de tirer dans la direction des voleurs, au service desquels nous avions douze coups de première charge.

Notre caravane, précédée par Desbarolles et sa mule, marchait sur une seule ligne, à soixante pas du bois à peu près ; à cette distance, et dans l'obscurité, la supériorité de nos armes devait, en cas d'attaque, nous être d'un grand avantage.

Nos muletiers, qui étaient en tête, repassèreut à la queue, en se courbant pour mettre leur passage à l'abri derrière les mules, et en nous faisant signe du doigt de garder le plus profond silence.

Ce signe fut, à ce qu'il paraît, mal interprété par Alexandre, qui se mit à crier à tue-tête :

— Ohé ! les voleurs de Castro de Rio, où sont-ils ?

Les muletiers s'arrêtèrent, comme si leurs pieds avaient pris racine.

— Eh ! mon cher ami, dit Maquet, vous voyez bien qu'ils n'entendent pas le français, ces braves gens ; ils ne répondront pas ; allez, Desbarolles, parlez en espagnol.

— Ohé ! los ladrones de Castro de Rio, cria Desbarolles à tue-tête, donde sonos ?

Cette fois les muletiers furent bien plus ébouriffés encore que la première ; ils comprenaient une chose qui leur avait paru jusque-là incompréhensible, c'est qu'il existait dans ce pays de fous qu'on nomme la France des voyageurs qui appelaient les voleurs.

Il paraît que la chose stupéfia les voleurs à l'égal des muletiers, car nous traversâmes le malo sitio en leur jetant tous les défis que notre vocabulaire put nous fournir, et cela, je dois l'avouer, madame, impunément.

Pas un voleur ne parut, pas un canon de carabine ne brilla, et aucun autre bruit ne se fit entendre que le bruit de cette lamentable nouà, qui devenait de plus en plus lugubre au fur et à mesure que nous nous approchions d'elle.

Au bout de dix minntes, nos muletiers se redressèrent de toute leur hauteur, et respirant comme si on leur eût enlevé une montagne de dessus la poitrine :

— Il n'y a plus de danger, dirent-ils.

— Bah ! vraiment?

— Oui, le malo sitio est passé.

— C'était bien la peine de nous déranger, dit Alexandre en remontant d'un bond à la force des poignets sur Acca, dont les genoux plièrent jusqu'à terre.

Puis, calme comme le Didier de Marion Delorme :

— Je disais donc que monsieur Ingres, reprit-il...

— Un instant, un instant. Avant toute chose, Desbarolles, mon ami, dit Giraud, décharge ta carabine, tu sais que c'est convenu.

— Je vais la désarmer.

— Non pas ; je sais comment tu désarmes tes carabines ; décharge-la, mon cher.

— Oui, oui, Desbarolles, mon ami, dirent trois ou quatre voix, pas d'entêtement.

Desbarolles, voyant qu'une majorité imposante se réunissait contre lui, approcha en soupirant la crosse de son épaule, et son épaule de la crosse.

— Tu vas voir comme elle est douce la carabine de Desbarolles, dit Giraud à Alexandre ; un vrai mouton.

Desbarolles lâcha le coup, et fit deux tours sur lui-même

— Regarde, regarde, dit Giraud ; ce n'est pas ta carabine de Devisme ou de Bertonnet qui en ferait autant. Et quand on pense qu'il ne peut pas se déshabituer de l'armer ni apprendre à la désarmer.

— Sacré tonnerre ! disait Desbarolles, je crois qu'elle devient de plus en plus dure, cette maudite escopette.

Le coup était parti verticalement, un long jet de feu avait rayé le sombre azur de la nuit, et le bruit, repété par les montagnes comme un grondement de tonnerre, avait longtemps retenti au milieu du silence nocturne.

La voix de cinq ou six chiens répondit à la détonation par des aboiemens.

C'étaient les chiens du moulin, qui, réveillés par le coup de feu, s'empressaient de donner des preuves de leur vigilance.

— Bon, dit Alexandre, voilà les toutous qui s'en mêlent, cela va faire un joli concert : papa, chante-nous donc quelque chose.

La noria continuait toujours ses grincemens.

Il était évident que les aboiemens des chiens avaient réveillé le meunier et les garçons ; nos deux muletiers, qui étaient pleins de prudence, jugèrent à propos de se faire reconnaître, et s'avancèrent vers le moulin, en criant quelques paroles que nous ne pûmes comprendre.

Bientôt un dialogue s'établit, dont les chiens faisaient le second dessus.

Nous marchions toujours, et nous suivions le chemin qui passe à cent cinquante ou deux cents pas du moulin. Il paraît que nos muletiers ne tenaient pas à rester en arrière, car nous les vîmes accourir au galop pour nous rejoindre.

— Eh bien ! Juan, demandai-je à celui qui se trouva le premier près de moi.

— Eh bien ! monsieur, les voleurs ?

— Après.

— Ils y sont toujour

— Bah !

— Oui, puisqu'hier ils ont volé au meunier une vache et deux moutons.

— Vraiment ?

— De sorte que le meunier et tous ses gens étaient sur leurs gardes ; de sorte que quand ils ont entendu le coup de fusil, ils ont cru que c'étaient les voleurs qui revenaient.

— Ils tiennent à leurs voleurs, dit Giraud ; laissons-leur cette illusion : l'illusion fait le bonheur de l'homme.

Et sur cet axiome, contre lequel aucune voix ne s'éleva, nous nous remîmes en marche, laissant mourir derrière nous les aboiemens des chiens et les grincemens de la noria.

Une heure après, nous étions arrivés à Castro de Rio, sans aucune espèce d'accident, mais ayant fait cette découverte, que ce bout de ruisseau que nous avions passé n'était autre que le Guadalquivir, le roi des fleuves espagnols, dont l'aspect inspira une si grande surprise aux Arabes, qu'ils s'écrièrent en le voyant : Oued-el-Kebir ! c'est-à-dire : La grande rivière !

Les étymologistes n'auront pas grande difficulté, je présume, à reconnaître Guadalquivir dans Oued-el-Kebir.

XXVII.

Cordoue.

Voilà, de bon compte, madame, cinq lettres que je vous écris depuis notre départ de Grenade ; c'est que la route est longue, quoique peu fertile en accidens. C'est toujours la même chose. Comment déjeunerons-nous ? comment dînerons-nous ? et où coucherons-nous ? Puis, de temps en temps, pour redonner du nerf à l'intérêt qui va s'allanguissant, il est question de voleurs, qu'on ne voit pas, bien entendu, ou qui, lorsqu'ils se montrent, vous font leurs excuses très humbles de s'être montrés.

Ce qui vous frapperait surtout, madame, si vous faisiez la route que nous venons de faire, c'est cette absence absolue de villes, de bourgs et même de maisons, qui fait d'une portion de l'Andalousie, c'est-à-dire d'une des plus belles provinces de l'Espagne, un vaste désert, dans lequel vous faites dix ou quinze lieues de France sans rencontrer un voyageur, sans voir poindre une habitation. En effet, qu'avons-nous rencontré entre Grenade et Cordoue, ces deux grandes capitales de l'empire mauresque d'Abd-er-Rhaman et de Boabdil? deux villes où à peine nous avons pu trouver deux lits, Alcala Réal et Castro del Rio, et deux villages dans lesquels nous n'avons rien trouvé du tout.

Aussi, madame, si jamais vous avez le désir de voyager en Espagne autrement que de Bayonne à Madrid, et de Madrid à Séville ou à Barcelone, lignes privilégiées sur lesquelles on trouve les diligences ou les malles-postes, lesquelles ressemblent fort à des diligences dans lesquelles on est plus rudement secoué, voilà tout, je me permettrai de vous donner un conseil.

Ce conseil sera de voyager en caravane, comme nous voyageons ; seulement vous substituerez les ânes aux mules, et vous prendrez vos auberges à Paris.

Il existe sur le boulevard Bonne-Nouvelle, madame, un bazar fondé par un homme d'esprit qui doit avoir voyagé et souffert en voyage. Ce bazar est destiné à procurer à l'honnête homme qni se déplace pour aller voir d'autres honnêtes gens que ceux qu'il a l'habitude de rencontrer boulevard Bonne-Nouvelle, boulevard Saint-Denis, ou boulevard de Gand, toutes ces petites commodités sans lesquelles la locomotion trop prolongée devient un supplice.

Ce bazar a pour nom : *Bazar du voyage*, et est tenu par monsieur Godillot.

Je vous prie de croire, madame, que ceci n'est pas le moins du monde une réclame.

Si, dis-je, vous avez jamais l'envie, madame, de faire un voyage pareil à celui que nous faisons, vous trouverez donc, sur le boulevard à gauche, en allant de chez Barbedienne à la porte Saint-Denis, vous trouverez le *Bazar du voyage*, de Godillot et Compagnie.

Là, madame, vous achèterez deux charges de mulets complètes, toutes deux montées sur leurs bâts, prêtes à être posées sur le dos de l'animal ; chaque charge contiendra une tente, trois lits, une cantine complète avec sa poële, son gril, sa broche, sa broche, madame ! monument qui manque complétement en Espagne, mais qui a dû y être connu dans les temps reculés, puisque son nom existe ; sa broche, disais-je donc ; des assiettes, son pot-au-feu, ses cuillères, ses fourchettes et ses couteaux.

De plus : hache, marteau, tenaille, ciseau, tout ce qui est nécessaire enfin à la vie nomade à laquelle vous allez vous livrer.

Quand vous aurez fait cette emplète et choisi vos compagnons de voyage, — je m'en rapporte à vous pour les prendre braves, spirituels et instruits, — vous partirez avec eux par le chemin de fer d'Orléans ; à Orléans, vous aurez retenu d'avance des places pour Châlon ; à Châlon, vous monterez sur le bateau à vapeur, que vous ne quitterez plus qu'à Marseille ; enfin, à Marseille vous prendrez le bateau de Barcelone.

A Barcelone, vous achèterez des ânes, — vous allez vous récrier, madame, vous allez dire que je me trompe, que ce sont des chevaux ou des mules que je vous donne le conseil d'acheter. Détrompez-vous, ce sont des ânes, de vrais ânes, de purs ânes.

Mais il faut vous l'avouer, madame, l'âne espagnol a une incontestable supériorité, non-seulement sur les ânes français, mais encore sur tous les ânes du monde, les ânes arabes exceptés.

Il est vrai que, selon toute probabilité, l'âne espagnol descend de l'âne arabe, et, au contraire des descendans ordinaires, n'a rien perdu pendant ces quatre siècles de descendances.

Quand vous aurez vu les ânes espagnols, madame, vous comprendrez le fanatisme de Sancho pour son âne. Déjà du temps de Cervantes le besoin de réhabiliter l'âne se faisait sentir en Espagne, et Cervantes, comme tous les grands génies, se faisant l'expression des besoins d'une époque, l'a réhabilité.

Vous acheterez donc six ânes et deux mules.

Six ânes pour en faire votre monture et celle de vos compagnons, deux mules pour porter vos bagages.

Ne vous effrayez pas du prix, madame; les six ânes vous coûteront neuf cents francs; les deux mules, trois cents; total, douze cents; et en quittant l'Espagne, vous revendrez le tout mille.

A moins que vous ne préfériez ramener le tout en France, où vous le vendrez alors le double de ce qu'il vous aura coûté.

Vous aurez ainsi une monture plus douce, aussi rapide et moins gênante que le cheval, puisque vous n'aurez qu'à le lâcher dans le premier champ de chardons venu pour qu'il y trouve sa nourriture.

Quant à vous, madame, au lieu d'entrer dans les villes et de vous installer à grand'peine dans quelque misérable venta, vous déploierez votre tente, comme aurait pu le faire Sémiramis ou Cléopâtre; vos compagnons suivront votre exemple; les domestiques, pendant ce temps, prépareront les uns le foyer, tandis que les autres iront acheter les provisions en ville; et vous serez infiniment plus chez vous que vous ne le seriez dans la meilleure des auberges espagnoles.

Si je retourne jamais en Espagne, c'est ainsi que j'y retournerai.

Toutes ces réflexions me sont suggérées, madame, par la manière dont nous avons été couchés à Castro del Rio. C'est une charmante ville, madame, dans une position pittoresque ; mais passez-y de jour, si la chose vous est possible.

Nous nous remîmes en marche au point du jour. A ce magnifique clair de lune dont je vous ai parlé, avait succédé un brouillard humide qui avait un peu détrempé les chemins ; nous montâmes donc sur nos mules, si fatiguées qu'elles parussent, pour nous soustraire au désagrément de cette boue matinale.

Alexandre fit comme nous, et enfourcha le malheureux Acca, qui allait de plus en plus s'affaiblissant.

Le paysage était toujours le même, c'est-à-dire à la fois grandiose et accidenté. Parfois au sommet d'une montagne, dominant le chemin que nous suivions, surgissait une tour en ruine, sentinelle perdue des temps écoulés, fantôme de granit, ombre des âges féodaux.

Deux ou trois fois j'avais remarqué que le chemin, en s'escarpant au-dessus de quelque fondrière, présentait des dangers pour le pied fatigué de nos montures, les mules ; les mules ont cela de particulier, que si elles s'abattent, c'est presque toujours dans les beaux chemins où elles vont nonchalamment sans penser à leurs cavaliers ni, à ce qu'il paraît, à elles-mêmes ; les mules, à la vue de ces escarpemens, prenaient connaissance des localités, flairaient pour ainsi dire le chemin, et, se raidissant sur leurs jambes, passaient d'un pied assez ferme ; mais il n'en pouvait pas être de même du cheval d'Alexandre ; son laisser-aller n'était plus de l'insouciance, c'était de l'abattement : aussi deux fois, dans des mauvais pas pareils à ceux que je viens de signaler, criai-je à Alexandre de mettre pied à terre.

Vous connaissez Alexandre, madame, et vous savez avec quelle déférence il obéit aux avis paternels : Alexandre n'en fit absolument rien.

Cependant je traversai le premier un troisième passage, si difficile, qu'une troisième fois je lui fis la même invitation.

Cette fois, selon toute probabilité, comme j'étais fort loin, il ne m'entendit point, car il descendit.

Bien lui en prit... Au bout de cinq secondes j'entendis des cris et des juremens ; je me retournai, le malheureux Acca était tombé dans la fondrière !

La chute portait sa moralité avec elle.

A grand'peine, on tira Acca de son trou ; Acca était fort essoufflé et paraissait prêt à défaillir. On n'en continua pas moins de marcher ; seulement Alexandre prit son fusil et se mit à chasser.

Je pris le mien pour lui tenir compagnie, et j'en fis autant ; mais toujours sans autre résultat que quelques alouettes. Au reste, le besoin de vivre était moins urgent, nous devions arriver vers les deux heures à Cordoue.

Nous ne devions rencontrer aucun village sur notre route, par conséquent nous avions pris nos provisions avec nous ; elles consistaient purement et simplement en pain, en vin et en chocolat.

Au moment où j'arrêtais la mule chargée de vivres, je m'aperçus qu'elle toussait avec acharnement, et que quelques gouttes de sang lui tombaient de la bouche.

J'appelai Alonzo Lopez, et lui fis part du phénomène.

Il parut savoir parfaitement ce que cela voulait dire, et appela à son tour Juan.

L'un des deux ouvrit la bouche de l'animal, l'autre lui fourra la main jusqu'au fond du gosier, et en tira une première sangsue.

Puis il renouvela l'opération et en tira une seconde.

Après quoi le sang continua de couler, mais la bête ne toussa plus.

Je demandai des explications.

C'est encore une chose qu'il faut que vous sachiez, madame.

Presque toutes les sources, les ruisseaux, les rivières de l'Andalousie contiennent de petites sangsues fines comme des cheveux ; hommes ou animaux les avalent en buvant ; elles s'arrêtent où elles peuvent ; où elles s'arrêtent, elles s'attachent, et, une fois attachées, elles acquièrent, au grand désagrément de l'individu qui les aide à l'acquérir, le développement d'une sangsue ordinaire.

Le moyen de s'en préserver est de passer l'eau qu'on boit dans son mouchoir.

Eau de Benjoin nous donna un moyen qui nous parut encore plus sûr que celui-là, c'était de ne boire que du vin.

La chaleur devenait étouffante, bien que nous fussions au 5 novembre ; la chasse ne donnait pas, je remontai sur ma mule, Alexandre sur son cheval.

Nous marchâmes trois heures encore sur un terrain continuellement boursoufflé ; on nous avait promis Cordoue pour midi ; il était deux heures : nous demandions Cordoue à cor et à cris.

Enfin nos guides nous promirent que, lorsque nous aurions franchi un dernier mamelon qui se dressait sur notre route, nous verrions Cordoue.

Nous franchîmes le mamelon et, en effet, non pas immédiatement, mais après avoir traversé un pli de terrain qui s'étendait encore sur notre chemin, nous aperçûmes la ville tant demandée.

Il y a dans certains noms de ville un singulier prestige ; dès l'enfance ces noms ont résonné à notre oreille d'une façon étrange : Memphis, Athènes, Alexandrie, Rome, Constantinople, Grenade et Cordoue, sont de ces noms-là ; on a, depuis que l'âge du désir est en nous, été poursuivi du désir de voir ces villes aux noms historiques et pittoresques ; on y a si souvent pensé, si souvent la crainte de ne pas les visiter, malgré le désir qu'on en a, est venue vous traverser l'esprit, qu'on s'en est fait une image selon son imagination ; on a vu en rêve la ville que l'on craignait de ne pas voir en réalité ; puis le jour se lève où les obstacles ont disparu comme ces nuages que chasse le vent ; on part, on traverse l'espace, on demande, on s'informe, on presse le pas, on arrive ! La ville désirée vous apparaît enfin au pied d'une montagne, au bord d'un lac, ceinte d'une rivière ; vous vous arrêtez, vous soupirez ; tout votre rêve est détruit, toute votre illusion envolée ; vous ne voyez rien de ce que vous avez cru voir ; vous soupirez, et vous dites : C'est donc cela !

Il est vrai que le premier aspect des villes est presque aussi trompeur que le premier aspect des hommes.

Lorsque j'entrai à Rome, je crus entrer dans une ville bâtie par Louis XV pour madame de Pompadour.

Ce n'est pas la situation qui manque à Cordoue, c'est l'aspect.

En effet, Cordoue, adossée aux dernières rampes de la Sierra Moréna, dominée par ces pics sombres qui ont fait donner aux montagnes qu'ils couronnent le titre de monta-

gnes Noires, couchée au bord du Guadalquivir, la plus grande
rivière ou plutôt le plus grand fleuve de toute l'Espagne,
Cordoue, chauffée par son soleil mauresque, Cordoue est
dans une admirable situation ; seulement, Cordoue, masse de
maisons sans ombre, sans jardins, sans monumens autres
que la cathédrale, Cordoue, malgré les trois ou quatre
palmiers qui balancent au-dessus d'elle leurs gracieux
éventails, Cordoue manque d'aspect.

Il est vrai que, comme toutes les bonnes choses, Cordoue
gagne à être connue. En attendant, il n'en est par moins vrai
que Cordoue n'est point à la première vue la Cordoue que
vous vous êtes faite.

Aussi, comme il faisait très-chaud, que le soleil frappait
d'aplomb sur nos têtes, nous passâmes bien vite de la contemplation à l'action, et nous nous remîmes en marche.

Mais un incident nous arrêta... Quelque instance qu'on
lui fit, le malheureux Acca ne voulut jamais repartir.

Tout à coup, et comme nous regardions en cercle cette
lutte, dont le résultat commençait à nous paraître fort douteux, Alexandre s'écria :

— Messieurs, je m'écroule.

En effet, Acca manquait par sa base : il tomba sur les genoux de devant, plia sur les jarrets de derrière, allongea la
tête, tira la langue, poussa un soupir, et se coucha.

Alexandre écarta les jambes et se trouva sur ses pieds.

— Eh bien ! qu'a-t-il donc ? demanda Desbarolles.

— Il a qu'il est mort, répondit Giraud.

— Allons donc !

Lopez et Juan ne firent qu'un signe de tête, mais si ex-
pressif, qu'il n'y avait pas à s'y tromper.

Acca était parfaitement trépassé, trépassé à la vue de

Cordoue, où l'attendait le repos, comme trépasse un naufragé à la vue du port.

Alexandre tira son livre de notes et écrivit :

» La méthode Baucher ne convient pas aux chevaux andalous. »

Ce fut, à part les doléances des muletiers, toute l'oraison funèbre du pauvre Acca.

On lui ôta sa selle, Acca était le seul qui portât ce vain ornement, qu'on avait cru devoir accorder à son titre de cheval, on lui ôta sa selle et l'on en chargea la mule aux bagages.

Puis on l'abandonna aux corbeaux, sans même juger que sa peau méritât la peine d'être recueillie.

— Ma foi! dit Alexandre, je suis satisfait au moins de savoir à quoi m'en tenir; j'avais un cheval, et j'allais à pied; j'étais comme les dragons, je ne savais pas si j'étais dans l'infanterie ou dans la cavalerie, maintenant au moins je suis fixé.

Cordoue était loin encore, mais du moins on voyait Cordoue : quoique ce soit une grande impatience que de voir et de ne pas atteindre, c'est cependant en même temps une consolation.

Cette consolation nous soutint pendant deux heures de marche, durant lesquelles nous fîmes deux lieues et demie à peu près; puis nous nous trouvâmes sur les rives du Guadalquivir.

A cet endroit, le Guadalquivir est grand comme la Marne et ne porte pas encore bateau.

Nous trouvâmes un bac et non pas un pont.

J'avais presque autant entendu parler du pont de Cordoue que du pont de Tolède; comment donc se faisait-il que pour

la première fois où je trouvais de l'eau, je ne trouvasse pas
de pont ?

Nos muletiers nous expliquèrent qu'en passant sur le pont
nous eussions payé un réal par homme et un réal par bête,
ce qui faisait quelque chose comme dix-sept réaux, c'est-à-
dire quelque chose comme quatre francs cinq sous ; tandis
qu'en passant par le bac nous ne payions que deux sous par
homme et deux sous par bête, ce que faisait quelque chose
comme trente-quatre sous.

Pour nous économiser trois francs entre huit, les miséra-
bles nous avaient fait faire un détour d'une lieue.

L'intention était bonne ; mais l'enfer, on le sait, est pavé
de bonnes intentions.

Nous avions épuisé tous nos liquides et nous mourions de
soif depuis deux heures ; depuis deux heures nous tirions
droit sur le Guadalquivir ; comme une meute altérée nous
voyions enfin, après deux cent cinquante lieues faites à travers l'Espagne, un fleuve avec de l'eau, et nous espérions
que, sauf les sangsues, que nous avions un moyen de combattre, c'était de l'eau à boire.

Erreur !

En arrivant, nous nous aperçûmes que ce que roulait le
Guadalquivir, et que nous avions pris de loin pour de l'eau,
était une espèce de boue liquide, ayant la couleur et le
compacte, sinon le goût, d'un immense courant de chocolat
à la crême.

Nous nous regardâmes en nous grattant l'oreille avec un
ho ! ho ! des plus expressifs.

— Il faut arriver à Cordoue, dit une voix.

— A Cordoue ! à Cordoue ! répétèrent toutes les autres,
        dans le *Régulus* de Lucien Arnault, tous les compar-

ses du Théâtre-Français criaient; » A Carthage ! » ce qui était d'un effet magnifique.

En conséquence, nous nous entassâmes dans le bac pêle-mêle avec les chiens, les chevaux et les mules d'une autre caravane que les passeurs faisaient attendre depuis dix minutes pour nous passer tous ensemble d'un seul coup.

Il y eut un moment de confusion qui rappelait assez exactement l'embarquement dans l'arche; après quoi, à l'exception de femelles de notre espèce, nous nous trouvâmes embarqués.

Tout embarquement, à moins de naufrage, implique un débarquement; cinq minutes après nous débarquâmes donc sur l'autre rive du Guadalquivir.

Nous nous trouvions dans une espèce de petit bosquet d'oliviers assez agréable : au-dessus de la cime rabougrie des oliviers, nous apercevions la flèche de la cathédrale de Cordoue, notre étoile polaire.

Un chemin tracé par les pieds des animaux et par les roues des charrettes nous traçait notre route.

Nous étions tous à pied ; c'était notre habitude dans les grandes circonstances : depuis longtemps nous avions remarqué que nous allions bien plus vite à pied qu'à mule.

Nos arriéros, que nous avions laissés en arrière pour régler nos comptes avec les passeurs, nous suivaient de loin.

Paul était perché sur les bagages, qu'il ne quittait jamais. Depuis qu'il avait eu l'idée de se faire ficeler au-dessus des malles, comme un sac de nuit, sa quiétude était parfaite; et assis les jambes croisées, à la manière des Orientaux et des tailleurs, sur la plate-forme des bagages, il semblait, s'épanouissant sous ce soleil qui lui rappelait celui de Gondola, quelque divinité des bords du Gange, que des voyageurs curieux rapportaient de l'Inde pour en faire don à un musée européen.

Nous continuions à chercher de l'eau.

Une maison nous apparut toute brodée de treilles, qui jetaient sur elle une ombre bleuâtre d'une couleur adorable; dans un autre moment les peintres se fussent arrêtés et eussent croqué la maison.

L'idée ne leur en vint même pas ; ils se précipitèrent vers la maison et frappèrent d'un même coup à toutes les fenêtres et à toutes les portes, en criant :

— Agua ! agua !

La maison était solitaire, ou les habitans étaient morts de soif ; nous ne fûmes jamais bien fixés là-dessus ; mais la chose qui ne nous laissa aucun doute, c'est que l'on ne nous ouvrit point.

Rien n'altère comme une espérance déçue. Cordoue se rapprochait visiblement ; mais il y avait à craindre que la rage se manifestât dans la caravane avant que nous atteignissions Cordoue.

Les uns mâchèrent quelques feuilles de vigne. Hélas ! ce n'était plus comme à Grenade, les raisins étaient absens des treilles jusqu'aux derniers grains.

Les autres essayèrent de manger des olives fraîches ; ceux-là, Dieu leur fasse miséricorde en l'autre monde, ils l'auront bien mérité dans celui-ci.

Enfin, nous atteignîmes un petit sentier assez ombreux, et par conséquent assez frais, qui eût ressemblé à ces charmans chemins qui donnent entrée aux villages de Normandie, si les deux haies qui bordaient ce sentier n'eussent été formées par d'immenses aloès.

A l'extrémité de ce sentier, nous débouchâmes dans une

prairie, puis dans une petite plaine, à l'extrémité de laquelle, c'est-à-dire à mille pas de nous à peu près, nous voyions s'étendre dans la forme la plus pittoresque du monde la muraille mauresque qui aujourd'hui encore ceint la ville des califes.

Au centre de cette muraille, à gauche de la cime d'un beau palmier, qui se déployait comme le panache d'un guerrier gigantesque au-dessus des remparts, s'ouvrait une trouée ogivique qui semblait pleine de fraîcheur, étant pleine d'ombre.

C'était la porte de la ville.

Nous tendîmes à l'instant même vers ce but.

Mais en avant de cette porte existait un objet qui attirait toute notre attention.

Cet objet était une espèce de hangard, habité par quelques individus des deux sexes, entourés d'une myriade d'enfans, les uns debout, les autres assis.

Chacun se demandait ce que pouvait être cette baraque, et que pouvait faire cette population de marmaille qui paraissait savourer avec délices un aliment dont la distance nous empêchait de distinguer la nature.

Toutes les intelligences de la troupe étaient tendues, mais inutilement, vers ce grand problème.

Un éclair m'illumina.

Je me rappelai Naples.

— Giraud, m'écriai-je ; cocoméri ! cocoméri !

Vous vous rappelez Naples, vous aussi, madame; eh bien, cette baraque était celle d'un marchand de pastèques, et toute cette population se grisait, comme Arnal, avec du melon.

Tout disparut à l'instant même à nos yeux, madame:

Cordoue, ses murailles, sa mosquée, sa porte, son palmier, ses souvenirs ; nous nous précipitâmes vers la baraque en criant :

— Cocoméri ! cocoméri !

Nous étions armés, et d'un aspect, il faut le dire, assez peu rassurant, surtout après ce voyage à travers terres : les enfans prirent peur les premiers, et se sauvèrent en faisant des cris inhumains ; les hommes les suivirent en emportant leurs plus gros melons, qu'ils espéraient sauver aussi.

Une seule femme resta.

Je ne sais rien de plus brave en face des invasions qu'une femme très laide, si ce n'est une très jolie femme.

Notre héroïne était très laide.

Elle paraissait résignée à tout.

Desbarolles lui expliqua dans un castillan très altéré que nous étions d'honnêtes voyageurs mourans de soif, et que notre plus grande ambition était pour le moment d'avoir chacun un melon, en le payant, bien entendu.

La prétention parut des plus justes à notre marchande, qui mit tout son magasin à notre disposition.

Ah! madame, si vous nous aviez vus nous ruer sur les melons, trois jours auparavant objet de nos dédains, quand Pepino se hasardait à en glisser un sur notre table, quelles réflexions sans fin cette vue lamentable n'eût-elle point inspirées à votre esprit si philosophique!

La peur de l'hydropisie nous arrêta seule. Giraud et Alexandre avaient entamé leur troisième melon, lorsque mes effroyables prédictions le leur firent tomber de la bouche à moitié dévoré.

Pendant ce temps-là, la caravane nous rejoignait ; de loin

nous apercevions Paul qui suçait quelque chose avec sa sensualité ordinaire.

C'était un énorme cocoméro qu'il avait découvert dans les bagages de la caravane qui avait passé le bac en même temps que nous, et qui lui avait coûté la somme de dix centimes.

Nous payâmes les nôtres, qui étaient un peu plus petits, un réal la pièce. Nous en fîmes l'observation à la marchande, qui nous répondit avec dédain que le cocoméro de Paul était un cocoméro d'occasion.

Paul ne s'était pas dérangé, madame, et une demi-heure avant nous il avait eu moins qu'à moitié prix un melon d'une grosseur double des nôtres.

Avouez, madame, que sous tous les rapports Paul est un être privilégié.

Nous n'avions plus rien à faire ; nous étions, momentanément du moins, rafraîchis et reposés.

Nous nous acheminâmes vers la ville.

— Ah ! sacrebleu ! dit Maquet.

Nous nous retournâmes quelque peu effrayés : Maquet ne jurait que dans les grandes occasions.

— Quoi ?

— Et la douane ?

— Ah ! c'est vrai ; la douane ! dit Boulanger.

— Est-ce qu'il y a une douane à Cordoue ? demandai-je en interrogeant du regard Giraud et Desbarolles.

— Hélas ! oui, répondit Giraud.

— Et des plus sévères même, ajouta Desbarolles.

— Bon ! en voilà pour deux heures ! fit Alexandre.

— Il y a une chose bien simple, répondis-je.

— Laquelle ?

— Nous laisserons les clefs à Paul, nous laisserons Paul avec les muletiers, les muletiers avec les bagages, et Paul, les muletiers et les bagages nous rejoindront à l'hôtel de la Poste.

On nous avait d'avance, à Grenade, indiqué l'hôtel de la Poste comme celui auquel nous devions descendre.

— Bravo! cria tout le monde.

Nous nous engouffrâmes sous la porte. Il y avait de l'autre côté de cette porte encombrement de populaire.

Le populaire nous attendait ; les moutards fugitifs nous avaient annoncés, et les curieux, assez peu récréés dans leur ville de Cordoue, s'étaient amassés sur notre route pour se donner la satisfaction de nous voir.

Nous présentâmes nos passeports au corps de garde, tandis que nos mules et nos muletiers s'arrêtaient à la douane. Ces deux établissemens, douane et corps de garde, sont situés chacun d'un côté de la rue.

L'officier était au poste ; il nous salua gracieusement et presque sans visiter le passeport de mes compagnons, après avoir jeté les yeux sur le mien :

— Passez, messieurs, nous dit-il, passez ; nous vous attendons depuis longtemps.

— Vous nous attendez ?

— Oui.

— Nous savions que monsieur Alexandre Dumas était en Espagne, et nous comptions bien qu'il ne quitterait pas l'Espagne sans visiter notre ville.

Nous passâmes en général ; et moi en particulier, j'adressai quelques remercîmens à l'officier, et nous nous remîmes en marche.

Muletiers et mules nous suivirent.

— Eh bien! demandai-je à Paul, la douane?

— Oh! fit Paul, le chef des douaniers a vu le nom de monsieur sur les malles; il m'a demandé si monsieur était l'auteur de *Monte-Cristo*, je lui ai dit que oui, et il a répondu: — C'est bon, passez.

— Sans rien visiter?

— Sans rien visiter.

Je revins sur mes pas, et j'allai remercier le chef de la douane, comme j'avais remercié le chef du poste.

Je vous raconte un fait, madame, que vous attesteront mes cinq compagnons, et que je ne vous raconterais point s'ils n'étaient là pour l'attester.

Connaissez-vous rien de plus littéraire et de plus poli que les soldats et les douaniers de Cordoue?

Un quart d'heure après ce triomphe, nous entrions dans l'hôtel de la Poste.

XXVIII.

Cordoue.

Vous comprenez, madame, qu'après un pareil voyage, notre premier cri, en arrivant à Cordoue, fut : — *Banos! banos!* ce qui pouvait se traduire par : — Des bains! des bains !

Mais il en fut de notre cri comme si nous avions parlé

hébreu. On connaît bien les bains à Cordoue, mais on ne connaît pas les baignoires.

Seulement, il existe d'immenses jarres, exactement pareilles à celles dans lesquelles furent mis en bouteilles et cachetés les quarante voleurs d'Ali-Baba. Quand on veut absolument prendre un bain, on remplit ces jarres à moitié, et l'on descend dedans à l'aide d'une échelle double.

Puis chacun s'accroupit selon sa grandeur, de manière que la tête seulement dépasse le goulot, ce qui permet aux baigneurs de continuer la conversation commencée.

Malheureusement il n'existait même pas de semblables jarres dans l'hôtel, et nous fûmes forcés de nous contenter de grands plats de terre, au milieu desquels nous ressemblions assez, tout ruisselans d'eau que nous fûmes au bout de cinq minutes, à des tritons sur leurs conques marines.

Nous n'avions pas encore fini nos ablutions, que déjà deux personnes avaient frappé à la porte et avaient été introduites près de nous.

L'une de ces personnes était monsieur Martial de la Torre, sur lequel j'avais une lettre de crédit.

L'autre, monsieur Eugène Perez, professeur de français, pour lequel j'avais une lettre de recommandation.

Tous deux, sans attendre que je me présentasse chez eux, ayant appris mon arrivée à Cordoue, venaient me faire leurs offres de service, et, je dois l'avouer, avaient été quelque peu étonnés de l'état dans lequel ils nous trouvaient.

La pudeur de monsieur Martial de la Torre en fut effarouchée, et il ne fit qu'entrer et sortir. Notre compatriote, moins pudibond, ou plus familier peut-être avec les ablutions, resta, et tout en nous habillant nous commençâmes à prendre langue.

Notre mauvaise humeur de voyageur porta tout d'abord sur l'aspect de Cordoue. Chacun de nous s'était fait une Cordoue à sa manière : l'un gothique, l'autre mauresque, l'autre presque romaine ; car les souvenirs de Lucain et de Sénèque étaient aussi vivans chez nous que ceux d'Abd-el-Rhaman et ceux du grand capitaine. Nous n'avions oublié qu'une chose, c'était de nous représenter une Cordoue est pagnole, et c'était justement la seule que nous eussions trouvée.

Des rues étroites, sales, dans lesquelles il est défendu de jeter son eau, sans doute de peur que cette eau ne les lave quelque peu ; des maisons basses et souvent d'un ton grisâtre, ce qui est si rare en Espagne, et grillées du haut en bas comme des prisons ; un seul monument dominant tout cela, la cathédrale : tel est le premier aspect de Cordoue.

Le pavé surtout faisait notre désespoir ; ces cailloux, qui présentent sans cesse la pointe, ont l'air d'être en réaction continuelle contre ceux qui passent : il faudrait la gentille Mignon et toute son adresse à danser, sur les œufs pour marcher sur ce pavé-là.

Perez combattit en faveur de la ville qui lui donnait l'hospitalité ; il nous affirma que sur ces cailloux pointus, qui faisaient notre désespoir, couraient des pieds aussi légers que ceux de Taglioni se reposant sur les fleurs du ballet de l'*Ombre*, et que derrière ces grilles nous verrions briller de si beaux yeux, que ces yeux-là nous raccommoderaient avec Cordoue.

Avec Cordoue, c'est possible, mais pas avec les grilles.

Ah ! j'oubliais de vous dire, madame, que nous logeons dans un assez bon hôtel « Parador de las deligensas, » et que comme nous y étions attendus, nous avons trouvé tous les visages sourians, y compris celui du cuisinier, qui est de Lyon.

Cette découverte a fort réjoui mes amis, et moi aussi, madame; s'ils ne se lassent pas de manger ma cuisine, je commence à me lasser de la faire.

Nous sommes donc assez convenablement installés.

Nous avons deux chambres et un salon; ces trois pièces, qui se commandent, affectent la forme d'un — couché : à l'une des extrémités, j'habite avec Alexandre; à l'autre extrémité, Maquet s'est installé avec Giraud; dans le corridor qui nous sépare, deux matelas jetés à terre ont pour but, sinon pour résultat, de reposer les membres fatigués de Boulanger et de Desbarolles.

Il est inutile, je crois, de vous dire, madame, que Giraud couche avec sa bourse, à laquelle il tient d'autant plus qu'elle diminue davantage de poids, et Desbarolles avec sa carabine, que notre dernière alerte lui a rendue plus chère que jamais.

De cheminées, bien entendu qu'il n'en est pas question.

Au reste, un oranger colossal, qui emplit à lui seul de verdure, de parfums et de fruits toute notre cour, qui peut avoir trente pieds carrés à peu près, se charge de nous répondre, au nom du maître de l'hôtel, que toute cheminée serait du luxe avec l'admirable soleil que nous avons aujourd'hui, 2 novembre.

Nous commençâmes par bien établir le droit de propriété que notre lettre de recommandation nous donnait sur Perez. Il fut convenu qu'à part les deux ou trois heures que réclamait de lui le collége, il était à nous entièrement.

Quant aux leçons particulières qu'il pouvait avoir en ville, il fut entendu que nous les donnerions collectivemeut.

C'était un moyen de passer de l'autre côté de ces jalousies et de ces grilles qui nous révoltaient si fort, malgré leur belle couleur vert malachite.

Au reste, comme au lieu d'arriver à dix heures du matin, ainsi que nous l'avaient promis nos deux arriéros, nous étions arrivés à quatre heures de l'après-midi ; comme il avait fallu, pour chasser tout vestige de l'affreuse route que nous venions de faire, une bonne heure de station sur nos conques marines, ce n'était point de trop d'une autre heure pour que Boulanger ouvrît les malles et distribuât à chacun ses vêtemens du jour ; il se trouva que six heures sonnèrent comme nous achevions notre toilette.

Le dîner était prêt.

Le dîner, c'était la grande épreuve où nous attendions toujours nos hôtes ; jusque-là, je dois le dire, ils y avaient succombé.

Cette fois, le cuisinier lyonnais s'en tira à son honneur ; c'eût été, même à Paris, un gargotier supportable.

J'oubliais de vous dire, madame, que nos fusils, sortis de leur boîte et mouillés depuis Grenade par les fréquentes averses que nous avions reçues, avaient été déposés dans le patio en attendant l'armurier qui devait les venir prendre.

Le bruit s'était immédiatement répandu de ce dépôt, de sorte que lorsque nous descendîmes, tout ce qu'il y avait de chasseurs à Cordoue était sous l'impluvium ; nos fusils passaient dans toutes les mains : on les armait, on les désarmait, on faisait jouer les ressorts, on levait et l'on abaissait les bascules ; c'était une étude des plus intéressantes enfin, que notre passage au milieu des curieux ne dérangea aucunement.

Ma carabine à balles pointues, avec son couteau de chasse

servant de baïonnette, excitait surtout des transports d'admiration.

Nous prîmes place à table.

Nous occupions le bout d'une grande table dressée dans la salle commune; comme l'heure du dîner général était passée depuis longtemps (on dîne à une heure à Cordoue), cette table était complétement vide.

Mais la curiosité, assouvie sur les fusils, existait encore tout entière à l'endroit des voyageurs. Les armes, cet objet de si grande préoccupation pour tous les peuples primitifs, chez lesquels la liberté est plus grande que l'indépendance, les armes avaient pris le pas sur nous, et c'était trop juste; mais, les armes examinées, on revint à nous.

Aussi vîmes-nous entrer avec cette simplicité naïve qui n'a rien de plaisant, une douzaine de Cordovans, qui, après nous avoir salués avec un bienveillant sourire, se mirent à table, tout en établissant une certaine distance, terrain neutre laissé entre la France et l'Espagne, mais sans croire même qu'ils eussent besoin de demander le moindre petit verre pour excuser leur présence.

En effet, il n'y avait point besoin de cela, car tout était gracieux et cordial pour nous dans leur regard comme dans les intonations de leur voix.

Pendent le dîner, un Arabe entra avec des écharpes; je me défiais de l'identité: je le fis interroger par Eau de Benjoin; c'était bien un véritable Arabe, il n'y avait rien à dire.

Seulement, ses écharpes étaient espagnoles, et encore en avais-je sous les yeux une plus belle qu'aucune des siennes, laquelle dessinait la taille d'un des curieux qui nous regardaient.

Je la lui désignai du doigt, et lui demandai s'il en avait une pareille.

A la manière dont il répondit oui, il était facile de voir qu'il eût dû répondre non.

Ce fut aussi l'opinion du propriétaire de l'écharpe, car, se levant aussitôt et s'approchant de moi tout en déroulant sa ceinture :

— A la disposition de usted, dit-il en me la présentant.

Je connaissais cette facilité des Espagnols à offrir ce que l'on a l'imprudence de paraître désirer devant eux ; mais je savais aussi qu'il était convenable en ce cas de refuser.

Je refusai donc.

Mais cette fois, il n'en était pas ainsi ; la ceinture avait été offerte avec une certaine façon qui n'admettait pas le refus, ce que Perez me coula tout bas dans l'oreille.

A la seconde insistance de celui qui me l'offrait, j'acceptai donc.

— Maintenant, dis-je en riant à Perez, me voilà dans la position de ce monsieur à qui l'on avait donné une paire de pantoufles, laquelle lui fit changer tout son ameublement en commençant par sa robe de chambre, laquelle n'allant plus avec l'étoffe de ses meubles, lui fit changer ses meubles, puis son tapis, puis ses rideaux, et ainsi de suite : je ne puis pas mettre cette écharpe sur mon gilet, sur mon pantalon et sur ma redingote.

— Non, sans doute, répondit Perez : mais voici un de ces messieurs qui a une charmante veste, demandez-lui l'adresse de son tailleur.

J'eus l'imprudence de suivre le conseil de Perez.

Anssitôt le propriétaire de la veste, qui était de ma taille, se leva, l'ôta, et venant à moi :

— Monsieur, me dit-il en excellent français, je serais heureux que vous voulussiez bien accepter celle-ci; mon tailleur me l'a apportée ce matin, et je l'ai mise aujourd'hui pour la première fois.

Je me retournai vers Perez.

— Acceptez, acceptez, me dit-il; celui qui vous l'offre est un charmant garçon, qui serait désespéré d'un refus.

— Mais, monsieur, répondis-je, vous m'embarrassez énormément.

— Monsieur, me dit-il, nous ne sommes pas tout à fait si étrangers l'un à l'autre que vous le croyez; j'ai longtemps habité Paris, et je vous connais, si vous ne me connaissez pas; d'ailleurs, si mieux vous aimez, ce sera un troc; vous me rendrez en échange quelque chose qui vous ait appartenu.

— Eh bien! soit, lui dis-je; ma foi! la chose est trop curieuse pour que je m'y refuse; mais comment vous en irez-vous?

— J'ai mon manteau.

— Maintenant, monsieur, me dit un troisième dans un français un peu moins pur, mais non moins obligeant, il vous manque un gilet, voulez-vous me permettre de vous offrir le mien?

J'eus encore recours à Perez.

— Ah ça! lui demandai-je, est-ce une gageure?

— Non, me dit-il, c'est de tout cœur; acceptez, acceptez.

— Mais ils vont m'offrir leur culotte tout à l'heure.

— Oh! pour ceci, comme ça serait véritablement une indiscrétion d'accepter, vous refuserez.

Je me retournai vers ces messieurs, qui tenaient chacun à sa main l'objet offert.

— Ma foi! messieurs, leur dis-je, j'accepte, et de grand

cœur, ne fût-ce que pour la rareté du fait; seulement vos noms, je vous prie, que je sache à qui je dois des remercîmens.

— Christoval Hernandez de Cordoba, dit le jeune homme à la ceinture.

— Paroldo, dit le jeune homme à la veste.

— Ravez, dit le propriétaire du gilet.

— Messieurs, répondis-je, vous allez voir le cas que je fais de vos dons.

Je sortis; j'envoyai chercher un chapeau, et comme à Madrid j'avais acheté des guêtres et une culotte, au bout de dix minutes je rentrai complétement vêtu en Andalous.

Des cris de joie accueillirent mon entrée: toutes les mains s'étendirent vers moi.

En mon absence, Giraud avait demandé une plume et du papier, et avec cette sûreté de trait qui caractérise son extraordinaire talent d'improvisateur, il avait reproduit la scène.

Mes trois nouveaux amis étaient autour de moi; l'un me ceignait son écharpe, l'autre me boutonnait son gilet, le troisième me tendait sa veste.

Dans le fond, un quatrième se dépouillait à la hâte du vêtement qui me manquait.

Tout cela était d'une telle ressemblance, moi compris, que le chef-d'œuvre passa à l'instant même de main en main.

Comme tout le monde ne pouvait le garder, il fut mis en loterie.

Ce fut Paroldo qui le gagna.

Afin de consoler les autres, Giraud offrit à l'instant même de faire leurs portraits.

Boulanger alors réclama une tête.

On courut chercher le carton au bristol et la boîte au pastel.

Puis l'on commanda un bol de punch gigantesque.

Il est impossible, madame, de passer une meilleure soirée, et surtout une soirée plus inattendue que celle que nous passâmes dans notre nouvelle compagnie.

A dix heures chacun se leva.

Je voulus retenir mes convives.

— Laissez aller, laissez aller, dit Perez.

— Ils ont donc affaire? demandai-je.

— Oui.

— Et que vont-ils faire?

— Ils vont *pelar la pava.*

Ah! madame, c'est ici que j'ai besoin de toute votre indulgence pour mes amis les Espagnols, si je vous explique ce qu'ils entendent par *pelar la pava.*

Il faut vous dire d'abord, madame, ce que signifie littéralement *pelar la pava.*

Cela signifie: plumer la dinde.

Vous rappelez-vous, madame, ces jalousies aux barreaux croisés, ces balcons aux étroites ouvertures dont je vous ai parlé? c'est là que le soir, tandis que la lune brille au ciel, mais ne peut pénétrer jusqu'au fond des rues étroites, c'est là que, comme au temps du comte Almaviva, comme au temps de Philippe II, comme au temps de Ferdinand le Catholique, les jeunes gens vont attendre, cachés dans l'ombre et enveloppés de leurs manteaux, l'apparition de ces tendres senoras qui ont de tout temps fait le désespoir des mères et des tuteurs.

En effet, par une espèce de convention, toutes les filles et les pupilles appartiennent le jour à leurs mères et à leurs

tuteurs; mais, le soir venu, elles rentrent en possession d'elles-mêmes; il est vrai que cette liberté est bien limitée, puisqu'elle ne s'étend que jusqu'au balcon et jusqu'à la jalousie.

Mais enfin, si étroits que soient les barreaux de ces balcons,
si drus que soient les grillages de ces jalousies, il faut bien
qu'un rayon du jour puisse passer, et partout où passe un
rayon du jour passe la main d'une Andalouse.

L'amant, comme nous l'avons dit, est là qui attend; si le
balcon est au rez-de-chaussée, l'amant n'a point à se plaindre;
sans effort aucun il peut atteindre, serrer, baiser cette petite
main qu'on lui passe, il peut rapprocher les lèvres des barreaux; il peut sentir le souffle des lèvres qu'il aime; il peut
même, pour peu que celle qu'il implore y mette un peu de
bonne volonté, il peut même baiser quelque chose de mieux
que le souffle. Il y a même certaines chroniques qui racontent
sur ce point-là des choses qui ne peuvent pas se raconter,
et qui tendraient à prouver que ce sont choses bien gênantes,
c'est vrai, mais bien inutiles, que toutes ces grilles et tous
ces balcons; mais je vous dirai franchement, madame, que
je crois que c'est un bruit que les amans font courir pour
démontrer l'inutilité de toutes ces vilaines cages de fer derrière lesquelles gazouillent de si charmans oiseaux.

Si le balcon est au premier, le pauvre amant, comme vous
le comprenez, madame, en est réduit à jouer le rôle du renard au pied du cep de vigne; mais il ne se console pas aussi
facilement que l'animal philosophe qui se console de tout,
même de la perte de sa queue. Alors il invente toute sorte
de ressources pour arriver jusqu'à sa belle : les échelles de
corde! eh mon Dieu, oui, madame! les échelles de corde
existent toujours; bien entendu qu'elles sont défendues
comme les couteaux-poignards, ce qui fait qu'on en trouve

chez tous les cordiers. Les échelles de corde sont un des moyens les plus usités; il y a encore l'ami qui prête ses épaules et qui fume sa cigarette et joue de la guitare pendant ce temps-là, ce qui fait que la belle jouit à la fois de la conversation de son amant et d'une sérénade. Enfin, il y a des amans privilégiés à qui Dieu a donné des ongles assez crochus pour grimper le long des murailles comme des lézards; ceux-là, la chronique le dit encore, l'Espagne, vous le savez, est le pays des chroniques, ceux-là ont de grands priviléges.

Ils n'ont ni échelle dénonciatrice ni confidens indiscrets; seulement, on dit qu'ils ont une lime avec laquelle on descelle facilement un barreau, puis deux; les balcons d'un premier étage sont naturellement moins visités que ceux d'un rez-de-chaussée; cette hauteur, qui faisait la sécurité des mères et des tuteurs, fait la perte des belles Rosines. Alors venaient les couvens avec des grilles bien autrement épaisses, des barreaux bien autrement serrés. Heureusement la révolution a aboli les couvens, aussi les jeunes filles espagnoles sont-elles toutes, ou du moins presque toutes, enragées révolutionnaires.

D'ailleurs, ne trouvez-vous pas quelque chose de romanesque et de charmant, madame, dans ces paroles échangées à travers les grilles, dans ces mains passées entre les barreaux, dans ces baisers soufflés à distance, et entre lesquels passe la brise des nuits toute chargée des parfums du jasmin et de l'oranger; enfin dans ces amours aériennes, dans ces promenades funambuliques qui mettent sans cesse un danger auprès d'un bonheur?

Eh bien! madame, c'est cependant ce charmant métier que font les amoureux, que ceux qui ne le font pas ou qui ne le font plus appellent « pelar la pava, » c'est-à-dire *plumer la dinde.*

Mais, rassurez-vous madame ; l'ignoble forme sous laquelle on la désigne n'empêche pas que l'opération ne soit fort pratiquée.

C'est ce dont nous pûmes nous convaincre le même soir en sortant.

C'est quelque chose de curieux, madame, que les rues d'une ville andalouse. Vues de nuit, on pourrait presque affirmer qu'elles sont plus peuplées que de jour ; il y a un petit bruit dans l'air de conversation à voix basse, de soupirs poussés et rendus, de baisers étouffés, qui récrée l'âme pour laquelle le bonheur du prochain compte pour quelque chose.

A coup sûr, sous ce rapport, madame, notre prochain de Cordoue est un des plus heureux prochains de la terre.

XXIX.

Cordoue, novembre.

Le lendemain, comme vous le pensez bien, madame, nous n'eûmes rien de plus pressé que de visiter la ville, qui nous avait apparu la veille sous l'aspect désavantageux des choses qui se montrent pour la première fois à des voyageurs lassés, altérés et maussades.

Puis, mon avis à moi, et c'était aussi celui de mes compagnons, était qu'une ville gîtée comme Cordoue, aux pieds des montagnes qui la protégent de leur ombre, au bord d'un fleuve qui la berce de son murmure, peuplée de monumens qui l'éternisent de leurs souvenirs, ne pouvait pas être jugée tout de suite, sur ses rues un peu étroites et ses pavés un peu pointus.

En conséquence, nous nous adjoignîmes Perez par droit de patrie, et Paroldo par droit de conquête.

Je n'ai pas besoin de vous décrire Perez, madame.

Perez est un Français forcé de rester à Cordoue ; or la ville où l'on est forcé de rester, loin de celle où l'on est né, est toujours une ville horrible. Il fallait donc à Perez toute sa complaisance compatriote pour nous faire admirer les beautés de la patrie de Sénèque. Puis, une chose que vous avez sans doute remarquée, madame, c'est le sentiment de joie et de bien-être qu'apportent à celui qui vit loin de sa patrie ceux qui arrivent de son pays. Il semble que l'air natal ne soit pas encore sorti des poumons, et pendant quelques instans l'exilé qu'on visite le respire dans vos paroles. Alors il questionne, il se rappelle ; ce n'est plus vous qui voyagez dans le pays où il vous reçoit, c'est lui qui retourne à la patrie que vous venez de quitter. Le paysage qui l'environne se décompose tout à coup, comme le dessin d'un kaléidoscope sous la main d'un enfant; le ciel, si bleu qu'il soit, fait place au ciel parfois grisâtre du pays aimé, et guidé par le voyageur, qui s'étonne qu'on trouve tant de charmes au pays qu'il a eu tant de plaisir à quitter, momentanément il est vrai, l'exilé se promène dans son passé, dont il compte toujours refaire son avenir. Rien n'est égoïste comme le voyageur qui vient toujours demander quelque chose et n'apporte jamais rien. Eh bien! cependant, madame, le voyageur est pris d'un sentiment de tristesse infinie quand au milieu des incidens nouveaux d'un pays inconnu il trouve un compatriote qui, à cinq cents lieues de la terre-mère, devient tout de suite un ami, et qui, dans cette nature pleine de nouveautés, de bizarreries et d'étonnemens pour celui qui la quitte promptement, s'est taillé une vie d'abord nouvelle, puis accoutumée, puis uniforme, puis monotone à devenir triste, pour lequel toute chose a perdu son éclat premier, et qui au milieu de cette oasis enchantée, de ces arbres aux fruits d'or, sous ce ciel rayonnant, vous parle, les larmes dans les yeux, de son Paris boueux, de ses maisons régulières, et de ce ciel gris où, comme le disait un de nos spirituels amis, l'emploi du soleil est une sinécure.

Cependant, comme on se voit, comme on se serre la main à toute heure, comme on vit ensemble pendant quelques jours, comme à chaque souvenir qu'on rappelle il s'en exhale une bouffée d'air natal que l'exilé respire et qui lui emplit les poumons de l'âme, on oublie la tristesse de celui qui reste froid aux rayons de la joie de ceux qui arrivent. Ce n'est que lorsque le pauvre exilé voit, au bout de trois ou quatre jours qu'on a passés avec lui et qu'il croyait devoir être éternels, tant il les avait emplis de souvenirs et d'espérances, ce n'est que lorsqu'il voit les voyageurs faire leurs malles en chantant, n'ayant plus rien à voir du pays qu'ils quittent, et causant déjà de celui où ils vont, c'est alors qu'il devient vraiment triste, et que, le dos appuyé à la muraille, les yeux humides et fixés sur les préparatifs, il regrette le passage de ces égoïstes, qui ne lui ont apporté qu'une joie si pauvre, et vont le laisser, sans songer à regarder en arrière, dans un isolement d'autant plus vaste qu'il aura été un instant comblé.

Cependant la secousse a été forte, et l'exilé se figure qu'il ne pourra jamais reprendre sa vie d'autrefois, après cette inoculation momentanée de la vie des autres. Alors il éclaire la séparation d'un rêve d'avenir. Il vous assure qu'il viendra vous retrouver dans le pays que vous allez revoir, qu'il forcera les circonstances à vouloir ce qu'il veut; il vous promet de vous écrire, vous supplie de lui répondre, et, le cœur soulagé, il vous accompagne à la voiture, où il vous embrasse en pleurant, et en s'occupant des moindres détails qui peuvent, il l'espère, retarder encore un peu le départ.

Cependant l'inexorable voix du postillon se fait entendre, la portière se ferme, les mains se pressent une dernière fois, et la voiture s'envole. On se salue encore de la voix, des yeux, du geste et du cœur ; puis, lorsqu'à l'angle de la route ou dans le nuage de poussière qu'elle soulève, la voiture a disparu, l'ami nouveau déjà délaissé rentre chez lui avec une partie de son cœur qui le tiraille sur la route que la voiture parcourt, et qui est sa patrie par ceux qui la traversent. Quelque temps encore les voyageurs causent de celui qui les a si bien reçus ; on se fait une fête de le recevoir un jour ; puis les idées changent avec le paysage, la conversation reprend telle qu'elle était en entrant dans la ville ; on forme un corps si compact et si bien armé, que la mélancolie n'y peut pénétrer que par hasard et est forcée de se retirer vite; on n'a que le temps de voyager et non d'être triste, et peu à peu l'exilé disparaît dans les mille détails de l'horizon qui s'efface, et lui-même n'ayant plus la présence des voyageurs pour alimenter ses projets, il reprend sa vie accoutumée, rêve de temps en temps à ceux qu'il a vus, et sous l'impression du souvenir, leur écrit une lettre qui leur arrive un jour au milieu d'impressions nouvelles, et réveille son nom, sinon mort, du moins endormi dans le cœur.

Voilà ce qui nous est arrivé bien souvent, à nous qui avons beaucoup voyagé, et voilà ce qui doit nous arriver encore avec Perez, si les choses suivent leur cours ordinaire et périodique. Est-ce heureux ou malheureux? tout ce que nous pouvons dire, c'est que c'est vrai.

Quant à Paroldo, madame, dont je serais heureux de vous peindre l'exquise distinction et la merveilleuse douceur, si je ne craignais que, de la place où je vous écris, cette lettre, après avoir passé par vos mains, n'arrivât jusqu'aux siennes, et n'intimidât sa sincère modestie ; quant à Paroldo, c'était presque un exilé comme Perez. Jamais visage plus bienveillant ne fut empreint d'une mélancolie plus continue. Paroldo n'est pas Français ni Espagnol, il est Italien ; mais Paroldo est venu en France, et il s'est fait, pendant les trois ans qu'il y a passés, une telle habitude et un tel besoin de notre pays, qu'en nous voyant venir il nous tendit la main comme à des compatriotes, et nous parla de notre patrie comme de la sienne ; seulement, il nous en parlait avec toutes ses illusions de jeune homme, et comme d'un rêve qu'il aurait fait. Cette vie parisienne, bruyante, rapide, fantastique, à laquelle il était venu se mêler pendant trois ans, et qui n'apparaît que du côté brillant à ceux qui la traversent, s'était peut-être même un peu trop poétisée dans son ardente imagination. Paroldo a à Cordoue une famille qui ne peut se passer de lui, et qui tremble à sa moindre absence, qu'il aime, et dont il est inquiet quand il en est éloi-

gné. Le désir de revoir Paris, la crainte de quitter des parens aimés se disputent donc éternellement notre nouvel
ami ; mais comme le cœur est chez lui plus fort que le désir, l'amitié que le caprice, il reste ; mais il reste quelque
peu mélancolique et les yeux tournés vers le pays d'où les
hirondelles reviennent en septembre.

Voilà sur le premier plan les compagnons nouveaux que
nous trouvons à Cordoue ; les autres, moins en rapport avec
nous par la différence des langues, nous reçoivent cependant, comme je vous l'ai déjà écrit, madame, avec une cor-
dialité toute sympathique.

Bref, il fallait visiter la ville, car c'est là que nous en
étions, je crois, au commencement de cette lettre ; et munis
de crayons, accompagnés de Perez et de Paroldo, nous nous
mîmes en route.

Alexandre, qui ne sait pas plus voyager que s'il n'avait
jamais franchi la barrière de l'Étoile, se croit toujours sur
le bitume du boulevard Italien, de sorte qu'il se hasarde sur
le pavé espagnol avec une chaussure d'une confiance folle.
Il n'avait donc pas fait dix pas dans la rue de notre hôtel,
qu'il faisait des bonds comme un chat qui passerait sur un
brasier.

— Que diable avez-vous? lui dit Perez, qui, habitué à tous
ces petits clochers qui forment le pavage de la ville, n'en re-
coit plus la moindre atteinte.

— J'ai que votre ville m'entre dans les pieds, dit Alexandre, et que je me pave à l'envers.

— Ce fut Abdérame II, répondit Perez, qui, dans le neuvième siècle, eut le premier l'idée de faire paver la ville.

— Ce détail m'intéresse, mais ne me console pas, reprit
Alexandre.

— Mais si vous en avez beaucoup d'autres du même genre à nous donner, dis-je en m'adressant à Perez, moi, je me consolerai très vite en marchant sur le trottoir.

— A votre service, me dit Perez; voyons d'abord ce que nous avons à visiter, et je vous dirai tout ce que vous voudrez, quand vous serez en mesure de prendre des notes.

— Où allons-nous maintenant ?

— A la seule mosquée que le tremblement de terre de 1589 ait laissée à la ville, et qui fut bâtie l'an 170 de l'hégire par le roi Abdérame.

— Allons ! dit Desbarolles en prenant ces deux dates en note.

Quelques minutes après, nous étions arrêtés, et nous entrions par une cour qui a cent quatre-vingts pieds environ, et qui, prise sur la longueur de l'édifice, précède l'entrée du monument. Un bassin de marbre, avec une fontaine incessante, occupe le milieu de cette cour, pleine de palmiers, de citronniers, de cyprès et d'orangers, qui, à l'heure où je vous écris, sont chargés de fruits qu'ils laissent retomber au bout de leurs branches fatiguées.

Quand nous entrâmes, un large rayon de soleil éclairait le mur qui fait face à l'entrée de la mosquée, et des Espagnols, assis dans les plus nonchalantes poses, fumaient en regardant des enfans bruns et veloutés qui barbottaient autour du bassin; joignez à cela, madame, des oiseaux sans nombre, répandant sur les oisifs et sur les promeneurs leur concert qui s'endort le soir au murmure de la fontaine, qui, comme je viens de vous le dire, ne s'endort jamais.

Il y a hors de l'édifice un éblouissement d'harmonie, de soleil et de parfums ; et le contraste est étrange quand une fois on pénètre dans l'intérieur du monument.

Vous avez quelquefois fait des rêves fantastiques, madame ; vous vous trouviez dans un édifice immense, dont le cintre reposait sur des milliers de colonnes si légères, qu'il vous semblait qu'on les eût fait disparaître avec un souffle. Entre le sol et le cintre une pénombre fraîche et parfumée, que traversait de temps en temps un rayon de soleil, qui, après s'être heurté sur cinq ou six colonnes, qu'il léchait de sa flamme blanche, venait s'étendre paresseusement sur les dalles. Des personnages inconnus passaient de temps en temps, puis ils disparaissaient comme des fantômes, sans que vous pussiez retrouver la porte par où ils étaient sortis. A l'étrangeté de la première impression, succédait bientôt chez vous une impression plus calme ; vous n'aviez plus envie de sortir de votre rêve si fantastiquement encadré ; vous le visitiez dans ses détails, et vous trouviez de grandes chapelles, dans les dentelures de pierres desquelles le jour nuancé par des vitraux magnifiques venait se jouer et rire, et dans l'ombre, vous aperceviez quelque grande figure de Christ, de Vierge ou d'apôtre, qui vous attirait à elle par une fascination pieuse ; vous vous agenouilliez, et quand vous releviez le front, vous étiez éblouie par quelque grande mosaïque d'or où serpentait une page du Coran, ou vous vous heurtiez les genoux au tombeau de marbre de quelque chef arabe, à qui le christianisme avait bien voulu continuer l'hospitalité de la tombe.

Une musique solennelle, invisible, grandiose, chrétienne enfin, s'élevait tout à coup, du milieu de l'édifice, et, comme un reflux d'harmonie, se répandait à travers les colonnes, les chapelles, et vous inondait le cœur d'extase et de prière ; le jour s'en augmentait, tout un monde de pensées en surgissait tout à coup, et vous entrevoyiez dans cette église, sombre auparavant, d'un côté la Mecque délaissée, de l'autre le Calvaire rayonnant.

Puis, une porte s'ouvrait, une large bouffée de soleil et d'air vous rafraîchissait le front ; vous vous réveilliez en sursaut, et vous voyiez le jour qui, triomphant de vos rideaux de satin, venait s'abattre joyeusement sur votre couche, et vous conseiller le réveil.

Vous passiez alors la main sur votre front, et croyiez avoir fait un rêve, c'était tout simplement Dieu qui avait doré votre sommeil d'une réalité, et qui, rapprochant l'horizon, vous avait fait voir, sous un magnétisme divin, la mosquée de Cordoue.

Ce que vous avez vu, nous le touchions, et nos impressions étaient deux fois les vôtres.

Figurez-vous, en effet, pour passer de l'ensemble au détail, figurez-vous une salle immense, avec dix-neuf nefs de trois cent cinquante pieds de long et de quatorze de large, courant du sud au nord, et dix-neuf autres nefs se prolongeant de l'est à l'ouest, dans la largeur du temple ; formez ces nefs avec des rangs de colonnes de jaspe, de marbre rouge, jaune et bleu, qui se croisent de différentes façons, selon la porte par laquelle on entre, et qui cachent les six entrées de l'édifice, et sur l'une de ces colonnes, une petite grille de fer avec une lampe qui éclaire toujours un Christ en croix, incrusté dans la colonne, et qu'un chrétien, esclave chez les Maures, et attaché, dit-on, à ce pilier, creusa avec son ongle seul.

Au milieu, s'élève une grande chapelle, qu'en 1828 le chapitre obtint du roi. Malgré les oppositions de la ville de bâtir au sein de la mosquée, il fallut pour la former abattre ou envelopper de maçonnerie une grande quantité de colonnes. Autre part que là, cette chapelle serait une belle chose ; mais quoique nous soyons trop chrétiens pour regretter la domination du christianisme, nous sommes trop artistes pour ne pas déplorer que cette domination se soit manifestée en architecture renaissance dans une mosquée dont l'intégrale conservation eût fait un monument unique en Europe.

Cordoue, du reste, après avoir rejeté le turban, ne se contenta pas de l'auréole chrétienne, et prise d'un fanatisme religieux, il lui fallut la couronne du martyre ; ce fut surtout dans le neuvième siècle que ce zèle pour la foi se révéla, au point que les chrétiens, pour devenir martyrs, insultaient la religion des Maures, et qu'en 850 on fut forcé d'assembler un concile composé d'évêques, qui tous étaient habitans des Etats du roi Abdérame, et qui décidèrent qu'on ne regarderait pas comme martyrs ceux qui, sans nécessité, se faisaient donner la mort en attaquant la religion mahométane.

En sortant de la mosquée, nous allâmes visiter le cirque, qui, petit et coquettement repeint, est un des plus vantés de l'Andalousie, car il ne suffit pas à un cirque d'être grand pour être beau, c'est même un défaut que l'étendue : plus il est petit, plus le danger est réel ; plus il y a de danger, plus les spectateurs sont contens ; car si vous veniez en Espagne, madame, vous subiriez l'impression commune à tout le monde. La première course que vous verriez vous épouvanterait, et le premier taureau tué, vous jureriez de ne jamais revoir un spectacle aussi barbare. A partir du quatrième taureau, vous commenceriez à les compter, et au huitième, vous mêleriez votre voix charmante au peuple qui demanderait *otro toro*, c'est-à-dire un taureau de surplus.

Vous attendriez impatiemment les courses suivantes, et vous en parleriez toute la semaine; puis, vous ne feriez plus attention aux chevaux éventrés, le danger des hommes ne vous effrayerait même pas, et un beau jour vous seriez tout étonnée d'avoir vu tuer un picador ou un chulo sans quitter la course pour cela.

Eh bien! je vous le répète, madame, plus le cirque est petit, plus il y a de chance de voir tuer un homme, plus, par conséquent, il y a de chance pour s'amuser quand on est Espagnol ou femme.

— Maintenant, voulez-vous voir Zehra? nous dit Perez quand nous eûmes visité le cirque.

— Qu'est-ce que Zehra? nous écriâmes-nous.

— Zehra, reprit Perez, est ou plutôt était une ville bâtie par Abdérame II, à deux milles de Cordoue, au pied des montagnes. Oh! Cordoue n'a pas toujours été telle que vous la voyez, et la révolution qui la fit passer des mains des califes de Damas au pouvoir d'Abdérame, fut une révolution plus heureuse pour elle que bien des révolutions que nous avons vues depuis. Il faut vous dire qu'à cette époque, Cordoue logeait deux cent mille maisons, lesquelles étaient parfaitement pleines; il y avait neuf cents bains publics; vous ne vous en douteriez pas, vous que j'ai trouvés hier forcés de vous laver dans des assiettes.

Le prince avait un sérail, comme bien vous pensez, et ce sérail se composait, tant en esclaves qu'en concubines et en eunuques, de six mille trois cents personnes; cependant, parmi ces esclaves, il y en avait une favorite que l'on nommait Zehra.

Or, si beau, si riche, si parfumé que fût le sérail, Abdérame ne le trouvait pas digne de Zehra; il rêva donc une habitation plus commode pour elle, et voici ce qu'il imagina.

Le sérail étant trop peu pour la favorite, un palais n'eût pas été assez ; c'était donc une ville entière qu'il lui fallait. A deux milles d'ici, comme je vous le disais tout à l'heure, Abdérame choisit un emplacement merveilleusement privilégié, et la ville rêvée s'éleva comme par enchantement ; il y eut un palais principal, qui se contenta de douze mille colonnes de granit et de marbre d'Égypte ; il est bien entendu que les murs de la salle principale étaient couverts d'ornemens en or, et que des animaux de ce métal y versaient, comme les simples lions de l'Institut, de l'eau dans un bassin d'albâtre ; il y avait dans ce palais un pavillon où Abdérame et Zebra passaient les soirées ensemble : ce pavillon, éclairé de cent lampes de cristal pleines d'huiles odoriférantes, mêlaient à ces ornemens d'or des ornemens d'acier et de pierres précieuses. Enfin, la ville qui entourait ce palais faisait serpenter dans les rues des ruisseaux d'eau transparente comme du cristal, qui répandaient une fraîcheur éternelle ; des fontaines, des terrasses, des fleurs, des orangers, des chants, des danses, représentaient une somme de soixante-quinze millions, qu'Abdérame avait dépensée là pour Zehra, c'est à-dire les deux tiers de ce que Louis XIV dépensa pour La Vallière.

— Et que reste-t-il de cette ville ? demandai-je à Perez.

— Il en reste le souvenir, me répondit-il ; rebâtissez-la si vous voulez dans votre imagination de poëte, et ce sera la première fois qu'elle aura été bâtie.

— La mosquée est splendide, dit Giraud ; la tradition est magnifique. Zehra était une femme superbe, j'en suis convaincu ; mais à cette heure toutes nos imaginations ne doivent se reporter que sur le dîner, qui ne sera, je l'espère, ni une tradition ni un rêve.

Quand Giraud avait vu à l'horloge de son appétit qu'il était temps de dîner, il fallait se soumettre à **Giraud**.

Nous nous soumîmes.

Perez et Paroldo furent des nôtres, et comme la conversation retomba sur les armes qu'on venait de rapporter de chez l'armurier, Alexandre s'écria que depuis qu'il était en Espagne il n'avait encore tiré à balle que des dindons, et que c'était bien humiliant pour un Français et une carabine de Devisme.

Il demanda donc si le sanglier de la Sierra-Morena était un mythe comme les sangliers de France ; et dans le cas où il existerait, s'il y aurait un moyen facile de faire une chasse dans la montagne.

Paroldo, Perez, et quelques-uns de leurs amis, qui étaient venus les rejoindre et nous faire visite, se regardèrent avec des hé ! hé ! douteux.

— En avez-vous bien envie? dit Paroldo après avoir recueilli tous les regards de ses amis.

— Certainement, s'écrièrent six voix qui étaient les nôtres, et au milieu desquelles vibrait la voix de Desbarolles, qui allait enfin pouvoir utiliser sa carabine.

— Ah ! pardieu ! dit Boulanger, cela se trouve bien ; je n'ai jamais vu de sangliers que chez les charcutiers, et encore ils avaient des défenses en sucre et des yeux en pistache, de sorte que je ne serai pas fâché d'en voir un de près, pour me faire une idée exacte de cet animal au poil hérissé, mais à la chair savoureuse.

— Ah ! que tu parles bien ! s'écria Alexaudre, que l'idée

de la chasse transportait d'aise ; mais suspends tes discours, que nous en revenions aux projets de demain.

— Je tremble fort qu'il n'y ait quelque empêchement, dis-je, et que, comme toujours, Alexandre n'ait été indiscret.

— Je n'y vois pas d'obstacle, reprit Paroldo, sinon que la sierra n'est pas toujours sûre.

— Quelques petits voleurs ? demandai-je ; toujours les voleurs ?

— Hum ! j'y ai été arrêté, moi, dans la sierra, dit Paroldo.

— Moi aussi !

— Moi aussi !

Il y eut des moi aussi qui éclatèrent tout le long de la table, et partout où il y avait une bouche espagnole.

— Ceci n'est plus une enseigne de charcutier, dit Boulanger ; il paraît que nous allons voir Matalabos fils ; je dirai cela à Hugo, cela lui fera plaisir.

— Enfin, sont-ce des voleurs? reprit Desbarolles ; c'est qu'alors je mettrais deux balles dans ma carabine.

— Oui, avec cela qu'elle ne repousse pas suffisamment, dit Giraud.

— Écoutez, dit Paroldo ; vous êtes nos hôtes, nous répondons de vous ; j'ai trouvé un moyen.

— Lequel ?

— C'est de les prendre pour rabatteurs.

— Qui, les voleurs ?

— Je ne dis pas qu'il y ait des voleurs, moi, fit Paroldo, qui ne voulait pas se compromettre.

— Mais vous dites *les* prendre pour rabatteurs, qui est-ce *les* ?

— *Les...* ce sont *eux*, fit Paroldo en riant.

La raison nous parut suffisante, et nous n'en demandâmes pas davantage.

— Ecoutez, reprit Juan, car Paroldo s'appelait Juan, tout comme l'amant d'Haydée, écoutez ; montez dans vos chambres, dormez bien et vite ; nous allons au Casino, nous tâchons de réunir nos amis et tout ce qu'il faut, et demain, à quatre heures du matin, nous venons vous réveiller si tout est prêt, sinon nous venons déjeuner avec vous à dix.

Il y eut un : « C'est convenu, » général.

En conséquence de cette résolution, nous remontâmes dans nos chambres ; chacun prépara ses guêtres, son fusil, et tous les ustensiles de chasse.

Il n'y eut qu'Alexandre qui ne prépara rien ; mais en revanche, à peine commencions-nous à nous endormir, qu'il se leva sur la pointe du pied et alla tirer la ficelle d'une pendule à musique qui décorait notre chambre, et qui se mit incontinent à jouer la polka de Herz.

Je n'ai naturellement pas besoin de vous dire, madame, que rien n'est faux, monotone et agaçant comme cette horrible pendule à musique ; mais ce que vous ne savez pas, c'est qu'il ne se passait pas d'heure qu'Alexandre ne nous fît au moins une fois cette atroce plaisanterie.

Le jour, ce n'était encore rien ; mais la nuit !

Malheureusement ce soir-là Alexandre avait pris du café : quand il a pris du café, Alexandre ne peut pas dormir, et quand il ne peut pas dormir, Alexandre ne trouve rien de plus amusant que d'empêcher de dormir les autres.

Dieu vous préserve, madame, et d'Alexandre et des pendules à musique !

XXX.

7 novembre.

Voici une grande interruption, madame, trois grands jours sans vous écrire ; ce n'est point mon habitude, et vous avez dû penser qu'il s'était passé par-delà les monts Pyrénées quelque chose d'extraordinaire ; vous ne vous êtes pas trompée, nous descendons des plus hauts, près de la Sierra Morena : nous venons de faire ce que bien certainement jamais voyageur n'a fait : nous venons de passer trois jours en fraternité avec les *habitans de la montagne.*

Paroldo avait un peu trop compté sur les jambes de son messager quand il nous avait donné rendez-vous pour le lendemain à quatre heures ; ou plutôt Paroldo, qui savait que les journées de notre séjour en Espagne étaient comptées, Paroldo n'avait pas voulu nous désespérer en nous avouant qu'il fallait vingt-quatre [heures au moins pour nouer des relations suffisantes avec nos futurs compagnons de chasse.

Puis, la réussite de la chose reposait sur un problème assez vague : étais-je aussi connu des habitans de la sierra que je l'étais des chefs de poste et des douaniers de Cordoue ?

Quand on prend le parti extrême d'habiter la sierra, et

8.

surtout la Sierra Morena, c'est que l'on a quelqu'une de ces causes profondes de misanthropie qui vous font, comme Karl Moor et Jean Sbogar, rompre avec la société. Or, la Sierra Morena n'a ni bureaux de journaux ni cabinets de lecture. Il en résulte que ceux qui l'habitent d'une façon continue, que ceux qui ont des raisons de venir à la ville le moins souvent possible, il en résulte que ceux-là, sans qu'on les taxe d'ignorance, peuvent bien n'avoir jamais lu ni les *Mousquetaires* ni *Monte-Cristo*.

Mon amour-propre n'avait donc point trop à souffrir, on me l'assurait du moins, si ma renommée, pareille à la mer, à qui Dieu a ordonné de s'arrêter sur son rivage, si ma renommée, dis-je, s'arrêtait au pied de la Sierra Morena.

La nuit s'écoula donc sans autre bruit que celui de la pendule à musique.

La journée fut consacrée à faire des visites. Perez, en sa qualité de maître de langue française ; Paroldo, en sa qualité de lion de Cordoue, nous présentèrent dans les meilleures maisons de la ville. Partout l'accueil fnt franc et cordial, et nulle part nous ne pûmes nous apercevoir de cette haine internationale, qui n'existe pas chez nous, et qui n'existe en Espagne, visiblement du moins, que dans les classes inférieures de la société.

Je savais qu'entre autres curiosités, Cordoue renfermait le reste de la maison de Sénèque. Sénèque n'est pas un grand tragique ; mais enfin, comme c'est le seul tragique de Rome, et comme dans son poëme de *Médée* il a prédit la découverte de l'Amérique, je désirais voir la maison de Sénèque.

A chaque fois que j'avais manifesté ce désir, Perez, Paroldo et Hernandez de Cordoba, notre troisième compagnon d'amitié, s'étaient mis à rire. Enfin, comme j'insistais avec un entêtement de touriste :

— C'est bien, me dit Perez, on vous y conduira ce soir, à la maison de Sénèque.

— Et pourquoi ce soir seulement ?

— Ah ! dame !

— Est-ce que la maison de Sénèque est fermée le jour ?

— Non pas ; elle est ouverte à toute heure, au contraire.

— L'hospitalité n'y est point en honneur ?

— L'hospitalité y est antique ; mais...

— Mais quoi ?

— Mais nous tenons beaucoup à ce qu'on ne sache pas que nous usons de cette hospitalité.

— Ah ! ah !

— Oui.

— Très bien !

— Tenez-vous toujours à visiter la maison de Sénèque ?

—Pourquoi pas ? nous voyageons pour connaître les mœurs des pays que nous parcourons ; or, les mœurs que nous pouvons étudier le soir ne sont pas les mœurs les moins curieuses, quoique les voyageurs n'en parlent jamais.

Au reste, il faut vous le dire, madame, et j'éprouve d'autant moins d'hésitation à vous le dire, que nous sommes sortis de toutes les épreuves, soit espagnoles, soit africaines, purs comme des Joseph et des don César de Bazan. Ces mœurs ne nous étaient point tout à fait inconnues. A Grenade, un soir qu'en visitant la ville au clair de la lune, nous nous étions perdus dans ses rues tortueuses, nous crûmes remarquer une maison où veillait une lumière, et nous montâmes pour demander notre chemin.

Desbarolles était resté en arrière pour redresser son gibus, de sorte que la personne qui nous reçut, se trompant sans doute à notre espagnol assez inintelligible, nous fit entrer dans une espèce de chambre qu'elle appelait un salon, et qu'en France, madame, pays de suprême aristocratie et de luxe insensé, on appellerait un galetas.

Dans ce salon aux murs blanchis à la chaux, et meublé purement et simplement d'un canapé de paille recouvert en bazin, et de quatre chaises de paille pareilles au canapé, mais non recouvertes comme lui, nous restâmes seuls, pendant un quart d'heure à peu près, à causer comme les trois calenders borgnes des *Mille et une Nuits*, après lequel quart d'heure la porte s'ouvrit, et il entra autant de princesses que nous étions de princes.

Ici, madame, pour tout autre que pour des gens qui avaient fait des vœux de chasteté dans la cour des diligences Caillard et Laffitte, le récit deviendrait embarrassant; mais pour nous, simples observateurs, habitués aux séances d'ateliers, la chose devient toute simple.

Je vais donc, madame, vous décrire de mon mieux les princesses espagnoles.

En général, au nombre des vertus que le ciel leur a laissées, il faut leur accorder la grande simplicité; quelques-unes, et ce sont les plus élégantes, portent la mantille, la basquine et l'éventail national; sous la mantille, le peigne d'écaille qui la soulève, et près du peigne, la rose naturelle ou factice, dont le rouge de pourpre éclate comme une flamme à travers les fines mailles de la dentelle noire.

Les autres sont mises à la française, c'est-à-dire qu'elles ont une simple robe de toile de mousseline ou de jaconas, un petit châle jeté sur les épaules, un petit bonnet ou un petit chapeau posé sur la tête.

Peut-être aussi me trompé-je, madame, et sont-ce celles-là qu'on appelle les élégantes en Espagne.

Maintenant, madame, il faut vous dire une chose que vous ne savez point; c'est qu'en France, quand des calenders ou des voyageurs comme nous visitent, soit les caravansérails, soit les maisons de Sénèque, ils y trouvent, comme dans les *Mille et une Nuits*, toujours les princesses les plus folles, les plus babillardes, et surtout les plus prévenantes de la terre. Cette folie, ce babil, ces prévenances sont-ils naturels? ou n'est-ce qu'un jargon appris, un moyen de séduction, un besoin de se faire illusion à soi-même? c'est ce que je laisserai à décider aux fouriéristes et aux phalanstériens.

Puis ajoutez aux notes déjà prises cette observation remarquable : En France, ou plutôt à Paris, les princesses logent dans les caravansérails ou dans les maisons de Sénèque même, où calenders et voyageurs ont l'habitude de venir demander l'hospitalité; il en résulte qu'à Paris calenders et voyageurs n'attendent jamais.

En Espagne, c'est tout différent : les princesses ont leurs maisons particulières, elles logent au sein de leur famille ; comme ces filles de roi de l'antiquité, qui allaient chercher l'eau à la fontaine et qui confectionnaient leurs propres habits, elles exercent une profession : les unes joutent avec la nature, en confectionnant des fleurs rivales des fleurs naturelles; les autres étendent la charité jusqu'à faire pour les autres ce que les filles de roi faisaient dans l'antiquité pour elles-mêmes, jusqu'à tailler et coudre des vêtemens; les autres enfin tressent en or et en argent ces mille galons, ces mille passequilles, ces mille fanfreluches qui brillent, qui sonnent, qui crient aux vêtemens de parade des danseuses et des danseurs andalous.

Seulement, comme tous ces métiers fatiguent la vue sans doute, et que ce serait risquer ses yeux que d'y travailler le soir, les belles princesses ont adopté pour le soir un métier où elles risquent leur âme, qui leur est beaucoup moins indispensable que leurs yeux.

Mais il faut le dire, madame, ce métier, en Espagne, est loin d'entraîner avec lui les mêmes préjugés sociaux qu'en France. Les princesses dont nous parlons visitent les caravansérails et les maisons de Sénèque, mais cela ne nuit en rien à la considération dont elles jouissaient avant qu'elles eussent l'idée d'étendre jusqu'à ces établissemens publics ou privés leurs courses nocturnes ; elles ne cessent point pour cela de voir leurs connaissances, de rester liées avec leurs amies ; personne ne leur demande compte de leurs sorties quotidiennes, personne ne s'informe de ce qu'elles ont fait de six heures du soir jusqu'à minuit. Et d'ailleurs qui en aurait le droit? ces demoiselles ne sortent jamais seules, elles ont toujours pour les accompagner ou leur père, ou leur mère, ou leur frère ; il est vrai que père, mère ou frère restent au seuil des caravansérails, à la porte des maisons de Sénèque, n'ont aucun rapport avec les calenders ni avec les voyageurs ; mais enfin ils sont là ; et qui oserait dire qu'une fille fait du mal... à dix pas de son père, de sa mère ou de sa sœur ?

C'est qu'elles ne font point de mal non plus, madame ; elles entrent silencieuses et graves, elles s'asseyent sans dire une parole, et elles attendent que calenders et voyageurs aillent leur faire la cour.

Oui, madame, aillent leur faire la cour, c'est le mot. En Espagne, on fait littéralement la cour dans les caravansérails ou dans les maisons de Sénèque.

Vous dire que cette cour-là dure aussi longtemps et est aussi chaste que celle qui se fait en dehors des balcons et de l'autre côté des jalousies, ce serait exagéré; mais au moins les apparences sont sauvées : les princesses qui sont faibles ont l'air de céder à un caprice, à un entraînement; elles se lèvent, s'appuient au bras du cavalier, font quelques tours avec lui dans l'appartement ou dans le jardin, disparaissent sans bruit, sans fracas, sans ostentation, et après un temps plus ou moins long reparaissent au bras de leur cavalier. Libre à vous, tant leur visage est calme, tant leur habit est chastement intact, libre à vous de croire qu'ils viennent purement et simplement de faire un cours d'astronomie ou de lire un chapitre de *Don Quichotte de la Manche*.

Au reste, bien plus sobres que les princesses des *Mille et une Nuits*, qui, comme on peut le voir dans une traduction de monsieur Galland, buvaient et mangeaient avec les voyageurs à qui elles offraient l'hospitalité, les princesses espagnoles ne boivent ni ne mangent, et je dois dire que les vins de Porto, de Xérès et de Malaga, que nous faisions parfois apporter pour nous dans ces auberges de passage, n'ont jamais été qu'effleurés par les lèvres dédaigneuses de nos passagères hôtesses.

D'ailleurs, jamais la soirée n'a le temps de dégénérer en orgie : à dix heures on commence à parler de se retirer, et à onze on se retire irrévocablement, en donnant pour excuse ces mots auxquels il n'y a rien à répondre, à moins qu'on n'ait rompu avec tous les sentimens sacrés :

— Mon père ou ma mère sont là; ils m'attendent depuis trois heures, et vous comprenez que je ne puis le ou la faire attendre plus longtemps.

Sur ce, la princesse se lève, vous donne majestueusement son front à baiser, fait une révérence et se retire.

Puis, le lendemain, si vous voulez recommencer, cela recommence, mais toujours de la même façon, et avec les mêmes ménagemens.

Il va sans dire que si le lendemain vous vous présentiez dans la maison de la princesse qui vous a fait les honneurs du caravansérail la veille, vous y seriez complétement méconnu, et qu'on vous regarderait comme un homme ivre qui se trompe de porte.

A propos d'homme ivre, consignons en passant ce fait : que nous n'en avons jamais rencontré qu'un seul pendant notre voyage en Espagne, encore toute la population le suivait-elle comme une curiosité.

D'après ce que je viens d'avoir l'honneur de vous raconter, madame, la maison de Sénèque, que nous visitâmes le soir, ne vous offrira rien de nouveau, si ce n'est comme archéologie. Vous dire dans quel quartier elle est située, madame, j'en serais fort empêché, n'y ayant été que de nuit et par une pluie battante.

On entre par une grande porte dans une cour ou plutôt dans une espèce de jardin, dont les murailles m'ont paru de construction romaine : ces murailles sont, avec la maîtresse de la maison, les seuls restes d'antiquité que je constatai.

Une circonstance toute caractéristique vint compliquer la tristesse de la séance : nous avions eu l'heureuse idée d'entrer en passant dans un café, et de faire confectionner un punch, en France je dirais à la romaine, mais à Cordoue je dirai à la française, pour voir si cette différence de liqueur vaincrait le mépris de nos futures Amines. Malheureusement le garçon de café qui l'apporta, et qui était sans doute quel

que fils de roi déguisé, se trouva être l'amant de la plus jolie de nos princesses, laquelle, soutenue par la présence de
son infant, que rien au monde ne put décider à quitter l'an-
tichambre, ne voulut entrer dans aucune espèce de conversation ni avec ses compatriotes ni avec les étrangers.

Aussi n'attendîmes-nous même pas pour nous retirer que
ces dames nous dissent que leur papa ou leur maman les attendaient.

A propos, madame, j'oubliais de vous dire que dans la
soirée Paroldo avait reçu sa réponse, et que nous étions attendus le lendemain dans la Sierra Morena.

Nous voulûmes nous mettre aux préparatifs; mais nos
amis nous déclarèrent que cela ne nous regardait en rien, et
que nos montures seraient dans la cour de l'hôtel de las Di-
ligenzas le lendemain à quatre heures du matin.

XXXI.

Cordoue, 7.

La nuit qui suivit notre visite à la maison de Sénèque,
madame, nous dormîmes admirablement, Alexandre n'ayant
pas pris de café, et la pendule s'étant en conséquence con-
tentée de jouer un ou deux airs pour accompagner notre
coucher.

Mais à quatre heures précises, nous fûmes réveillés par

des battemens de porte, des piétinemens et des vociférations à faire crouler l'hôtel; c'étaient nos ânes, nos mules et nos muletiers qui arrivaient.

En un instant nous fûmes sur pied : tout était prêt, fusils, fournimens, vestes et pantalons de chasse; nous bouclions notre dernier ardillon de guêtre lorsque Paroldo entra.

— Allons! allons! dit-il, messieurs, en route!

Paroldo était remarquablement beau sous l'habit un peu vulgaire de majo andalous ; cette veste courte, ce chapeau à bouffette, cette culotte large, ces guêtres élégantes, la plus heureuse partie du costume, étaient portés par lui d'une certaine façon qui donnait à tout l'ensemble une distinction charmante. Giraud et Boulanger eussent bieu mieux aimé faire son portrait que de partir pour la chasse, mais la majorité fut contre eux; Giraud se contenta de faire un croquis tandis que Paroldo allumait son cigare, et nous descendîmes.

Le patio de l'hôtel, avec ses arcades quadrangulaires comme celles de la rue de Rivoli, son pavé de dalles, son jardin, dont un immense oranger chargé de fruits tenait presque toute la capacité, présentait, vu aux flambeaux, l'aspect le plus pittoresqne.

En effet, toute une rangée de ces arcades était remplie d'ânes, de muletiers, de guides; ces ânes couverts d'oripeaux bariolés, les muletiers et les guides coiffés de leurs mouchoirs aux vives couleurs, drapés dans leurs mantes, la plupart les jambes nues dans les espadrilles comme leurs ancêtres les Arabes. Puis au fond, près de la porte, deux chasseurs sur leur chevaux complétaient l'ensemble de ces esquisses vivantes, à moitié perdus dans l'ombre, où reluisaient cependant parfois, éveillés au flamboiement d'une torche, le canon de leurs fusils et le manche de leurs couteaux.

Les deux chasseurs étaient Ravez et le comte Hernandez de Cordoba.

Tout cela faisait le tapage qui nous avait éveillés.

Le tapage s'augmenta de notre présence.

Presque toutes les montures qui nous étaient destinées étaient des ânes, au milieu desquels un magnifique âne blanc levait sa tête avec une majesté qui le faisait reconnaître à l'instant même pour le roi des bourriquets.

C'était l'âne de Paroldo.

Les autres étaient des ânes ordinaires.

Si vous aviez vu cet âne, vous qui êtes élève de Daure, madame, vous qui montez à première vue et du premier bond tous les chevaux qu'on vous présente, vous ne voudriez plus monter que des ânes.

Aussitôt que je parus, les chasseurs descendirent de leurs chevaux et m'offrirent leurs montures, deux solides bêtes andalouses, au corps ramassé, au large poitrail, aux jarrets de fer.

Mais j'avoue que j'avais l'œil particulièrement tiré par cet âne blanc à pompons jaunes et rouges, qui levait si orgueilleusement les oreilles.

Tous les honneurs m'étaient réservés en Espagne : cet âne, l'objet de mon ambition, c'est pour moi qu'il avait été amené.

On avait trouvé une selle à étriers pour Boulanger ; d'ailleurs Boulanger, pendant son voyage de Grenade à Cordoue, était devenu un écuyer consommé.

Les autres enfourchèrent leurs bourriques, dont tout le

harnachement se composait d'une vieille mante roulée sous le ventre de l'animal.

Paroldo, descendu pour moi de son âne modèle, monta, malgré des instances que j'aurais pu, je dois le dire, rendre plus pressantes, Paroldo monta sur un âne ordinaire.

Nous partîmes. J'ai rarement vu caravane plus grotesque se mouvoir dans l'ombre de la nuit.

Le commun des bourriques avait grand peine à suivre les deux chevaux et l'âne modèle; mais comme le commun des bourriques était suivi lui-même par nos muletiers, ceux-ci, armés d'une houssine qui pouvait revendiquer le titre de bâton, frappaient si fort et si dru, qu'il fallait bien que l'étrange troupeau formât une masse compacte.

Parfois même, un âne emporté par la douleur dépassait les chevaux, emportant lui-même son cavalier, lequel, cramponné des deux mains à la mante qui lui servait tout à la fois de selle, d'étriers et de bride, passait rapide et fantastique comme le cheval de Faust se rendant au Broken.

Car j'ai oublié de dire que nos ânes de Cordoue, ramenés à la simplicité primitive, présentaient encore sur nos mules de Grenade ce progrès de n'avoir pas de longes.

Mais, me direz-vous, madame, vous si bonne écuyère, comment sans selle, sans étriers, sans bride et sans longe, comment conduisiez-vous votre âne?

Madame, la posture de l'écuyer cordovan, qui s'adonne surtout à la pratique de l'âne, est d'être assis le plus possible sur le train de derrière, lequel présente plus que tout le reste du corps une certaine sécurité pour le maintien du centre de gravité; de cette espèce de poupe il dirige sa monture avec une baguette blanche. S'agit-il de la faire aller à gauche? il lui donne un grand coup de baguette sur l'oreille droite ; s'agit-il de la faire aller à droite? il lui donne un grand coup de baguette sur l'oreille gauche; s'agit-il enfin de la faire aller en avant? il lui fourre sa baguette dans le derrière.

Avec ces trois moyens coërcitifs, il est rare que l'âne ne fasse pas sa lieue d'Espagne à l'heure et ne jette pas son cavalier une fois au moins à terre par lieue ; mais l'âne est d'un naturel gourmand, à peine s'est-il débarrassé de son cavalier, qu'au dixième pas il s'arrête pour pincer une touffe d'herbe ou savourer un chardon ; le cavalier profite du moment où sa monture tombe en péché mortel : il reprend sa position supérieure, et garde cette supériorité jusqu'à ce qu'une nouvelle chute la lui fasse perdre, pour qu'une nouvelle faute de l'incontinent animal la lui laisse reprendre encore.

Nous franchîmes les portes et nous prîmes le chemin de la montagne, qui se dressait dans la nuit à l'horizon sombre et d'une seule couleur.

De la ville aux premières rampes de la montagne, il y a une lieue et demie à peu près.

A chaque pas nous rencontrions des cavaliers en retard qui se joignaient à nous et qui nous apparaissaient arrivant par des chemins de traverse ou à travers champs; les uns portaient le costume national de l'Andalousie, les autres le costume particulier des chasseurs de Cordoue; c'est-à-dire que les premiers étaient vêtus de vestes et de culottes de drap grossièrement brodé avec du coton ou de la soie; les seconds, de vestes et de pantalons de cuir brodés avec du velours; d'autres enfin portaient le costume des habitans de la Manche, c'est-à-dire la veste et le pantalon de peau de mouton, avec le poil tourné en dehors, et la mitre de poil de renard se rabattant de trois côtés, c'est-à-dire sur le devant pour garantir du soleil, et sur les deux oreilles pour garantir du froid.

Tous avaient la carabine pendue, non pas à l'arçon, mais à l'arrière de la selle, et la ceinture rouge ou bleue, dans laquelle était passé un poignard au manche de corne taillé pour entrer dans le canon du fusil et destiné à servir de baïonnette.

Ce poignard se porte derrière les reins, passé de droite à gauche.

Ces cavaliers portaient sur leur costume un grand manteau de voyage particulier aux Cordovans, et qui doit remonter à l'antiquité la plus haute, étant de la plus suprême simplicité.

Ces manteaux sont faits d'une couverture d'un gris rouille bordée de dessins rouges et jaunes. On fend cette couverture par le milieu, et on passe la tête dans la fente. De cette façon, elle retombe sur les épaules en collant, puis on adapte aux deux bords de l'échancrure un collet destiné à s'agrafer par devant, et, au-dessous du collet, aux deux côtés de la fente, des boutons d'un côté et des boutonnières de l'autre, encore pour quelques-uns le bouton et la boutonnière sont-ils du luxe. Ceux-là se contentent du trou à passer la tête, et ressemblent tout à fait à cette poupée familière aux escamoteurs, et qu'on appelle *Jean de la Vigne*.

Au fur et à mesure que ces cavaliers arrivaient, ils nous étaient présentés. C'étaient des jeunes gens de Cordoue ou des environs, le pied de la sierra étant peuplé de charmantes habitations.

Aux premières rampes de la montagne, nous étions quinze à peu près, sans compter Eau de Benjoin, qui avait trouvé moyen de mettre la main sur l'âne le plus vif et le plus pacifique à la fois ; il commandait toute une arrière-garde de bourriques chargées de vivres.

Ce bruit d'étriers, de chevaux, d'armes ; les cris, modulés sur tous les tons, de nos amis qui avaient peine à tenir l'équilibre sur leurs ânes sans selle, faisaient un prélude on ne peut plus pittoresque au lever du soleil, qui commençait à lutter vers l'orient avec les dernières ombres de la nuit.

Nous franchîmes la plaine et atteignîmes enfin les premiers contreforts de la sierra. Il est inutile de dire qu'il n'y a pas de route, mais seulement un sentier. Ce sentier se présente, dès l'abord, difficile, étroit, rocailleux ; à droite s'ouvre presque constamment une espèce de précipice, qui, dans certains endroits, a jusqu'à deux mille pieds de profondeur.

A gauche s'élèvent de place en place des croix avec des inscriptions. Je vis la première sans la remarquer ; enfin leur fréquence me préoccupa : je demandai à Paroldo ce que signifiaient ces croix.

— Approchez-vous de la première, me répondit-il, et lisez.

Je m'approchai et je lus :

» En esto sitio fu asacinado el conte Roderigo de Torrejas. »

Ce qui voulait dire :

» En cet endroit fut assassiné le comte Roderic de Torrejas ; passant, priez pour son âme.

» Année 1845. »

A dix pas de là se trouvait cette autre inscription : elle était clouée sur une planchette le long d'un arbre et surmontée d'une croix de bois :

» En cet endroit fut assassiné, le même jour et la même

année, son fils, Hernandez de Torrejas ; priez également pour
son âme. »

L'inscription était d'autant moins rassurante qu'elle était
plus claire, d'autant moins rassurante qu'en regardant en
arrière et en avant on apercevait, aussi loin que la vue pouvait s'étendre, une suite non interrompue de croix.

J'appelai ces messieurs, et priai Desbarolles de lire à haute
voix les inscriptions.

— Messieurs, dis-je, voilà qui me paraît beaucoup plus
positif que le malo sitio de Castro del Rio. Si nous mettions
nos carabines en état ? Ce serait assez triste de laisser dans
la Sierra Moréna cette trace de notre passage.

— Oh ! inutile, dit Paroldo, les voleurs ne sont point de
ce côté-ci aujourd'hui ; puis, ajouta-t-il en riant, y fussent-
ils, nous sommes assurés.

J'ai l'habitude de croire aveuglément les gens qui me disent une chose qu'ils doivent savoir.

— C'est bien, répondis-je en rejetant ma carabine sur mes
épaules ; en route, messieurs.

Nos compagnons indigènes étaient déjà loin, ils avaient
passé aussi insoucieusement devant toutes les croix que si
elles eussent surmonté des tumulus antiques ; nous fûmes
obligés de faire un temps de trot pour les rejoindre.

La vue de ces croix, la lecture de ces épitaphes, les explications de Paroldo avaient jeté sinon de la crainte, du moins
de la tristesse dans la partie française de la caravane ; elle
en profita pour s'occuper du paysage, qui eût bien fini par
nous occuper sans cela, tant il devenait splendide, tant il se
faisait majestueux.

En effet, au fur et à mesure que nous nous élevions aux
flancs de la montagne, nous dominions un horizon immense.

A nos pieds était le précipice béant, et sombre dans ses dernières profondeurs, que les premiers rayons du soleil n'avaient point sondé encore; au delà du précipice les derniers rampans de la montagne qui s'avançaient dans la plaine comme des côtes de granit; la plaine rousse et fauve comme la crinière d'un lion, et toute tachetée d'oliviers au feuillage gris d'argent; au delà de la plaine, Cordoue, teintée de lumières et d'ombres vigoureusement accusées; puis le Guadalquivir, qui, reflétant les lueurs matinales, semblait rouler un lit de flammes; puis au delà du Guadalquivir, ces autres plaines arides que nous avions traversées avec la soif du désert; enfin, à l'horizon, ces autres montagnes qui bossèlent éternellement le terrain qui s'étend entre Cordoue et Grenade, et qui, d'où nous étions, nous paraissaient à peine des collines.

Tout ce dernier horizon apparaissait du violet le plus transparent et le plus velouté.

Nous montions toujours, et, ce qu'il y avait de merveilleux, c'est que, tandis que la marche ascendante changeait les aspects, le soleil, de plus en plus brillant, changeait les teintes.

Dix fois, nous nous retournâmes vers Cordoue avec des cris d'admiration.

Enfin, Cordoue, la plaine, l'horizon, tout resta derrière nous; nous nous enfonçâmes dans la montagne.

La montagne elle-même avait son aspect particulier; il y pousse peu de grands arbres, soit qu'on ne laisse pas les arbres atteindre leur développement, soit que la nature du terrain ne se prête pas à ces luxuriantes végétations de nos climats d'Occident. Les plus hautes forêts de ces sierras sont une espèce de taillis de huit ou dix pieds de haut; le plus commun aspect est une espèce de buissonnement continu,

9.

pareil à des vagues de verdure pressées les unes contre les autres, et qui font sur le sol à peu près le même effet que des cheveux crépus font en floconnant sur la tête d'un nègre.

Sur ces buissons pousse un fruit d'une forme et d'une couleur charmantes, ressemblant à une grosse fraise qui serait parfaitement ronde; il est assez agréable au goût, quoiqu'il soit un peu cotonneux; les Espagnols l'appellent madrono. Ce n'est autre chose, je crois, que le fruit de l'arbousier, qui chez nous n'arrive pas à sa maturité à cause de .a rigueur du climat.

Nous avions atteint la cime des premiers pics, et, comme je l'ai dit, nous avions piqué à gauche, puis nous avions traversé un plateau, et nous nous étions enfoncés dans la montagne. L'ascension avait duré deux heures à peu près, des premières rampes à ce premier plateau.

Dès lors, nous ne fîmes plus que monter et descendre, quoique nous gagnassions toujours quelque chose en montée. Enfin, une descente assez longue s'offrit à nous : c'était une vallée entre les cimes des montagnes mêmes; il y avait quelque fraîcheur dans cette vallée, et de grands arbres s'y étaient acclimatés. Nous nous trouvâmes donc, Grenade est toujours exceptée du reproche d'aridité, nous nous trouvâmes donc, pour la première fois depuis que nous étions en Espagne, sous un berceau de verdure.

Paroldo força son âne, qui rejoignit le mien, et me montrant un endroit un peu plus défoncé que les autres :

— Tenez, me dit-il, ici j'ai été arrêté il y a quatre ans.

Tout près de l'endroit s'élevait une croix.

— Cette croix y était-elle déjà, à l'époque où l'événement vous arriva?

— Oui, me dit-il, et elle ne contribua pas peu à donner une certaine solennité à la chose.

— Et vous en fûtes quittes ?

— Pour ce que nous avions sur nous. Heureusement, nous étions mis fort simplement, on n'exigea point de rançon.

Nous saluâmes la croix et nous continuâmes notre route.

Cette route aboutissait à une petite plaine entourée partout de maquis, qu'on me permette d'adopter l'expression consacrée en Corse ; cette petite plaine était dominée par une colline, dominée elle-même par une maison ayant toutes les apparences d'une forteresse.

Au milieu de cette plaine, s'élevait, coulant dans une auge d'abord, et de cette auge à terre, une fontaine au flux assez abondant.

Autour de cette fontaine, trente hommes armés de fusils, et cinquante chiens accouplés nous attendaient.

L'aspect était imposant, venant à la suite de tous les éclaircissemens donnés sur les croix qui bordent la route. Je me retournai de côté de Paroldo, qui comprit l'interrogation renfermée dans mon regard.

— Eh bien! me dit-il en riant, ce sont nos chasseurs ; après ?

Du moment où c'étaient nos chasseurs, il n'y avait point d'*après ;* nous nous avançâmes donc au-devant d'eux en pressant le pas de nos mules.

Eux se levèrent et nous attendirent debout et le chapeau à la main.

Ravez poussa son cheval en avant et marcha droit à une espèce de vieux braconnier, placé lui-même comme une sentinelle entre ces messieurs et nous.

Après quelques paroles échangées, on nous fit signe d'a-
vancer.

L'accueil fut cordial, quoiqu'un peu froid.

J'essayai de réchauffer ce premier contact en parlant du
déjeuner. La parole me parut sonner agréablement aux
oreilles de tout le monde, seulement Paroldo se pencha à
mon oreille en me disant:

— Ne buvons pas trop, et ne faisons pas trop boire nos
chasseurs.

— Pourquoi cela?

— Parce que nous chassons à balles.

— Vous avez raison.

Pendant ce temps, le mot *déjeuner* avait fondu la première
glace. Chacun avait étendu sa mante à terre ; on faisait avancer les bourriques aux provisions sous la direction de Paul,
et on déchargeait les provisions à terre.

De leur côté, nos chasseurs de la montagne n'avaient point
voulu demeurer en reste, eux aussi avaient leurs provisions
solides et liquides.

Leurs provisions solides étaient des cuisseaux de cerf et
des jambons de sanglier fumés ; c'était le produit de la montagne même.

Leurs provisions liquides étaient des vins de Malaga et de
Xérès : c'était le résultat de leurs relations avec les contrebandiers.

Nous apportions de notre côté des dindes, des poulets, des
pâtés, des olives et des outres aux ventres rebondis, pleines
de ce petit vin de Montilla dont je crois déjà vous avoir parlé.

On vida le tout sur les mantes.

Paul arriva portant sa boîte d'argenterie.

— Ah ! ah ! me dit Paroldo, vous avez apporté votre argenterie avec vous ?

— Parfaitement ; ne sommes-nous pas en bonne compagnie ?

— Si fait, si fait ; cependant il y a tant de monde ici…

— Juan, mon ami, je parie qu'à notre retour il ne manquera pas une petite cuillère.

— Oh ! je ne veux point parier, répondit Paroldo ; il arrive des choses si extraordinaires par le temps qui court !

Et il regarda en riant Hernandez et Ravez.

— Paul, dis-je, jetez couverts et fourchettes sur une mante. Ceux qui seront trop délicats pour manger avec leurs doigts viendront prendre au tas.

— Monsieur me donne-t-il toujours son argenterie en compte ?

— Non, Paul, vous ne répondez de rien tant que vous serez dans la montagne.

— Bien, monsieur.

Et Paul vida intégralement le compartiment aux couteaux, aux fourchettes et aux cuillères sur une mante.

Cette confiance parut faire un excellent effet sur nos nouveaux amis.

Chacun se mit à l'œuvre avec cet appétit féroce que donne la course du matin à l'air apéritif de la montagne.

Les chiens, attachés à des arbres, tendaient vers nous leurs chaînes de toute la force dont ils étaient capables, nous regardaient avec des yeux ardens, et semblaient prêts à dévorer non-seulement notre déjeuner, mais encore nous-mêmes ; ces chiens à demi sauvages avaient un aspect terrible.

Quelques pains furent sobrement distribués parmi toute cette meute. Il fallait lui conserver la force sans lui ôter l'avidité. Le chien courant surtout chasse pour lui et non pour son maître.

Nous étions fort disposés, en notre qualité d'animaux raisonnables, à ne pas imiter cette sobriété; mais notre vieux Bas-de-cuir, nous avions ainsi et à fort juste titre baptisé le braconnier qui nous avait servi d'intermédiaire avec nos nouvelles connaissances; mais notre vieux Bas-de-cuir nous fit observer que le soleil montait à l'horizon, et que nous avions encore une heure de marche au moins avant d'arriver à la première battue.

On releva les comestibles, on rebouchonna les outres, on rembarriqua les olives, et nous nous levâmes.

Je vis Paul reficeler tranquillement sa boîte d'argenterie à son âne.

— Eh bien, Paul? lui demandai-je?

— Quoi? monsieur.

— L'argenterie?

— Le compte y est.

— En route, en route, messieurs, dis-je en enfourchant mon âne modèle.

Et nous nous enfonçâmes de nouveau dans la montagne, accompagnés cette fois de nos trente chasseurs à pied qui marchaient sur deux lignes, l'une à notre droite, l'autre à notre gauche, et suivis de toute cette meute de chiens hurlans.

XXXII.

Cordoue.

Au bout d'une heure, comme nous avait dit notre guide, nous étions arrivés.

La halte se fit au pied d'un piton ayant la forme d'un pain de sucre élargi à sa base.

Ce piton était complétement couvert d'arbustes verts, arbousiers, lentisques, myrtes, s'élevant à la hauteur de quatre pieds à peu près, et laissant de place en place quelques rares clairières.

Il pouvait dominer la plaine de quinze cents pieds à peu près.

Il s'agissait pour nous d'enceindre la base de la montagne, tandis que nos compagnons, qui nous faisaient tous les honneurs de la chasse, monteraient sur le piton, et de là descendraient se répandant sur toutes les faces de la montagne et rabattant le gibier vers nous.

Nous vîmes nos rabatteurs monter sur une seule file, de ce pas lent, mais ferme et sans relâche, qui n'appartient qu'aux montagnards, puis ils couronnèrent la cime du cône, agitèrent tous ensemble leurs carabines avec un grand cri, lâchèrent leurs chiens et descendirent.

L'aspect du pays était admirable, nous étions en pleine

Sierra Morena, des vagues de verdure moutonnaient de tous côtés. La vue s'étendait assez loin avec de légères ondulations de terrain, et des découpures à l'horizon sur le ciel.

On nous avait placés de distance en distance, avec une recommandation expresse de ne faire aucun bruit, de ne pas tirer les perdreaux, ni les lapins, gibier inutile, et de ne tirer surtout que devant nous, les chasseurs que nous avions à nos côtés et perdus dans les taillis étant un gibier de trop haute vénerie, même pour de nobles étrangers.

Chacun s'accroupit donc à la place désignée, et il fut convenu enfin que personne ne quitterait ladite place avant le ralliement universel.

Plus les apprêts sont prévoyans, plus le danger paraît possible. Je ne laissai donc pas partir Alexandre sans lui avoir renouvelé particulièrement les recommandations générales, convaincu que j'étais qu'il n'en avait pas entendu un mot, ou que s'il les avait entendues il ne s'en rappelait pas une syllabe.

Je le laissai enfin s'éloigner avec Eau de Benjoin, qu'il avait tenu à garder sans vouloir m'expliquer les causes de ce caprice insolite.

Alexandre cache sous son indifférence une diplomatie discrète dont j'eus la preuve avant la fin de la journée.

Quant à Boulanger, qui, n'emportant que son album et ses crayons, s'était écrié :

— Cela suffit pour esquisser l'animal féroce qui habite l'épaisseur des bois et que nous allons troubler dans ses retraites profondes.

Quant à Boulanger, que, malgré cette merveilleuse insouciance du danger, que j'ai si souvent remarquée en lui, son inexpérience de ces sortes de chasses pouvait exposer, je le fis mettre le plus près possible de moi.

Je dois même dire que je vis rarement des figures aussi étonnées que celles de nos placeurs quand, après avoir désigné à Boulanger l'endroit où il devait rester, ils le virent regarder le paysage, chercher un point de vue, mettre ses lunettes et tailler ses crayons.

Desbarolles avait été confié à Giraud.

Vous dire, madame, à combien de portées de fusil du centre de la chasse nous avions exigé qu'on le plaçât, serait chose impossible. Tout ce que je puis certifier, c'est que je vis longtemps son chapeau andalous et sa carabine sillonner les taillis, puis je les voyais disparaître, je croyais notre ami arrêté, et dix minutes après je revoyais dans les profondeurs de l'horizon un petit point noir et un rayon lumineux surgir tout à coup et se frayer une route vers un but ignoré. C'était ledit Desbarolles qui marchait toujours, et que l'on ne trouvait jamais assez loin.

Rien n'était beau comme ce commencement de chasse si nouvelle. Pour nous, nous avions, avec nos couteaux, tonsuré la place que nous voulions occuper, et des branchages coupés nous nous étions fait un lit sur lequel nous attendions, étendus dans les plus indolentes poses, qu'un signal quelconque nous arrivât. Des aromes inconnus nous inondaient. Le large horizon, que j'ai essayé de vous décrire tout à l'heure, dépeuplé d'hommes, s'endormait dans un rayon de soleil de dix lieues. Ce repos immense était splendide à contempler. Ces maquis millénaires où nous passions par hasard, sans que rien dût y garder la trace de nos pas; cette solitude éternelle que nous troublions un peu plus que le lièvre qui la traverse, un peu moins que le sanglier qui l'habite, qui nous laissait nous creuser un asile de quelques heures et de quelques pieds dans son épaisseur, et qui, nous partis, allait se refermer, et ne se souviendrait pas de nous; cette montagne qui, troublée tant de fois de cris de mort, portait au milieu de ses arbres et abritait sous son ombre les preuves des meurtres dont elle était la complice, et qui, après avoir éteint tous les cris, avait recouvert les souvenirs de son éternel silence, et son impitoyable sérénité, tout cela avait pour moi un caractère imposant.

Alors des réflexions qu'on s'est faites bien souvent, et qu'on se fera toujours, car étant vraies elles sont éternelles, me venaient à l'esprit. C'étaient d'abord le dédain superbe du bruit que font les hommes et qui est si peu de chose à côté de ce silence de Dieu; puis le désir ardent et réel d'une vie retirée dans cette immensité, et le besoin de la contemplation quotidienne de ce spectacle consolant. Cet air qui me venait d'un horizon sans fin, chargé de senteurs intactes et que je respirais librement; ce décor que je voyais pour la première fois, et qui était tellement beau que Dieu n'a besoin ni de personnages ni de passions humaines pour l'animer; ces étendues sur lesquelles notre soleil, qui éclaire tous les tristes coins de notre civilisation, se lève tous les jours si souriant et si pur depuis six mille ans, tout jusqu'au travail mystérieux et inconnu des plantes et des insectes dorés, qui vivent et meurent, et se reproduisent sous le regard de ce ciel rayonnant, tout venait, avec un langage nouveau, m'apporter une extase inaccoutumée, et il me semblait voir passer au fond de cette scène immense tous ces élus du Seigneur qui se prirent tout à coup d'un grand amour pour la solitude, et qui se nomment ou saint Augusin, ou Madeleine, ou saint Jérôme.

Quant à moi, j'étais tellement plongé dans ces pensées, que je n'entrevoyais pas le retour au milieu de l'humanité dont je m'isolais pour un instant. Non-seulement les yeux de mon corps, mais les yeux mêmes de ma pensée et de ma mémoire, ne recomposaient plus, derrière ces montagnes qui encadraient les vallées et bornaient l'horizon, la silhouette du Paris bruyant que nous avons déserté depuis un mois à peine; il ne me semblait pas possible, séparé que j'étais par l'imagination du monde civilisé, que je pusse, après avoir franchi l'horizon, même en marchant toujours, retrouver autre chose que ce que je voyais.

L'homme m'apparaissait donc bien petit, si grand qu'il fût, dans cet espace, et cependant de temps à autre toute cette nature se résumait pour moi dans une pensée, comme toutes les couleurs du soleil dans une goutte d'eau, et un vers de Virgile, d'Ovide, de Lamartine ou d'Hugo, ces grands paysagistes, me traversait l'esprit, reflétant tout ce paysage, de même qu'un miroir bien poli peut, dans un pied de largeur, réfléter une étendue de vingt lieues.

Tout à coup une détonation se fit entendre, qui me tira brusquement de mon rêve. En un instant le tableau sembla se décomposer, car le poëte s'était envolé, et il ne restait plus que le chasseur.

Je sautai sur ma carabine, que j'avais laissée à mes pieds, et toutes mes pensées se fixèrent avec mes yeux sur le petit nuage de fumée bleue qui avait succédé à la détonation et qui s'élevait à ma gauche, c'est-à-dire du côté d'Alexandre. Je me cachai le plus possible et j'attendis.

— Est-ce le sanglier terrible ou le cerf timide? me dit tout bas Boulanger, à qui par malheur un volume de Delille était tombé entre les mains, et qui, comme vous l'avez

vu depuis deux ou trois jours, dorait son style de ces épi-
thètes traditionnelles.

— Silence, lui dis-je.

Il se tut et continua son dessin.

Je n'entendis plus rien et ne vis personne, je crus que la
bête était tuée et je me rassis ; mais il me sembla entendre
tout à coup un léger bruit, doux et presque imperceptible,
comme le frôlement d'une robe de soie dans les branches, je
portai instinctivement les yeux devant moi, et je vis une biche qui, arrêtée et l'oreille tendue, semblait attendre du silence ou du bruit le conseil qui devait la guider à droite ou
à gauche ; elle était hors de portée, et d'ailleurs j'ai horreur
de tirer ces sortes de bêtes au posé. La chasse doit avoir
l'air d'une lutte pour être amusante et excusable, et, à mon
avis, il n'est ni amusant ni excusable de tirer une biche arrêtée, et qui sans défiance vous regarde.

Il ne doit plus y avoir d'autre lutte qu'une lutte de générosité entre l'animal et l'homme, et quel que soit mon
amour-propre de chasseur, peut-être le plus fort de tous les
amours-propres, il m'est arrivé bien souvent de faire de la
générosité à huis clos, quand personne n'était là pour m'en
railler, et de prendre plus de plaisir à voir se sauver une
chevrette effrayée qu'à me faire le roi de la chasse en la
tuant.

A mon avis, on ne doit tirer un gibier que quand il y a
des chances pour qu'on le manque.

— C'est la biche timide, dis-je à Boulanger, et je la lui
montrai.

Boulanger joignit son lorgnon à ses lunettes, et après
avoir contemplé la bête, me dit :

— Puissions-nous nous réjouir ce soir autour de sa chair délicate !

La biche, accoutumée aux bruits de sa montagne, entendit, à ce qu'il paraît, un bruit inaccoutumé, car elle bondit, gravit la colline à ma droite, et je la vis comme une ombre passer dans un rayon de soleil et disparaître de l'autre côté de la colline.

Je me rassis.

Une minute après j'entendis un coup de fusil dans la direction qu'elle avait prise.

— Ah ! ah ! je crois que la Parque a tranché ses jours, dit Boulanger avec un claquement de langue, qui montrait le respect qu'il avait pour les pressentimens de son estomac.

Je ne pus m'empêcher de sourire, et cependant cela me fit de la peine de penser qu'on avait peut-être tué cette pauvre biche que j'avais vue fuir avec tant de confiance.

En effet, elle était morte, car j'entendis aussitôt s'élever de grands cris qui prouvaient qu'il n'y avait plus rien à faire du côté où nous étions, et qu'il fallait se rallier pour former un autre plan de chasse.

Je me levai alors, ainsi que Boulanger.

Je vis tous nos camarades en faire autant, et les têtes cachées jusque-là éclore au milieu des taillis qui les dérobaient ; un point presque impossible à distinguer, si un canon de fusil réfletant le soleil ne l'eût éclairé de son reflet, tacha l'horizon vert ; ce point, c'était Desbarolles.

Cependant, je cherchais un point plus noir, Eau de Benjoin, que je tremblais toujours qu'on ne prît pour un sanglier, à cause de l'uniforme de leur couleur ; mais d'Eau de Benjoin, point.

Alors, comme je reconnaissais distinctement tous nos

compagnons, je cherchai Alexandre, bien sûr que, puisqu'il n'avait pas voulu se séparer de Paul, j'allais les retrouver ensemble; mais d'Alexandre, point.

Alors j'appelai de toute la voix dont le ciel m'a doué :

— Paul ! Alexandre !

Mais ma voix alla mourir étouffée dans la montagne, et ni Paul ni Alexandre ne parurent.

— A qui diable en as-tu ? me dit Boulanger.

— J'en ai après Alexandre, qui ne me répond pas.

— Il va venir.

— Je commence à être inquiet, lui dis-je.

— Et pourquoi?

— Parce qu'on a tiré deux coups de fusil, et que je sais bien où le second a porté, mais que j'ignore où le premier a été se perdre.

— Tu es fou, me dit Boulanger, Alexandre est dans la montagne, il monte et ne t'entend pas, voilà tout.

— En attendant, allons au-devant de lui.

Et je me mis à marcher dans la direction que j'avais vu prendre à Paul, et en continuant d'appeler Alexandre. Nos compagnons se joignirent à moi, et la montagne retentit d'Alexandre et d'Alexandre, criés et prononcés sur les tons et les dialectes les plus variés.

Rien ne répondait; cependant nous approchions de la place où il avait dû s'arrêter, et la chose allait réellement devenir inquiétante, quand, sur un lit de branches, très commodément préparé, nous aperçûmes Alexandre, qui, couché de tout son long, à côté de sa carabine désarmée, dormait d'un sommeil que je n'ai pas besoin de qualifier, puisque vous savez déjà à quel concert de cris il avait résisté.

A côté de lui, mais à une distance respectueuse, Eau de

Benjoin, étendu sur le dos et la bouche entr'ouverte par un sourire de bien-être, dormait aussi; l'aile des zéphyrs caressait doucement son visage de bronze, sur lequel le soleil, intercepté par quelques branches, se jouait folâtrement.

Paul est réellement beau dans l'immobilité.

Je secouai Alexandre, qui se réveilla; quand à Eau de Benjoin, il paraissait vouloir faire concurrence à Épiménides, et n'en être qu'à la première heure de son sommeil d'un demi-siècle.

— Tu dors depuis longtemps? dis-je à Alexandre.

— Depuis que je suis là, me dit-il.

— Et tu n'as rien vu, alors?

— Rien ; que voulais-tu que je visse?

— Un sanglier, un cerf.

— Je n'y crois pas.

— En tous cas, tu nous a fait bien peur.

— Veux-tu prendre quelque chose?

— Comment, prendre quelque chose?

— Oui, pour te remettre.

— Tu es fou.

— Pourquoi?

— Parce que nous n'avons pas de provisions avec nous.

— Veux-tu manger, me dit-il, un morceau de pain et boire un verre de vin de Montilla?

— Je veux bien.

— Ne fais pas de bruit.

Je vis Alexandre s'agenouiller près de Paul, tirer un des pans de l'habit du serviteur fidèle, et puiser dans la poche un fort beau pain andalous, puis, tournant de l'autre côté, il recommença le même exercice, et il tira de la seconde poche une énorme gourde pleine du vin promis.

— Bois et mange, me dit-il.

— Paul est tellement inhérent à sa gourde, qu'il se réveilla comme si on lui avait retiré une partie de son corps; mais avant qu'il fût réveillé tout à fait, Alexandre avait remis la gourde vide dans la poche où il l'avait prise.

— Je comprends pourquoi tu ne veux pas quitter Paul, lui dis-je.

— Oui, me répondit-il, c'est un secret que j'ai surpris, et que nous gardons pour nous deux. Ne quittons plus Paul de la journée.

— Mais sa gourde est vide et son pain est mangé, Paul nous devient par conséquent inutile.

— Ne t'inquiète pas, le pain et le vin reparaîtront, comme dans Philémon et Baucis.

— Où les prendra-t-il?

— Je l'ignore, mais dans une heure ses deux poches seront dans l'état où tu viens de les trouver.

Pendant ce temps, Paul s'était réveillé tout à fait, et nous l'avions vu porter machinalement sa main, avec sa première pensée, à la poche de son habit.

Le pain n'était pour Paul, à ce qu'il paraît, qu'une précaution de second ordre, car il se contenta de s'assurer de la présence de sa gourde, et ne s'occupa en aucune façon de l'autre poche.

— J'ai dormi, dit-il, en se frottant les yeux et en montrant ses dents blanches, et il laissa retomber ses mains avec un regard qui semblait dire :

— Maintenant que vous m'avez réveillé, nous n'avons plus besoin de rester ici; pourquoi ne nous en allons-nous pas?

Je compris ce regard, et nous nous remîmes en route pour

rejoindre nos compagnons, qui, ne sachant pas ce que nous faisions autour de Paul, venaient au-devant de nous.

Un instant après, nous défilions un à un dans la montagne, et Eau de Benjoin venait, comme toujours, le dernier, à une demi-portée de fusil de Desbarolles, qui fermait la marche.

Une demi-heure après, nous avions tourné la montagne, et dirigé la chasse sur un autre point. Paul avait trouvé moyen de s'absenter pendant cette demi-heure, mais nous le retrouvâmes derrière nous quand on nous plaça.

Cette fois, nous occupions le sommet d'une colline, et nous dominions une vallée qui s'étendait indéfiniment à droite.

Une colline jumelle, qui, sur la gauche, se réunissait à celle où nous étions placés, allait toujours en décroissant vers la droite, et finissait par se fondre dans une immense plaine. Les rabatteurs devaient nous rejeter le gibier en venant de face sur nous. Nous étions postés sur une même ligne, Maquet à peu près à l'endroit où les deux collines se joignaient, Alexandre et moi à sa droite, et nos compagnons de distance en distance, et perdus dans les taillis.

Je dois vous dire, madame, que Maquet nous rendit bien malheureux pendant cette seconde partie de la chasse. Il portait une vareuse d'un rouge éclatant, et une casquette noire, ce qui lui donnait de loin l'aspect d'un coquelicot colossal éclos tout à coup au milieu des lentisques de la montagne. Il nous était interdit de crier et de nous montrer; mais Maquet, à qui l'on avait sans doute oublié de faire la même recommandation qu'à nous, ou que sa science insuffisante de la langue espagnole et de la chasse au sanglier avaient empêché de la comprendre, Maquet se tenait opiniâtrement debout, et nous faisait trembler que le cerf timide, comme dit Boulanger, ne s'enfuît à toutes jambes en l'apercevant, car il lui était facile de l'apercevoir, de quelque point qu'il vînt.

Nous fîmes tous les signes télégraphiques connus pour faire comprendre qu'il fallait se baisser, mais Maquet se méprit sur ces signes quand il les vit, car il ne les distingua pas d'abord. Nous avions beau, Alexandre et moi, agiter rapidement notre main de haut en bas ; la vareuse rouge tachait toujours la montagne d'un énorme mouvement rouge. Cependant le moment décisif était venu, et notre pantomime devint si expressive, que Maquet, nous voyant disparaître nous-mêmes, disparut à son tour. Nous venions de voir, descendant la colline qui nous faisait face, cinq biches qui, à la suite les unes des autres, semblaient vouloir traverser la vallée, but dont nous étions loin de les détourner. Elles passaient silencieusement dans les taillis, et de temps en temps un point fauve nous apparaissait, puis disparaissait tout à coup, et nous ne le revoyions plus qu'à une dizaine de pas plus loin ; mais les dix pas que la troupe avait faits avaient toujours été faits dans notre direction.

Alexandre, impatient comme tous les jeunes chasseurs, épaula, et mit en joue la première biche de la troupe.

— Que diable fais-tu ? lui dis-je tout bas en abaissant le canon de sa carabine.

— Je tire.

— Mais, malheureux, elles sont à six cents pas.

— Eh bien ! Devisme prétend que sa carabine porte à huit cents, c'est deux cents pas d'à-compte sur le premier gibier que je tirerai.

— Laisse-les approcher, puisqu'elles viennent par ici, et Maquet, toi et moi, nous en aurons chacun une, tandis que si tu tires à cette distance, tu vas manquer d'abord, et tu les fais sauver Dieu sait où.

Alexandre remit sa carabine sur ses genoux, non sans quelque hésitation, et nous eûmes la satisfaction de voir notre compagnie de biches remonter la colline qu'elles descendaient, et fuir comme si elles avaient pu comprendre mes paroles ou deviner nos intentions.

Je cherchais ce qui avait pu leur donner cette crainte ou ce pressentiment, quand, en portant les yeux à gauche, je revis Maquet éclos de nouveau dans les broussailles.

Puis, je me tournai à droite, et j'entendis une détonation, et à mille pas de nous je vis fuir une des cinq bêtes, qui, blessée, traînait visiblement une des jambes de derrière.

A compter de ce moment, la chasse était finie.

Nous nous remîmes en route pour nous rallier.

Vous dire les regrets d'Alexandre, ce serait chose impossible.

Après quelques détours dans la montagne, et une marche de vingt minutes environ, nous nous trouvâmes réunis à nos rabatteurs, qui avaient allumé un grand feu en nous attendant.

Alors arriva ce qui arrive toujours à des chasseurs qui n'ont rien tué pendant une chasse, et qui veulent au moins décharger leurs fusils sur quelque chose, et prouver que s'ils avaient eu l'occasion de tirer, ils auraient tué.

Des paris s'établirent entre les carabines espagnoles et les carabines françaises; on alla placer une feuille de papier grande comme le rond d'un chapeau à cent pas de nous, en la fixant au bout d'une baguette plantée en terre, et chacun se mit en devoir de montrer son adresse.

Hernandez tira et ébrécha la feuille.

Ce furent des acclamations dans le camp espagnol.

Alexandre s'avança alors avec sa carabine, et se tournant vers moi, me dit :

— Voilà la balle que tu m'as empêché de tirer, vois si j'eusse manqué.

Il épaula, visa avec soin, lâcha la détente, et le coup ne partit pas. Il arma de nouveau sa carabine, et trois fois la même plaisanterie se revouvela.

Ce n'étaient plus des rires, c'étaient des convulsions dans les deux camps.

— Elle vient pourtant de chez Devisme, nous dit-il en se retirant et en nous montrant sa carabine.

— Elle est charmante, dit Paroldo en examinant l'arme et en riant; bien en main, bien gravée, bien propre; c'est dommage qu'on ne puisse pas s'en servir.

Alexandre se retira honteux et confus.

— A ton tour, dit Giraud à Desbarolles, qui nous avait enfin rejoints, et qui essayait comme toujours de décharger sa carabine, ce à quoi il n'arrivait pas.

— Non, je ne tire pas.

— Tu vas tirer, cela t'apprendra à armer ta carabine quand tu vas en chasse; et d'ailleurs il faut que tu soutiennes l'honneur français avec ta carabine espagnole; c'est honteux pour Devisme, mais c'est ainsi.

— Tu le veux absolument? C'est que j'ai mis double charge aujourd'hui à cause des sangliers.

— Tant pis.

— Allons! dit Desbarolles avec sa résignation accoutumée; et il ajusta pendant que nous nous écartions le plus possible de lui.

Une effroyable détonation courut dans tous les trous de la

montagne ; nous ne sûmes jamais où était allée la balle ;
quant à Desbarolles, il avait tourné sur lui-même en lâchant
son arme et en portant la main à sa joue ornée d'une subite
fluxion, puis il se mit à cracher le sang. Maquet, l'homme
de précaution, tirant un flacon de sa poche, le lui fit respirer,
pendant que Giraud lui tenait la tête, et que Hernandez lui
offrait son cheval pour s'en aller.

Il est inutile de dire que la troupe s'ébranla d'un rire immense.

Ce fut au milieu de ce rire que je me mis en position.

Je dois dire, madame, qu'il cessa tout à coup, peut-être
avec l'intention de recommencer ; mais comme l'honneur des
Français reposait sur moi seul, après la défaite de Desbarolles et d'Alexandre, ma vanité me fit croire qu'on me re-
doutait, et qu'on faisait silence pour le grand événement qui
se préparait.

Je ne sais comment vous avouer modestement, madame,
les félicitations que je reçus, quand, le coup parti, un des
rabatteurs eut rapporté le papier traversé au milieu par la
balle que je venais de tirer.

On me remit plutôt que je ne remontai sur l'âne modèle,
et nous nous remîmes en route, les uns à pied, les autres
sur leurs ânes, au milieu des rires, du bruit et des chants
qui accompagnent toujours un retour de chasse.

Enfin, après avoir traversé des sentiers d'une exiguité fa-
buleuse, nous arrivâmes, non sans peine, à un plateau qu'entourait une vallée circulaire.

Une grande quantité de nos compagnons, qui, naturellement plus familiers que nous avec la montagne, avaient pris
des sentiers détournés, étaient arrivés avant nous au rendez-

vous de chasse, et nous débarrassèrent de nos armes quand nous arrivâmes à notre tour.

La vue de la montagne était splendide du point où nous étions; nous avions autour de nous trois huttes en paille et de formes pointues. Presque au milieu du plateau, un arbre entre les branches duquel on avait suspendu un sanglier tué à qui l'on avait ouvert le ventre pour lui prendre le foie, et qui bâillait devant nous son intérieur appétissant. Nos amis, mettant la main à la besogne, jetaient sur un feu commencé des brins de bois sec et des branches qu'ils ramassaient ou coupaient dans la vallée.

Les provisions commençaient à rouler sur une immense nappe étendue à terre. Des casseroles immenses attendaient près du feu qu'on les occupât, et des rabatteurs plus paresseux ou plus fatigués faisaient déjà une ceinture humaine au bûcher réel de ce bivouac.

Ainsi sur un plateau de cent cinquante pieds de tour environ, la lune, la lumière, la joie, l'homme, puis à l'horizon où le soleil se couchait comme un pacha sur des nuages qu'on eût pris pour des coussins d'or, l'immensité, le calme, le repos, Dieu. Rien ne vivait dans la montagne que nous. Un de nos compagnons perdu dans la montagne avait manqué au ralliement, et de temps en temps on entendait s'élever dans les épaisseurs déjà ombreuses de l'horizon, la voix plaintive de la corne dans laquelle il soufflait, et à laquelle répondaient les voix vibrantes de ceux qui l'appelaient auprès de nous. Puis le son éloigné se rapprocha dans la direction de ceux qui l'appelaient, comme si les voix eussent jeté un fil conducteur dans l'air et qu'il eût pu saisir ce fil; enfin la corne se tut, et la voix humaine et distincte remplaça le hurlement rauque de l'instrument montagnard. Nous

étions tous réunis du côté par où devait arriver le retarda-
taire ; car pour nous Parisiens habitués aux soirées uniformes de Paris, tous ces détails avaient une poésie réelle et un
véritable caractère. Enfin, dans les profondeurs de la vallée,
chargée d'une ombre bleuâtre que les rayons du soleil n'é-
taient déjà plus assez forts pour percer, nous vîmes une
ombre blanche se mouvoir, un dernier cri de ralliement et
de reconnaissance se fit entendre, et une minute après notre
compagnon était au milieu de nous et se mêlait aux préparatifs.

Le soleil, comme un père qui attendrait le retour de tous
ses enfans pour se coucher, nous envoya son dernier sourire
et descendit visiblement derrière l'horizon. La civilisation
n'a plus de coucher de soleil. De temps en temps encore,
quelque habitant du faubourg Saint-Germain voit, en sortant après son dîner, le soleil se coucher vis-à-vis Notre-
Dame et incendier ses deux tours semblables à deux bras
levés vers Dieu pour une prière éternelle ; mais c'est vraiment dans les solitudes que ces spectacles sont imposans, et
les hommes, qui l'ont admiré depuis six mille ans, doivent
admirer éternellement ce merveilleux sourire du Seigneur,
qui dure tout un jour et embrase tout un monde. Notre journée était complète. Les horizons immenses et lumineux, ces
détails étincelans de la lumière, avaient disparu. L'ombre
comme un manteau de plomb couvrait le tableau du matin,
et la montagne, d'autant plus grandiose, d'autant plus terrible qu'elle était mystérieuse, infranchissable et sans horizon,
nous ensevelissait magnifiquement. D'immenses découpures
nous entouraient, et au couchant un rayon rouge se traînait
comme un serpent sur le sommet de ces découpures. On eût
dit la dernière lueur d'une fête prête à s'éteindre, car ce

rayon diminuant de plus en plus finit par disparaître tout à fait, et le chaos se fit.

Ce fut alors quand l'ombre nous eut enveloppés, si épaissie que le soleil qui devait la fondre nous semblait impossible, ce fut alors qu'à la lueur de notre feu, les détails de notre isolement prirent un caractère étrange. Ces hommes couverts de costumes sombres, de peaux de bêtes, dont le visage bruni, violemment accentué par la barbe, s'éclairait à la flamme rouge du foyer, nous expliquèrent Goya. J'avais fait la cuisine, comme de coutume ; les foies d'un cerf et du sanglier tués avaient été préparés par moi, et étaient venus se joindre aux mets de toutes sortes répandus sur l'immense drap blanc jeté à terre. Des outres avaient été percées, et le vin avait abondamment coulé dans les jarres et dans les casseroles ; des barriques pleines d'olives avaient été défoncées et égrenaient leurs fruits verts ; des volailles que l'on ne découpait pas, que l'on s'arrachait, des jambons énormes couraient continuellement autour de la table.

Nous étions couchés les uns sur les' autres, mangeant comme nous pouvions et mangeant tous bien ; les verres étaient pour la moitié de nous des paradoxes, les fourchettes des traditions perdues, les assiettes des contes de fées. De temps en temps une timballe apparaissait, une gourde roulait sur la nappe, et les petits maîtres étaient libres de boire dans cette gourde ou cette timbale ; le repas était à la fois impossible et splendide. Ces immenses jarres de vin qui circulaient et qui, retirées vides, reparaissaient pleines un instant après, ces tonnes éventrées, cette profusion de mets, cette nappe rougie, ces cris, ces rires se croisant en tous sens, cette fraternité de la montagne, de la joie, de la faim, commencée aux derniers rayons du soleil couchant et continuée à la lumière ardente du foyér autour duquel nos rabatteurs dansaient et hurlaient comme des démons, ce bruit à rompre la tête qui se perdait tout à coup dans le silence voisin de la vallée, où le bruit d'une fontaine s'émiettant goutte à goutte était plus fort que lui, était pour moi et pour nous tous, qui nous trouvions pour la première fois à pareille fête, une nouveauté d'une impression indescriptible.

Un détail qui ne contribuait pas peu à compléter étrangement le tableau que nous avions sous les yeux, c'étaient nos ânes et nos chevaux, auxquels on avait ôté leurs selles, et qui paissaient librement autour de nous. De temps à autre notre table était visitée par un des quadrupèdes familiers, qui, trouvant son repas insuffisant, venait réclamer sa part du nôtre, puis, chassé par nous, il s'éloignait d'un trot fatigué et restait dans les broussailles, à demi éclairé et immobile comme un être fantastique.

Cependant le besoin de l'eau s'était fait sentir, d'abord parce que le vin diminuait sensiblement et que la gaieté augmentait trop. Les domestiques s'en allaient donc de temps en temps à la source voisine, dont ils rapportaient sur leurs têtes des casseroles pleines d'une eau fraîche et pure, dans laquelle Boulanger s'obstinait à dire qu'il y avait des sangsues, et dont par conséquent il ne voulait pas boire.

Je vous laisse, madame, à deviner la cause réelle de cette imputation, qui était une véritable calomnie.

Enfin quand tout fut sinon épuisé, du moins violemment entamé; quand on eut tant ri, tant bu, qu'on éprouva le besoin de rire et de boire debout, on se leva.

On se leva, est peut être une expression défectueuse, madame, car je dois avouer qu'il y en eut parmi nous pour qui les tentatives restèrent longtemps inutiles. Je dois parmi ces Silènes nouveaux signaler notre ami Boulanger, qui eut recours à la main de Giraud et d'Alexandre pour substituer à la position couchée la position verticale, la seule vraiment digne de l'homme civilisé. Alors, quand il fut debout, quand l'air frais du soir lui caressa le visage, mille joyeuses pensées chantèrent en lui : il fit des odes à Bacchus dont Horace eût été jaloux, des vers à des Délies ignorées, mais dont Catulle eut été fier ; il nous embrassa avec toute l'expansion d'un cœur ami arrosé d'un vin généreux ; il dansa même ; mais je suis forcé d'avouer qu'il reconnut bientôt l'impossibilité de cet exercice, et qu'appuyé d'un côté sur Desbarolles, de l'autre sur Maquet, il descendit le coteau au milieu des propos hilares, et revint, après avoir bu de cette eau tant méprisée, le front couronné des bruyères qu'il avait cueillies au bord de la source.

Cependant, madame, n'allez pas croire ce que je suis loin de vouloir faire supposer. Boulanger est, en voyage, d'une gaieté qu'il ne révèle à Paris qu'à ses intimes, et ce soir-là, il était tout naturel que cette gaieté s'augmentât de l'intimité générale ; certes, son esprit rendait en verve, en rires et en chansons, les aromes variés des vins différens que l'estomac avait reçus, mais c'était comme les parfums exhalés d'un vase dans le fond duquel on aurait jeté des fleurs. Une femme eût pu l'entendre, un enfant eût pu le conduire, et bénissant le ciel qui lui faisait une soirée si belle, il improvisait des couplets comme celui-ci :

> Dût ma chanson être blâmée,
> Je soutiens, c'est un fait connu,
> Que la femme doit être aimée,
> Et que le vin doit être bu.

Et je ne puis vous dire, madame, de quelle franchise la chanson était accompagnée par le chanteur, et avec quel enthousiasme elle était accueillie par ceux qui l'écoutaient. Nos hôtes paraissaient surtout flattés au dernier point de ce résultat, à peu près le même pour tous.

Pendant ce temps, la nappe avait été enlevée; les mets étaient rentrés dans leurs caisses, et à la place où un quart d'heure auparavant nous soupions, des groupes joyeux s'étaient formés, éclairés de la flamme rouge du bûcher, les cigares brillaient comme des lucioles, nous continuions nos folies, et la nuit, sans lune mais toute sablée d'étoiles, enfermait toujours l'horizon dans son silence imposant et sa sereine majesté.

Cependant, au milieu de la joie de chacun qui faisait un ensemble si complet, des notes de mandoline perçaient de temps en temps, et un chœur de voix vibrantes et de paroles sonores les accompagnait si bien, qu'au bout d'un certain temps le concert improvisé domina tous les autres bruits, et que toutes les bouches se turent, et qu'on écouta.

On chantait los Toros, et je ne pourrai jamais vous peindre l'effet que cette harmonie sauvage et accentuée produisait au milieu de cette montagne sombre, sous ce ciel étoilé, et autour de ce feu dans les rayons lumineux duquel dansaient et chantaient nos rabatteurs, avec des rires et des gambades fantastiques.

Nous savions tous sinon les paroles, du moins l'air de cette chanson si répandue en Espagne, et chacun mêla sa voix à la reprise du chœur, à la fin duquel de grands cris s'élevèrent, qui furent comme le signal de la folie universelle.

La danse fut alors substituée au chant, l'accompagnateur se fit orchestre, et nos hôtes de la montagne commencèrent

un fandango fabuleux qu'ils compliquaient de cris et de cas-
tagnettes ; on eût dit une ronde de démons.

Mais quand leur danse fut finie, il leur passa une bien
autre idée par la tête : ce fut de nous faire danser à notre
tour. Ils nous demandèrent la danse de notre pays, comme
si notre pays cravaté avait une danse. Desbarolles essaya de
leur faire comprendre que nos danses étaient insignifiantes,
sans caractère, et que nous aurions l'air fort ridicules de
venir danser un quadrille au milieu d'une montagne, et surtout après le ballet caractéristique qu'iis venaient de nous
donner.

Ils nous répondirent alors que notre pays passe pour le
plus intelligent du monde, et qu'il est impossible qu'un pays
intelligent, qui trouve une expression de tous ses sentimens,
n'ait jamais trouvé cette expression facile de sa joie ; puis ils
en vinrent à croire que nous les acceptions bien comme acteurs et que nous rougissions de leur donner le spectacle
qu'ils nous donnaient.

Il fallut se décider.

Desbarolles prit la guitare, car vous savez, madame, que
Desbarolles a charmé sa jeunesse avec cet instrument, et qu'il
en a gardé certains airs, qui dans une montagne, à minuit,
et avec des étrangers, peuvent à peu près cadencer un quadrille comme celui qui allait avoir lieu. Boulanger, Maquet,
Giraud et Alexandre se dévouèrent, et je n'ai pas assez des
ombres de la nuit pour voiler à vos yeux le résultat chorégraphique de cette quadruple alliance.

Je dois cependant mentionner qu'il y avait chez Maquet
plus de bonne volonté que d'expérience, et chez Boulanger
plus de gaieté que de pratique ; quant aux deux autres, iis
avaient fait leurs classes, comme dit Arnal.

Le succès excuse tout, dit-on, c'est une maxime qu'on m'a souvent répondue dans des discussions littéraires, et que je me vois forcé d'appliquer à une étude que j'ignorais chez Giraud, mais que, je dois le dire, je soupçonnais chez mon fils.

On faillit porter le quadrille en triomphe, et les deux femmes surtout, représentées par Boulanger et Giraud, eurent grand'peine à se soustraire à l'ovation proposée. Puis à peine la danse éteinte nos hôtes, qui semblaient avoir renoncé au sommeil et disposés à passer la nuit dans ces bacchanales improvisées, offrirent une course de taureaux qui fut acceptée avec acclamation. Un d'eux, qui était toréro de sa profession, voulut faire l'animal, pour se venger sans doute une fois sur les autres des coups de corne réels qui lui avaient été destinés tant de fois.

Il entra dans une des huttes qui lui servit de toril, nous nous couchâmes au pied des nôtres, ceux-là même qui étaient le plus paresseusement étendus autour de feu se redressèrent et la course commença.

Rien n'y manquait; des picadors au nombre de trois, montés sur les épaules de solides camarades, gardaient la gauche du toril, et les autres, leurs mouchoirs à la main, se tenaient à droite.

Un des toréros sonna l'entrée avec un tel talent d'imitation, qu'on se fût cru au cirque, et le taureau humain se précipita sur les picadores; en un instant il les eut culbutés; il y en eut qui roulèrent dans le ravin avec leurs chevaux improvisés, et pendant cinq minutes il y eut un fouillis d'hommes, un concert de cris impossible à décrire; quand le taureau fut resté seul, quand il eut terrassé tous les combattans, Giraud ne put y tenir, et prenant la mante de Desbarolles, il alla caper le taureau, ce qui eut le plus grand succès parmi nos compagnons, et ce qui clôtura les réjouissances de la montagne en laissant la dernière victoire aux Français.

Il était une heure du matin; ce dernier exercice avait épuisé ce qui restait de force après une journée de chasse; l'enthousiasme se ralentit; Maquet, Alexandre et Giraud étaient déjà rentrés dans la hutte qu'on leur avait dévolue, les lits se faisaient, les derniers cigares avaient succédé aux dernières folies, le feu pâlissait, et nos rabatteurs, enveloppés dans leurs mantes, dormaient déjà pour la plupart; ânes et chevaux étaient étendus çà et là dans les bruyères, et le silence de l'horizon envahissait peu à peu notre plateau.

Un presque vrai lit m'avait été préparé par Hernandez et Paroldo, qui ne voulurent pas se coucher dans l'intérieur des cabanes, prétendant qu'ils aimaient mieux fumer à l'air. Je n'insistai pas longtemps, autant à cause de leur résolution fermement arrêtée qu'à cause de la superbe envie de dormir que je commençais à éprouver.

Hernandez et Paroldo se mirent à côté du foyer, et une demi-heure après je n'entendais plus, dans la somnolence où j'étais tombé, que le murmure de leur causerie nocturne, seul bruit qui se mêlait aux respirations généralement bruyantes des chasseurs fatigués.

Je m'endormis à mon tour.

Je ne sais combien de temps je dormis; tout ce que je puis dire, c'est qu'il se fit dans les branches de ma cabane, et au-dessus même de ma tête, un bruit continu qui me réveilla; on eût dit que quelqu'un faisait un trou dans mon toit de chaume.

Je sortis de ma hutte, et je vis un cheval qui, réveillé par la faim, mangeait tranquillement ma maison.

Je le chassai, et jetai alors un regard autour de moi.

Hernandez et Paroldo avaient fini par s'endormir comme tous les autres ; le feu n'était plus qu'un monceau de cendres, et la lune, qui s'était enfin levée dans le ciel sans nuage, frangeait d'un rayon d'argent les cimes lointaines de la sierra, et ce même rayon, devenu plus vague et plus mystérieux, éclairait la profondeur de la montagne.

XXXIII.

Cordoue, 8.

A six heures nous étions sur pied ; notre toilette n'était pas longue à faire ; les actifs descendirent jusqu'à la petite fontaine, les paresseux se firent apporter de l'eau dans des plats et dans des casseroles. On mangea un morceau sur le pouce, et l'on partit.

La même profusion de vivres avait présidé au déjeuner qu'au dîner de la veille ; on eût dit que les sacs, les outres, les barils étaient inépuisables.

La chasse commença dans les mêmes conditions que la veille ; mais notre malheur de la veille nous poursuivit ; pour mon compte, durant toute la journée je ne vis rien qu'un sanglier, qui me passa hors de portée ; en récompense, je dois lui rendre cette justice qu'il était au moins de la taille du sanglier de Calydon.

Mais, comme pour nous dédommager de cette pénurie de venaison, la nature étalait devant nous des splendeurs infinies ; tantôt c'était une vallée avec tous ses accidens d'ombres et de lumières, et ses étroites échappées au fond desquelles on voyait à travers un horizon bleuâtre un morceau de plaine avec quelque village pittoresque ou quelque maison de campagne isolée et perdue sous des orangers ; tantôt c'était une succession de prés qui faisaient une mer de verdure, aux vagues gigantesques, se perdant dans des horizons infinis, et tout cela par momens, silencieux, magnifique et solitaire en apparence, comme si jamais le pied de l'homme n'eût osé atteindre ces hauteurs.

Toute la journée se passa pour moi à suivre et à admirer cette succession de tableaux, plus merveilleux les uns que les autres, et, pour nos amis de la montagne, à s'entêter à la chasse. Les battues succédaient aux battues, la colère avait succédé à l'enthousiasme ; ils tenaient à réhabiliter leurs montagnes dans notre esprit ; pareil malheur, disaient-ils, n'avait jamais poursuivi une chasse dans la sierra.

Vers les quatre heures nous revînmes aux baraques ; on avait tué dans cette seconde journée un loup, deux chats sauvages et un second sanglier.

Nous nous mîmes à l'œuvre culinaire, dont chacun sentait l'importance ; en un instant les feux furent allumés, des tranches de venaison rôtirent, les œufs brouillés se coagulèrent dans les casseroles, les foies de cerf et de sanglier sautèrent dans la poêle. L'intention de chacun était bien de partir aussitôt après le souper, afin d'être à Cordoue vers minuit ou une heure du matin ; mais au fur et à mesure que les estomacs se remplissaient, cette douce langueur qui s'empare des organes pendant la digestion nous visitait peu à

peu ; puis le dîner dura plus longtemps qu'on ne s'y était
attendu ; puis enfin la lune, sur laquelle nous avions compté
pour nous tirer de tous les mauvais pas dont la route était
semée, la lune se leva entourée d'un cercle de vapeur qui
nous menaçait de nous enlever toute lumière avant une heure ou deux. Il fut donc décidé que cette nuit encore on cou-
cherait dans les baraques, et que le lendemain, deux heures
avant le jour, on se mettrait en route pour Cordoue.

Cette détermination interdisait toute fête pareille à celle
de la veille ; d'ailleurs, deux soirées semblables ne se représentent pas ; d'ailleurs, la fatigue était là, criant comme
les esclaves des triomphes antiques : « Souviens-toi que tu es
mortel. » Chacun s'arrangea de son mieux dans son manteau,
son bournous et sa mante, on veilla à ce que Giraud et Desbarolles, que je m'étais engagé par lettre à rendre à leurs
familles avec l'usage de tous leurs membres, ne couchassent
point dehors comme ils avaient fait la veille. On alluma
d'immenses feux, autour desquels se couchèrent nos rabatteurs ; on fit l'appel des ânes et des mulets ; Paul compta
son argenterie, et l'on s'endormit. A trois heures, on nous
réveilla : c'était l'heure que nous avions indiquée la veille.

Pendant la nuit une résolution avait été prise.

Ravez et les plus acharnés chasseurs, honteux du peu de
résultats de la chasse, avaient résolu de rester encore une
journée ; malheureusement ils nous avaient dit cela au moment où nous achevions de presser les dernières outres et de
ronger la dernière carcasse de dinde, de sorte que nous les
laissions avec quelques croûtes de pain et l'eau de la fontaine, voilà tout ; heureusement les vrais chasseurs n'y regardèrent pas de si près.

Nous prîmes congé de nos hôtes, lesquels avaient été pour

nous, cette seconde nuit, d'une complaisance et d'une attention égale à la première. Je me détournais pour chercher
dans ma bourse deux ou trois onces que je voulais distri-
buer aux rabatteurs, lorsque Paroldo, qui s'aperçut de mon
intention, me mit la main sur le bras.

— Que faites-vous ? me dit-il.

— Vous le voyez bien, répondis-je.

— C'est parce que je le vois, justement, que je vous le
demande.

— N'est-ce pas l'habitude en Espagne de payer les rabatteurs ?

— Pas ceux-ci, du moins ; vous vous attireriez un refus,
et vous gâteriez tout le bonheur que ces braves gens ont
éprouvé à vous recevoir ; donnez-leur la main, si vous ne
croyez pas trop déroger, mais la main seule

Je réintégrai mes onces dans ma poche, et je priai Paroldo
d'être mon interprète auprès de nos hôtes.

Ils insistèrent avec une mesure parfaite pour nous faire
rester avec Ravez et les autres chasseurs ; mais, sur l'objection que je leur fis de la nécessité où j'étais de partir le
lendemain pour Séville, ils s'inclinèrent en signe de regret.

D'ailleurs Alexandre, de son côté, tenait fort à revenir à
Cordoue, et il avait trouvé une foule de raisons pour me
prouver qu'il était urgent que nous fussions de retour avant
huit heures du matin.

J'ai toujours beaucoup de déférence pour les raisons
d'Alexandre, non pas précisément pour celles qu'il me donne,
mais pour celles qu'il ne me donne pas. Je demeurai donc
convaincu qu'un intérêt inconnu le rappelait à Cordoue, et
je donnai le signal du départ.

Je ne vous dirai point pour vous attendrir, madame, que

mes nouveaux amis et moi nous nous quittâmes en pleurant, non, les choses n'allèrent point jusque-là, mais néanmoins nos adieux eurent quelque chose de triste, il était évident que nous ne reverrions jamais ces hommes de la montagne qui nous avaient si hospitalièrement reçus depuis deux jours, et qu'ils ne nous reverraient jamais.

Or, je ne sais rien de profondément triste comme de se dire : « Voilà des hommes avec qui je vis depuis deux jours comme si je devais vivre avec eux des années encore ; nous avons chassé, mangé, dormi ensemble ; nous allons nous quitter dans cinq minutes, et quand le premier tournant de la route se sera placé entre eux et nous, quand nous les aurons perdus de vue, à partir de ce moment, ce sera chose faite pour l'éternité, et nous ne nous reverrons plus. »

Quelque chose de pareil, quoique moins bien défini peut-être, se passait dans le cœur de ces hommes ; car tandis qu'accompagnés de deux d'entre eux, nous commencions à descendre le monticule assez élevé sur lequel était assis notre camp, ils ramassaient au foyer des tisons ardens qu'ils élevaient en les faisant flamboyer au-dessus de leur tête pour nous demeurer plus longtemps visibles dans la nuit.

Au bout de dix minutes, nous avions perdu les torches de vue, et cette éternité dont je vous parlais tout à l'heure, madame, nous séparait de ces amis d'un instant.

— Eh bien ! pendant cette éternité ou plutôt pendant la minute où cet atome pensant que je désigne orgueilleusement avec le mot *moi* marquera sa place dans l'éternité, cette excursion dans la Sierra Morena restera dans ma mémoire. Allez à Cordoue, messieurs les académiciens, messieurs les députés, messieurs les pairs de France, allez à Cordoue, messieurs les conseillers d'Etat, messieurs les secrétaires généraux, messieurs les ministres ; allez, et essayez de mettre vos cartes dans ces baraques de feuillage où l'hospitalité nous fut donnée à nous, et vous verrez de quelles façons Vos Majestés politiques y seront reçues.

Nous marchâmes deux heures à peu près avant que le premier rayon du jour se levât, et je ne me rappelle rien de plus grave et de plus majestueux que ce passage nocturne à travers la montagne ; nous semblions une de ces caravanes si bien dépeintes par Cooper, qui cheminent silencieusement dans la nuit, et qui semblent craindre que le moindre bruit n'éveille quelque Peau Rouge.

Enfin, quelques lueurs rougeâtres pénétrèrent entre les arbres ; nous regagnâmes les premières cimes que nous avions franchies pour venir ; du haut des pitons les plus élevés, nous commençâmes à revoir les montagnes de l'horizon, puis la plaine, puis le Guadalquivir, puis Cordoue. Enfin, nous retrouvâmes à notre gauche ces précipices que nous avions trois jours auparavant laissés à notre droite ; nous revîmes nos croix, nous relûmes nos inscriptions ; à huit heures du matin nous quittions les dernières rampes de la sierra ; à neuf heures nous rentrions à Cordoue.

Une course au clocher que nous fîmes à ânes, et qui fut gagnée par Boulanger, signala notre arrivée aux portes de la ville. Giraud, dans cette course, donna aux Cordouans le spectacle d'une chute qui parut les réjouir fort.

La journée se passa en dernières courses à travers la ville, et en préparatifs de départ ; quant à Alexandre, aussitôt arrivé il s'habilla et disparut, laissant à Eau de Benoin, tout fier et encore étourdi d'avoir rapporté son argenterie intacte, le soin de faire ses malles.

Cette confiance obstinée d'Alexandre en Eau de Benjoin

lui coûtait généralement un pantalon, un gilet et deux ou trois chemises par ville.

Je suis convaincu qu'on peut retrouver notre chemin de Bayonne à Tunis, à la trace de nos hardes, comme le petit Poucet retrouvait le sien à l'aide de ses petits cailloux.

Une difficulté s'offrait à notre départ : les voitures de Cordoue à Séville ne sont que des voitures de passage, et l'on ne peut y assurer de places.

Or, nous étions sept, y compris Eau de Benjoin, et si peu que soient peuplées les voitures espagnoles, c'était nous bercer d'une trop douce illusion que d'espérer que nous trouverions sept places ensemble.

Nous allâmes en tous cas à la diligence et à la malle-poste retenir pour le lendemain tout ce qu'il y avait de places disponibles.

Notre entrée dans Cordoue n'avait produit d'autre effet que celui de notre course et celui de la chute de Giraud ; on ne nous attendait pas, et quoique notre départ pour la sierra eût fort ému la population, notre retour était resté assez inaperçu ; mais tout en rentrant, nous avions annoncé pour le soir le retour de nos compagnons restés derrière nous, de sorte que vers les cinq heures, heure indiquée, lorsque nous-mêmes nous présentâmes, nous trouvâmes les portes littéralement encombrées.

Au bout d'une demi-heure d'attente, et comme le crépuscule commençait à tomber, nous entendîmes, à un quart de lieue à peu près de la ville, la détonation de deux ou trois coups de fusil.

C'étaient nos chasseurs qui annonçaient ainsi leur arrivée.

De grands cris répondirent à cette détonation ; la ville était à son poste.

11.

Les cornets sonnèrent.

Ces chasses dans la sierra se représentent quelquefois, et sont toujours pour la ville une grande occasion d'émoi. « Qu'avez-vous vu ? qu'avez-vous fait ? qu'avez-vous tué ? » Ces questions volent sur toutes les bouches : la Sierra Morena est presque aussi inconnue de la plupart des habitans de Cordoue que l'était l'Amérique des habitans de Burgos, de Séville ou de Valladolid en 1491.

Enfin, les coups de fusil se rapprochèrent, les premiers chasseurs parurent formant l'avant-garde et tirant des coups de fusil, sans autre intervalle que celui qu'il leur fallait pour charger et décharger leur arme ; entre eux et l'arrière-garde marchaient quatre ânes chargés de gibier et accompagnés de chasseurs à pied et sonnant de la trompe.

Le gibier se composait de deux cerfs, d'une biche, de deux sangliers, et de deux chats sauvages gros comme des petits tigres. On avait recouvert de feuillages les portions que nous avions déjà mordues dans les sangliers et dans les chevreuils.

Les chasseurs de l'arrière-garde faisaient avec leurs escopettes une fusillade non moins bien nourrie que celle exécutée par les chasseurs de l'avant-garde. Les enfans de la ville accompagnaient le tout d'acclamations presque aussi bruyantes que les décharges réitérées des chasseurs.

Toute cette caravane et la foule dont elle était accompagnée, s'allongea pour franchir la porte comme dans un laminoir, puis, la tête du serpent sembla trouver l'ouverture, et s'engouffra sous la voûte pour reparaître de l'autre côté dans la rue presque aussi étroite que cette voûte.

Dans la rue, les coups de fusil cessèrent, mais la population augmenta.

Le rendez-vous était à l'hôtel de las Diligensas. Pour nous faire honneur, on nous apportait le gibier, dont on nous offrait la meilleure part.

Malheureusement nous étions décidés à partir le lendemain, et nous n'en pûmes profiter pour nous-mêmes. Nous nous contentâmes de faire dépecer un sanglier, et d'en envoyer les quatre épaules et le filet dans les quatre ou cinq maisons où nous avions été présentés.

Nous avions fait préparer un souper qui ne fut pas inutile, nos malheureux chasseurs mouraient de faim; dans l'ignorance où nous étions de leur séjour prolongé, nous avions tout bu et tout mangé la veille ; depuis la veille ils avaient vécu de croûtes de pain trempées dans l'eau.

Contre toutes ses habitudes, à la fin du dîner, Alexandre s'éclipsa.

Nous nous séparâmes en remettant nos adieux au lendemain, et nous nous couchâmes. Alexandre manquait toujours.

Vers une heure du matin nous fûmes réveillés par la pendule qui jouait un air.

Cela me rassura ; au milieu de mon sommeil Alexandre était rentré.

Adieu, madame. Je vous écris les dernières lignes de cette lettre au milieu des adieux de nos compagnons. Il est midi, et nous venons d'apprendre qu'il existe une place disponible dans la malle-poste, mais qu'en insistant bien on donnera à l'un de nous le cabriolet du conducteur et quatre places dans la diligence.

C'est tout ce qu'il nous faut. Vous connaissez la malléabilité de Paul; on le ficellera comme un paquet, on le mettra sous la bâche, et une fois là, ce sera à lui de se déficeler

avec un couteau comme fit votre pauvre ami Edmond Dan-
tès, quand on le jeta du haut du château d'If à la mer.

J'appelle Alexandre pour qu'il vienne se mettre avec moi
à genoux au bas de cette lettre, mais Alexandre est redis-
paru.

Ces absences m'ont bien l'air de cacher quelque mystère
érotique qui se révélera en temps et lieu.

Ma prochaine lettre sera datée de Séville.

XXXIV.

Séville, 8 novembre 1846.

Ah! madame, priez pour ceux qui voyagent sur la route
de Cordoue à Séville, et réciproquement, comme on dit en
termes de poste.

De tout mon corps, je ne puis plus remuer que la main
droite, et encore est-ce à force de précautions, parce que
j'avais promis de vous écrire, et parce que je tenais à garder ma promesse.

Hélas! oui, madame, on consentit à déloger le conducteur au bénéfice de l'un de nous; il y eut même à ce sujet,
entre Boulanger et moi, un combat de générosité à qui pren-
drait cette malheureuse boîte collée comme une loupe au
front de la malle-poste; un combat près duquel celui de Py-
thias et Damon était certainement bien peu de chose.

Boulanger l'emporta en alléguant qu'il était de dix-sept jours plus jeune que moi, et que par conséquent la meilleure place m'était due comme à son aîné. Je cédai : en le démentant j'eusse eu l'air de vouloir cacher mon âge, et c'est une faiblesse que je n'ai pas encore, quoique, pour me distinguer d'Alexandre, j'aie le désagrément de m'entendre généralement appeler Dumas d'Utique par nos compagnons de voyage.

Espérons, madame, que je ferai meilleure fin que le nouveau patron que l'on m'a donné depuis mon entrée en Espagne.

De mes autres compagnons, c'est-à-dire de Maquet, de Giraud et de Desbarolles, je ne puis rien vous dire, attendu que je suis parti une heure avant eux, et qu'ils ne doivent arriver que douze heures après moi.

Revenons donc à nous.

A midi, Boulanger s'installa dans sa boîte et moi dans la mienne; toute la différence qu'il y avait entre nos deux boîtes, c'est que celle de Boulanger était petite et la mienne grande, celle de Boulanger solitaire et la mienne habitée.

Le conducteur avait pris place à côté du postillon, sur une petite planche collée en avant du coupé.

Les habitans de la grande boîte, c'est-à-dire mes compagnons de voyage étaient, l'un un négociant français, nommé Poutrel, qui avait assisté au fameux dîner de Madrid ; vous savez, madame, celui où l'on fuma au dessert pour cinq cents francs de cigares.

L'autre était un gentilhomme de Séville, arrivant d'un voyage d'Italie et regagnant ses pénates.

C'était une bonne fortune que ces deux compagnons de voyage, l'un parlant avec moi de la France que nous quittions tous deux, l'autre me parlant de Séville où nous allions tous trois.

Dès qu'on m'aperçut, il y eut entre le gentilhomme espagnol et Poutrel un autre combat faisant pendant à celui qui avait déjà eu lieu entre Boulanger et moi.

Comme j'étais arrivé le dernier, je n'avais droit qu'à la place du milieu. Chacun de mes deux compagnons voulut me donner son coin.

Je les ai soupçonnés depuis, pardon de cette mauvaise pensée, madame, je les ai soupçonnés depuis de savoir ce qu'ils faisaient.

Je me débattis longtemps ; enfin, comme j'avais fait avec Boulanger, il me fallut céder. J'optai pour le coin de Poutrel

Je pris ce malheureux coin, et je m'y installai.

Après force adieux à nos compagnons qui, une heure après moi, devaient prendre la même route, nous partîmes

Notez, madame, qu'Alexandre n'a point reparu. Je le demandai, je le clamai, il ne parut point.

La voiture partit.

Aux premiers tours de roue, je commençai à soupçonner dans quel abîme de douleurs j'étais tombé.

La malle-poste, qui allait comme le vent, bondissait sur le pavé de Séville comme si les roues eussent été en gomme élastique ; par malheur l'intérieur était assez parcimonieusement rembourré pour que tous ces bondissemens-là eussent un grave inconvénient.

Comme je connaissais de longue main le pavé des villes espagnoles, cela ne m'inquiéta point trop d'abord. Mais une fois sur la grand'route, quand je vis que cette danse continuait, je pris de graves inquiétudes.

Mes deux compagnons paraissaient parfaitement habitués à cet exercice, et ne se plaignaient même plus.

J'entendais au-dessus de moi Boulanger qui, de son côté, dansait dans sa boîte comme une noisette dans sa coque.

De temps en temps un cri d'impatience ou un gémissement de douleur me prouvait qu'il faisait son apprentissage; l'apprentissage lui paraissait rude.

J'interrogeai mes compagnons. Poutrel en était à son dixième voyage en Espagne.

Quant au gentilhomme, il était Espagnol.

Je les trouvai donc assez peu sensibles à mes plaintes.

Cet état de choses devenait grave. A moins que je ne voyage avec quelqu'un dont la conversation m'intéresse énormément, j'ai cette bonne ou mauvaise habitude, la chose peut s'envisager sous l'un ou l'autre point de vue, de dormir avec acharnement du moment que j'ai mis le pied dans une voiture.

Il semble que je profite de ces momens perdus qu'il faut consacrer à la locomotion pour me rattraper de ce sommeil, après lequel, dans les circonstances ordinaires de la vie, c'est-à-dire quand je travaille quinze heures sur vingt-quatre, je cours toujours, sans l'atteindre jamais.

Je m'empaquetai la tête de tous les foulards que je pus trouver, puis, par-dessus mes foulards, je tirai mon capuchon, j'espérais ainsi amortir les coups.

Tout fut inutile; au bout d'un quart d'heure de déception, je fus forcé de reconnaître l'impossibilité où je me trouvais d'appuyer ma tête contre les parois de la voiture.

Force me fut d'imiter l'exemple de mes compagnons. Poutrel se suspendait des deux mains aux réseaux du plafond ce qui le maintenait dans une position verticale ; le gentil-homme espagnol avait passé son bras dans une embrasse, et à l'aide de ce contrefort il éloignait les os de sa tête de tout contact.

Il me restait à causer et à regarder le paysage.

Je causai le plus longtemps que je pus, de la France avec Poutrel, de l'Italie avec le gentilhomme espagnol, mais toute conversation a sa fin, et force me fut de revenir au paysage.

Malheureusement, de Cordoue à Séville le paysage n'a rien de pittoresque.

Puis un inconvénient, plus qu'un inconvénieut, un mal-heur vint se joindre à ceux qui nous poursuivaient déjà.

Une pluie, une de ces pluies comme on n'en voit que dans les pays méridionaux, commença de tomber du ciel.

Il n'est pas, madame, que vous n'ayez lu dans la Genèse la description du déluge universel qui arriva l'an... Eh bien ! le déluge universel était une bourrasque en comparaison de ce qui se passait entre le ciel et la terre, sur la route de Cordoue à Séville, hier mercredi 7 novembre 1846.

C'étaient des torrens d'eau, avec accompagnement de ton-nerre et d'éclairs comme je n'en ai jamais vu ni entendu.

J'eus un instant l'idée que Boulanger allait être noyé dans sa boîte, sans que ses cris pussent être entendus au milieu de cet affreux tapage, et je fis arrêter la voiture pour l'inter-roger. Heureusement son réceptacle était à claires-voies, et rendait par en bas ce qu'il recevait par en haut.

Je lui passai mon bournous et ma mante, pour le fortifier encore contre la pluie, et la malle-poste reprit son chemin.

La nuit vint. La pluie, qui semblait ne pouvoir augmen-ter, redoubla de violence.

Comment je passai cette nuit, tantôt jeté sur Poutrel, tantôt renvoyé contre les parois osseuses de la voiture, c'est ce qu'il me serait impossible de dire. C'est une de ces nuits qui, après avoir laissé des marques par tout le corps, laissent un souvenir dans toute la vie. Certainement, si Dante eût connu ce mode de locomotion, nous eussions vu dans son *Enfer* quelque damné, et des meilleurs, comme dit Hugo, grinçant des dents aux portières de la malle-poste de Séville.

Cependant il y a une chose remarquable, c'est que le temps passe dans la bonne comme dans la mauvaise fortune. Le jour vint, les torrens de pluie continuaient ; on ne voyait le paysage qu'à travers un voile, nous avions traversé Icija et Carmona sans que je fusse en mesure de donner la moindre attention à ces deux petites villes, enfin au point du jour nous aperçûmes Alcala.

Tout le souvenir qui m'en reste, madame, au milieu de l'étourdissement que j'éprouvais, c'est l'aspect d'un vieux château sur une montagne qui m'a paru encore plus vieille que lui. Au pied de cette forteresse, dont les remparts ont l'aspect le plus pittoresque, coule au fond d'un ravin une rivière qui, sous prétexte qu'elle a un peu plus d'eau que les autres, fait grand bruit.

Mais je dois l'avouer, ce qui me frappa le plus agréablement, dans tous les renseignemens que j'obtins sur Alcala c'est qu'Alcala n'est qu'à trois lieues de Séville.

A la dernière porte, on nous arrêta pour demander si monsieur Alexandre Dumas était parmi les voyageurs : monsieur Alexandre Dumas se montra en cachant de son mieux les bosses dont son front était orné.

Là, il apprit que pendant deux jours la voiture du marquis de Aquila l'avait attendu ; on avait su sa prochaine arrivée à Séville, arrivée retardée par l'excursion de la sierra, et l'un des premiers gentilshommes de Séville avait envoyé sa voiture pour qu'il fît dans la capitale de l'Andalousie une entrée digne de lui.

Vous voyez, madame, qu'on n'est pas moins galant pour votre ami à Séville qu'à Cordoue. Quant à moi, je ne comprends rien à tous ces honneurs, cette bonne et chère France, notre tendre mère, ne nous ayant jamais gâté à ce point.

L'idée que nous approchions de Séville s'était étendue comme un baume sur toutes mes douleurs. Poutrel et moi avions le cou tendu hors des ouvertures de notre coupé pour voir du plus loin possible cette bonne ville, où il y a des philanthropes qui envoient leurs voitures au-devant des étrangers, en vertu de la connaissance parfaite qu'il ont sans doute de la façon dont sont confectionnées les voitures de l'Etat.

Quant à Boulanger, je n'osais pas demander de ses nouvelles : il devait être en morceaux.

Notre conducteur et notre postillon avaient passé la journée de la veille et la nuit qui venait de s'écouler, le derrière sur leur planche, les mains cramponnées, pour ne pas tomber, aux barres de fer servant de support à la boîte de Boulanger ; je n'ai jamais vu gargouilles de cathédrales faisant mieux leur office, l'eau leur entrait par les deux manches et par le col et sortait par les jambes du pantalon.

A l'un des détours du chemin, nous nous poussâmes simultanément Poutrel et moi ; nous venions d'apercevoir la Giralda.

La Giralda, madame, c'est la première et la dernière chose qu'on voit à Séville, et elle a certes sa grande part du proverbe :

Quien no ha visto a Sevilla,
No ha visto a maravilla.

C'est-à-dire, « Qui n'a pas vu Séville n'a pas vu une merveille. »

En effet, le voyageur s'approche de chaque ville attiré par son aimant particulier : Florence a son vieux palais, Pise son Campo-Santo, Naples Herculanum et Pompéi, Grenade l'Alhambra, Cordoue sa mosquée.

Séville a la Giralda.

Certes, il y a peu de maîtresse de roi, et même de maîtresse de poëte, pour laquelle il ait été fait autant de vers que pour cette sultane de granit, que pour cette sœur de l'algèbre, que pour cette fille de Geber qu'on appelle la Giralda (1).

C'est qu'aussi c'est un charmant nom que la Giralda ; comment les Maures l'appelaient-ils quand ils la bâtirent en l'an mil ? c'est-à-dire cette année même où les chrétiens à genoux attendaient la fin du monde ; nul ne le sait ; c'était une tour comme ils avaient l'habitude d'en faire, ces merveilleux architectes qui semblent avoir reçu du ciel tous leurs arts et toutes leurs sciences comme le Coran ; seulement elle étai plus large et plus haute que les tours ordinaires, elle avait cinquante pieds sur chaque face, et quelque chose comme deux cent cinquante pieds de haut. Autrefois la tour se terminait en plate-forme, cette plate-forme avait un toit de carreaux vernis de différentes couleurs, surmonté par une barre de fer supportant quatre boules de bronze doré.

La Giralda garda sa couronne byzantine jusqu'à l'an 1500, c'est-à-dire pendant cinq cents ans. C'est un assez beau rè-

____

(1) Geber est l'inventeur de l'algèbre.

gne, comme vous voyez, pour une conquérante et une usur-
patrice ; mais en 1500, l'architecte Francesco Ruiz rêva et
accomplit une restauration chrétienne.

En conséquence, Francesco Ruiz abattit le toit de la tour
mauresque et la fit monter de cent pieds, c'est-à-dire de
trois étages, dont le premier renferme ou plutôt contient les
cloches, que l'on voit à chaque battement présenter leur
gueule, et tirer leur langue de fer aux quatre points cardinaux auxquels elles font face.

Le second est une terrasse entourée d'une balustrade à jour
et porte écrit quatre fois sur sa quadruple corniche : *Turris
fortissima nomen Domini.*

Le troisième est une coupole sur laquelle tourne une gigantesque figure de la Foi ; faire de la Foi une girouette, car
Giralda ne veut pas dire autre chose que girouette, est une
idée assez singulière ; mais les habitans de Séville ont été si
enchantés de leur Giralda, quand ils l'ont vue regarder par-
dessus les montagnes et causer avec les anges, qu'ils n'ont
point chicané son parrain sur les analogies.

Ils ont eu raison ; c'est merveilleux de voir tourner dans
un rayon de soleil cette figure d'or aux ailes déployées, qui
semble, comme un oiseau céleste fatigué d'une longue course, avoir choisi pour se reposer un instant le point le plus
proche du ciel.

Ajoutez à tout cela, madame, que la Giralda se présente
avec un ton rosé que je n'ai vu à aucun monument, comme
si elle voulait, mauvaise chrétienne qu'elle sera toujours,
faire pâlir sa sœur, la tour Vermeille de Grenade.

A mesure que nous approchions de Séville, les cactus et
les aloès, un instant oubliés, semblaient renaître ; ces énormes végétations, abritées de temps en temps par l'ombre d'un

palmier, donnent aux plaines un aspect de splendeur inouïe ; enfin, comme pour ajouter un suprême caractère au paysage, à gauche de la route s'élève un de ces aqueducs comme on en voit courir par fragmens isolés dans ce magnifique désert qu'on appelle la plaine de Rome.

Au reste, une lieue avant Séville, Séville est déjà Séville, c'est-à-dire la ville du bruit, de l'animation, de la lumière ; tout au contraire des environs de Cordoue, où les routes semblent conduire à quelque Nécropolis moderne, les chemins de Séville sont diaprés de paysans, de paysannes, de mulets, d'arriéros, de bohémiens, de contrebandiers ; tout cela rit, tout cela chante, tout cela gratte des guitares et des mandolines, s'interrompant pour se parler sans se connaître, pour se dire : « Bonjour, allez avec Dieu. » On dirait que tous ces gens sont si heureux, si contens, si joyeux de vivre, qu'ils ont sans cesse, par le son même de leurs voix, besoin de s'assurer qu'ils vivent bien réellement.

Nous suivions ces troupes, ou plutôt nous passions au milieu de toutes ces troupes, car notre malle-poste n'avait pas diminué de vitesse, en bondissant comme une boule qu'on fait rouler sur les pavés ; et, chose incroyable, tous ces gens que nous manquions d'écraser, qui se jetaient de côté emportant leurs enfans, tirant leurs ânes, laissant tomber leurs fardeaux, tous ces gens riaient, jetaient des fleurs à notre postillon, à qui, en France, on eût jeté des pierres, puis, c'étaient des andalousades, des rires, des plaisanteries qui nous poursuivaient aussi loin que nous pouvions les entendre.

Enfin, nous entrâmes dans la ville, qui me parut au premier aspect avoir le défaut d'être vouée au jaune ; il est vrai que le jaune est la couleur nationale de l'Espagne, mais cette

couleur, qui va si bien aux citrons et aux oranges, me paraît on ne peut plus disgracieuse pour les militaires et pour
les maisons.

Nous arrivâmes, toujours dansant, sautant, bondissant, à
l'hôtel où nous devions nous arrêter ; nous sautâmes en bas
de notre coupé, et recûmes dans nos bras Boulanger, qui
s'élançait la tête la première de sa boîte.

Boulanger nous a affirmé, madame, qu'une poste de plus,
et il devenait fou.

Adieu, madame. Vous voilà tranquille sur deux de nous,
je puis donc sans remords prendre un bain et me mettre au
lit en attendant nos compagnons.

Demain, je vous parlerai de la perle de l'Andalousie; tout
ce que j'en sais à cette heure, c'est que nous sommes logés
calle de la Surpe, que nous habitons l'hôtel de l'Europe, et
que notre hôte se nomme Rica.

Ce nom, d'origine italienne, me donne quelques espérances à l'endroit de la nourriture.

———————

XXXV

Séville, 10 novembre.

Si par hasard, madame, il vous est arrivé parmi tous les
souhaits que je ne doute aucunement que vous ayez la bonté
de faire pour moi à la Providence, s'il vous est arrivé, dis-

je, de me souhaiter un bon sommeil, votre souhait a été exaucé. J'ai dormi douze heures, et je me suis réveillé vers ouze heures du soir, plus allègre et moins marbré que je ne croyais.

Nos compagnons étaient arrivés depuis cinq heures, moins Alexandre et Desbarolles; ils se sont endormis, et se réveillèrent à leur tour vers cinq heures du matin.

Alors j'ai pu avoir des nouvelles, non-seulement des présens, mais encore des absens.

Les présens sont moulus, comme de raison, quoique la diligence soit moins dure que la malle-poste, non point qu'elle soit mieux suspendue, mais elle est plus lourde.

Quant aux absens, les nouvelles sont qu'on n'a aucune nouvelle d'eux. Au moment du départ, Alexandre a manqué purement et simplement à l'appel, et Desbarolles a déclaré, en compagnon dévoué, qu'il attendrait qu'Alexandre se retrouvât, et qu'il ne reparaîtrait devant moi qu'accompagné d'Alexandre.

Je crois décidément, madame, que Desbarolles est le meilleur de nous tous.

Je vous disais donc que je m'étais éveillé vers onze heures de la nuit. Je ne savais pas trop, je l'avoue, en m'éveillant, où j'étais. Je regardai autour de moi, et je vis un charmant rayon de lune qui illuminait les ténèbres de ma chambre en traversant le salon.

Je passai un pantalon à pieds, je chaussai des pantoufles, et je suivis le rayon de lune, qui me conduisit droit à la porte.

Cette porte était ouverte! Vous figurez-vous, madame, une porte de salon, donnant sur votre chambre, ouverte, le 10 novembre? Vous frissonnez, n'est-ce pas, rien qu'à cette idée?

Je franchis le seuil de cette porte, et je me trouvai sur une galerie intérieure qui fait tout le tour du patio. Elle est éclairée par des arcades de marbre, et donne sur un jardin de trente pieds carrés.

Ce jardin est complétement rempli par deux ou trois orangers chargés de fruits.

En face de moi, appartenant à la maison voisine, s'élève une espèce de mirador, dont les faïences reluisent aux rayons de la lune comme les écailles argentées d'un gigantesque poisson.

Je n'ai rien vu de calme et de charmant comme cette nuit. La lune, qui avait à se venger de trente-six heures de pluie, régnait en dominatrice au ciel, et répandait une lumière égale à celle d'un jour d'Occident. Seulement, cette lumière était plus douce, plus sereine, plus harmonieuse. Tous les bruits de la journée, cris de marchands, roulement de voitures, froissemens de pavés, mouraient pour faire place aux bruits mystérieux de la nuit. De temps en temps, le frémissement d'une guitare passait dans l'air, secouant quelques notes rieuses, égrainées au bas d'un balcon et emportées par la brise, au milieu des aromes flottans des citronniers et des jasmins. On sentait que toute cette ville, si joyeuse le jour, gardait une partie de sa gaîté pour son sommeil; qu'une partie de ses habitans veillait pour aimer, et que l'autre dormait pour rêver d'amour.

Il y avait justement, sans doute dans la prévoyance de ces belles nuits, tout autour de la galerie, de longs canapés disposés pour la sieste. Je me couchai sur l'un d'eux, et les yeux noyés dans cet azur, au fond duquel à chaque instant mon regard obstiné voyait éclore une nouvelle étoile, je me laissai bercer à ces mélodies lointaines et interrompues, que venait de temps en temps interrompre le bruit des horloges nocturnes, dont le son clair retentissait à chaque quart d'heure, comme si quelque oiseau de bronze touchait, en passant, leur timbre du bout de son aile.

La ressemblance était d'autant plus grande, qu'à Séville comme partout, jamais deux horloges n'ont sonné ensemble. Vous savez, madame, le mal qu'eut Charles-Quint à régler ses douze pendules ; il pensa devenir fou, lui qui avait réglé les quatorze ou quinze Espagnes, sans compter les Flandres et les deux Indes.

Le jour me trouva couché sur ma galerie. Toutes mes belles pensées philosophiques avaient fini par tournoyer dans ma tête, comme un vol d'oiseaux à la fin du jour, et par se fondre dans un supplément de sommeil, qui, en vérité, n'était pas de luxe après nos deux nuits de la sierra et notre nuit de malle-poste.

A huit heures, on me dit que monsieur Henry Buisson me demandait.

Je me rappelai alors qu'en quittant Madrid, notre bon papa Monnier m'avait donné des lettres de recommandation pour toutes les villes d'Espagne par lesquelles je devais passer.

Une de ces lettres était adressée à monsieur Henry Buisson.

De son côté, monsieur Henry Buisson avait été avisé directement, comme on dit en termes de commerce, et il accourait.

Deux fois il était déjà venu la veille, et deux fois on lui avait dit que je dormais.

Vous est-il arrivé jamais, madame, de voir entrer chez vous une personne absolument inconnue, et d'aller droit à cette personne comme à un ancien ami ? Le cœur, en vérité, a des pressentimens étranges.

Buisson est encore un de ces pauvres Français exilés au nom du commerce et de l'industrie; et si séduisante et si hospitalière hôtesse que soit Séville, il regrette cette bonne France, que nous maudissons tous quand nous y sommes, mais dont nous ne savons pas nous passer.

Notre compatriote venait se mettre à notre disposition; nous le prîmes au mot, ou plutôt moi je le pris au mot. Dix minutes après, il avait fait connaissance avec toute la caravane, à l'exception des deux traînards restés à Cordoue.

Madame, vous connaîtrez un jour ce cher Henry Buisson, car un jour à son tour il viendra me voir à Paris; alors seulement vous saurez de quelle complaisance parfaite, de quelle abnégation de lui-même, de quel dévoucment pour les autres son cœur est fait.

A partir de ce moment, il n'y eut plus pour Buisson ni parens, ni famille, ni commerce, ni occupations, ni amis; nous le prîmes à nous et pour nous. Deux charmantes nièces qu'il a ne le virent plus que dans ses momens perdus, et ses momens perdus furent rares : c'étaient ceux où nous le lâchions.

Il nous apportait, au reste, une excellente nouvelle. Montès et le Chiclanero, ces deux soleils de la tauromachie, dont l'un se couche et dont l'autre se lève, étaient arrivés par la même voiture que Maquet et Giraud, et sachant que je m'arrêtais à Séville, me faisaient dire que si j'y voulais demeurer jusqu'au dimanche suivant, eux aussi y demeureraient et donneraient une course de taureaux.

La proposition était d'autant plus flatteuse, qu'elle amenait une dérogation à toutes les habitudes espagnoles. Passé le mois d'octobre, il n'y a plus de courses en Espagne, d'abord parce que le temps devient variable, et que les taureaux perdent de leur férocité. Aux courses ardentes, il faut l'ardent soleil le juillet et d'août. Aux approches de l'hiver, le taureau s'engourdit, et de féroce devient boudeur et quinteux. La proposition de Montès et du Chiclanero, déjà connue de toute la ville, mettait donc toute la ville en révolution.

Si vous trouviez, madame, que cette galanterie de Montès et du Chiclanero dépasse le degré de croyance que vous êtes disposée à m'accorder, rappelez-vous que Montès est une vieille connaissance à moi, et qu'il était à Madrid le parrain de ce pauvre don Federigo, dont je vous ai raconté les mésaventures comme cavalier en place.

En somme, le bruit s'était répandu que cette course avait lieu en mon honneur, jugez donc du degré de popularité auquel monta mon nom après une pareille démonstration.

Nous voulûmes être des premiers à prendre nos places au cirque; nous sortîmes à cet effet conduits par notre ami Buisson.

A la porte, une calèche attelée de deux mules nous attendait, notre gentilhomme voyageur la mettait à ma disposition pour tout le temps que je resterais à Séville.

Je fis quelques façons, et finis par accepter.

Malheureusement, Séville n'a pas été bâtie dans la prévoyance des voitures; à peine cinq ou six de ses rues sont-elles assez larges pour permettre la circulation de ce genre de locomotive. Aussi, une voiture à Séville est-elle un meuble d'un luxe inouï, tout le monde allant à pied, par la difficulté qu'il y a à aller en voiture.

Nous nous en tirâmes cependant; mais avec des détours qui nous ôtèrent toute idée des distances. Enfin, après une demi-heure de circuits auxquels nous ne comprenions rien, nous gagnâmes le quai, qu'à pied nous eussions atteint en dix minutes.

Ce détour eut un avantage, il nous fit voir la Christina et la Tour d'or.

La Christina est la promenade fashionable de Séville, ses Tuileries, ou plutôt ses Champs-Elysées. Elle a quelque chose de la promenade de Chiaja, à Naples. Des bouts de cordes enroulés à des poteaux et qui brûlent éternellement, indiquent à quel point le cigare et la cigarette sont un be- soin de première nécessité à Séville.

La Tour d'or est un édifice à trois étages disposés en re- cul ; elle est crénelée à la mauresque, et fait admirablement dans le paysage, bâtie qu'elle est sur la rive du Guadalqui- vir, dont l'eau vient baigner sa base. On l'appelle la Tour d'or, parce que, dit-on, le premier or rapporté de l'Améri- que par Christophe Colomb y fut déposé.

Je ne vous donne ce fait qu'à l'état de tradition.

Nous arrivâmes enfin au cirque.

Le cirque, fermé depuis trois mois, était ouvert. On en ar- rachait les herbes, on en enlevait les pierres. Son enceinte déserte avait un air de joyeuse activité qui faisait plaisir à voir. Mais ce qui me frappa surtout dans le cirque, madame, c'est le bon goût qu'a eu certain orage, je ne sais plus à quelle date il vint, c'est le bon goût, dis-je, qu'a eu certain orage en enlevant toute une partie du monument, qui jamais n'a été relevée depuis. En effet, cette partie enlevée, tout en laissant les gradins inférieurs, fait une brèche par laquelle on découvre toute la cathédrale, gardée et dominée par sa Giralda comme par une gigantesque sentinelle.

Vous aurez une idée de cette vue merveilleuse, madame ; car tandis que Buisson m'emmène manger des olives, Bou-

langer et Giraud dressent leurs batteries pour faire un dessin du cirque, si adroitement échancré par le hasard, la plus
pittoresque de toutes les divinités.

Ah! madame, les belles olives que celles qu'on récolte à
Séville! mais quelle méchante manière de les préparer ont
les Chevet, les Corcelet et et les Potel de la capitale de l'Andalousie! Je crus avoir, quand je goûtai la première, mordu
dans un morceau de cuir. De pareilles olives apprêtées à
Paris feraient les délices de nos gourmands; les plus petites
sont grosses comme des œufs de pigeon.

Je ne connaissais que deux choses pour lesquelles je n'ai
jamais pu surmonter ma répugnance : les fèves de marais et
le macaroni. Le chapitre de mes antipathies est aujourd'hui enrichi d'un article, et cet article ce sont les olives de
Séville.

Cependant j'ai encore un espoir ; le marchand prétend
qu'il sait apprêter sa marchandise à la française, et en conséquence, il me met à part deux barils de mille olives chacun. J'en aurai pour vingt francs les deux barils rendus à
Paris. Vous voyez, madame, qu'on peut faire à Séville des
expériences gastronomiques, et que ces expériences ne ruinent pas.

Au bout de deux heures, Boulanger et Giraud étaient rentrés à l'hôtel, où je les avais précédés. Il s'agissait d'une
chose grave; c'était du degré de confiance que l'on pouvait
accorder au cuisinier.

Notre hôte s'appelait Rica ; je crois vous l'avoir dit dans
ma dernière lettre. Ce nom, qui semblait m'annoncer un
Italien, ne m'avait pas trompé. Rica est Milanais, c'est-àdire du pays où l'on fait la meilleure cuisine de toute l'Ita

lie. Nous échangeâmes deux mots sur la science, et ces deux
mots suffirent.

Rica était un artiste, mais il l'avouait lui-même, madame,
avec une bonne foi qui fait honneur à sa véracité, un artiste un peu gâté par son séjour en Espagne, et par les sacrifices qu'il a été obligé de faire au goût des naturels du
pays.

Cependant, madame, il s'est engagé sur l'honneur à
ne pas échauder nos poulets, et à nous donner des perdrix
rôties, ce que nous n'eussions jamais obtenu d'un cuisinier
espagnol.

Cette promesse, en tranquillisant mon appétit, m'a permis de vous écrire, madame; car, chargé, comme vous le
savez, des fonctions de maître d'hôtel, il était de mon devoir de faire la cuisine, si je n'eusse point reconnu chez
uotre hôte une aptitude suffisante aux bons procédés gastronomiques.

Rica s'était piqué d'honneur, madame ; il avait fait le déjeuner lui-même, et le déjeuner était excellent.

Nous trouvâmes à table, et déjeunant en même temps que
nous, un convive qu'au premier coup d'œil nous reconnûmes non-seulement pour un compatriote, mais encore pour
un habitué de nos habitudes parisiennes ; au bout de dix
minutes nous connaissions toute son histoire.

Elle est à la louange de Séville, madame, et surtout des
Sévillanes. Monsieur de Saint-Prix passait dans la capitale
de l'Andalousie et comptait s'y arrêter huit jours. Il avait
compté sans les beaux yeux des Elvires, des Inès et des Rosines de la susdite capitale. En passant devant un balcon,
le pauvre garçon a laissé tomber son cœur à portée d'une
main qui l'a ramassé. Ce que tiennent les Andalouses, elles

le tiennent bien à ce qu'il paraît ; celle-là n'a point lâché prise, et toutes les nuits, depuis ce jour-là, Saint-Prix revient au même balcon réclamer son cœur, ou au moins demander en échange celui de la belle Sévillane.

Ne voilà-t-il pas qui va vous effrayer, madame, sur la prolongation de mon séjour à Séville, et vous éclairer sur la disparition d'Alexandre ?

Hélas ! madame, quant à moi, n'ayez aucune crainte ; vous savez que j'ai le malheur d'être le Juif errant de la littérature, et que lorsque je veux m'arrêter quelque part, j'ai, non pas un ange, mais une demi-douzaine de démons qui me crient, à qui plus haut :

— Marche ! marche ! marche !

Une chose me console, c'est que chaque pas que je fais à cette heure m'éloigne de vous comme distance, mais m'en rapproche comme temps.

Or, vous savez que si le temps existe toujours, aujourd'hui, grâce à la vapeur, la distance est supprimée.

<hr>

XXXVI

10 novembre.

Pas d'Alexandre, madame, et par conséquent pas de Desbarolles. J'écris à Paroldo pour avoir des nouvelles de l'un ou de l'autre. Sans l'histoire de Saint-Prix je serais

presque inquiet, mais l'exemple que j'ai sous les yeux me
rassure.

Et puis Desbarolles a sa carabine.

Notre colonie augmente à vue d'œil. Aujourd'hui en allant à la voiture pour y chercher nos deux fugitifs, j'en ai
vu descendre deux Parisiens pur sang, qui m'ont reconnu
au premier coup d'œil, grâce à la quantité d'affreuses litho-
graphies qui vont me trahissant tout le long du boulevard.
Ce sont messieurs de Montherot et de Nugeac, qui se rendent, le premier à Lisbonne, où il est attaché d'ambassade;
le second à Oporto, où il est nommé consul. Tous deux, je
crois, dans les circonstances où se trouve le Portugal, aime-
raient autant aller manger des oranges ailleurs.

Cela au reste, ne les empêche pas d'être d'une gaîté charmante ; les gens d'esprit, vous le savez, madame, ne sont
point facilement tristes ; je ne sais pas si je suis intéressé
dans la question, mais ce que je puis dire quant à moi, c'est
que c'est dans mes plus grandes tristesses que j'ai écrit mes
pages les plus gaies.

Nous voilà donc, de compte fait, sans compter Alexandre et Desbarolles qui nous rejoindront un jour ou l'autre,
il faut l'espérer, huit Français installés chez maître Rica.
C'est vous dire, madame, que maître Rica n'a qu'à se bien
tenir.

Votre tout dévoué, madame, continue à marcher d'honneurs en honneurs. A peine ai-je été installé dans ce fameux
salon que la lune visite si mystérieusement la nuit, et dont
j'ai déjà cassé trois chaises par la seule pression de mon
individu, phénomène qui s'expliquera sans doute plus tard,
que j'y ai reçu une députation du seul journal de littérature

qui s'imprime à Séville, la *Giralda*. Ne vous ai-je pas dit, madame, que Giralda était à Séville le mot à la mode.

Comprenez-vous un journal qui s'appellerait en France **la** *Girouette?*

Bref, messieurs les rédacteurs de la *Giralda* sont de charmans jeunes gens. Ils m'ont apporté des vers à ma louange, imprimés en lettres d'or, auxquels je répondrai, en monnaie moins riche peut-être, mais enfin auxquels je répondrai à la première occasion.

En outre, ils étaient chargés par le directeur du théâtre de mettre le susdit théâtre à ma disposition. J'étais invité par lui à faire le répertoire, pendant tout le temps de mon séjour à Séville. Mon goût bien prononcé pour les jaleo, pour les fandango, et pour les jota aragonese ou autres, était déjà parvenu à Séville sur les ailes de la renommée. On m'envoyait un programme chorégraphique comprenant toutes les danses de la péninsule, en me prévenant que je n'avais qu'à choisir.

Je me fis pour le soir même, et ce soir était hier, madame, un spectacle comme je voudrais vous en faire un jour au théâtre, je ne sais pas encore comment on appellera notre théâtre.

Je recevais presque en même temps une lettre de monsieur e comte de Aguila, qui mettait sa loge à ma disposition pour tout le temps que je resterais à Séville.

Vous devinez, madame, que mon premier soin, en arrivant ici, avait été de mettre ma carte chez monsieur le comte de Aguila, en le remerciant de cette fameuse voiture qui m'avait attendu deux jours inutilement sur la route de Cordoue.

Décidément je deviens passionné pour la danse : je n'au-

rais jamais cru cela en voyant les ballets de notre Opéra.
C'est qu'aussi, j'ai dit le mot en voyant les ballets, c'est que
les danses espagnoles, madame, ne sont point des ballets,
ce sont tout bonnement des danses, et quelles danses! Des
poëmes tout entiers, joués non pas seulement avec les jambes, mais avec les yeux, avec les lèvres, avec les mains, avec
tout le corps.

Il y a à ce diable de théâtre de Séville, madame, trois
créatures que j'appellerais des anges, si je ne les soupçonnais d'être des démons, qui eussent bien certainement damné saint Antoine, si elles eussent vécu de son
temps, ou s'il eût vécu du nôtre. On les nomme Anita, Pietra
et Carmen.

Jamais trinité, qu'elle soit brame, égyptienne ou catholique, n'a eu, je vous le jure, d'aussi fervens adorateurs
que la trinité dansante que je viens de vous nommer. En
effet, ce sont des yeux et des pieds comme je n'en ai vu nulle
part.

Quant aux yeux, il faut les voir. Toutes les comparaisons
sont usées pour donner une comparaison de ces yeux-là.
Les étoiles sont pâles, les escarboucles sont ternes auprès
de ces yeux-là.

Quant aux pieds, madame, ils tiendraient tous les deux
dans une des pantoufles de Cendrillon ou de Déjazet.

Ah! les pieds des Andalouses! Je ne vous en ai pas encore parlé, c'est qu'en vérité cela n'existe pas. En échange,
les Andalouses parlent fort des pieds français et anglais. Il
n'y a pas de plaisanterie qui n'ait été faite sur les souliers
de nos femmes. On en confectionne des bateaux dans lesquels des familles andalouses tout entières descendent le

Guadalquivir de Séville à Cadix. On les revend aux selliers pour en faire des étriers de picadors, etc., etc., etc.

Et avec quel aplomb les Sévillanes marchent sur ce petit pied-là ! J'ajouterai, et sur quel pavé ! Le pied de la Vénus de Médicis s'y déformerait, celui des Sévillanes reste intact, comme une forme. Il est vrai que les hommes, et c'est remarquable, ont toujours la galanterie, même pour une femme du peuple, de céder le trottoir ; aussi, lorsqu'il nous arrive à nous, pauvres étrangers ignorans des usages du pays, de négliger cette formalité, il faut voir de quel air de mépris la Sévillane, forcée de marcher sur ces cailloux pointus qu'en Espagne on appelle des pavés, nous regarde, et même nous apostrophe en passant.

Il va sans dire que j'ai voulu voir de près ces yeux et ces pieds-là. Je suis passé au théâtre, où, sauf les eunuques, j'ai été reçu comme un sultan dans son harem. Cela m'a encouragé à prendre la main d'Anita, et à la baiser. Mais il parait que cette action est une énormité en Espagne. Anita a poussé un cri et a fait un bond de six pieds en arrière. J'ai regardé autour de moi, ne pouvant pas supposer que je fusse à moi tout seul la cause d'une si grande terreur. Alors je vis des Andalous qui riaient, j'en vis d'autres qui ne riaient pas, et force me fut de comprendre que j'avais été de la plus haute inconvenance.

Pardon, j'avais oublié de vous dire une chose, madame, c'est que toutes ces demoiselles sont d'une vertu féroce. A votre tour vous regardez autour de vous, ou plutôt autour de moi. Non, non, non, c'est bien de mesdemoiselles les danseuses que je parle. Ah ! cette fois-ci, par exemple, c'est aux Françaises à se moquer d'elles.

Quand vous saurez surtout pour qui on garde si soigneusement cette sagesse, cela vous fera pitié. Chacune de ces dames a un novio qui plume la dinde, vous vous rappelez l'expression consacrée, n'est-ce pas? qui plume la dinde avec elle. Ce novio, ou fiancé, est quelque garçon tailleur, quelque bottier en chambre, qui trouve moyen de se glisser au théâtre, à propos de guêtres ou de gilets, et qui, une fois dans les coulisses, garde son trésor comme feu Argus gardait celui de Jupiter; seulement, Argus gardait Io pour le compte de Junon, tandis que nos Argus, à nous, fonctionnent pour leur propre compte.

Vous comprenez, madame, avec mes habitudes parisiennes, quelle perturbation je venais jeter du premier coup au milieu de ces amours bucoliques; je baisais comme cela une main à première vue, c'est-à-dire que j'escroquais une faveur qui ne s'accorde en général au novio qu'au bout d'un an ou dix-huit mois.

Maintenant il faut que je vous dise tout, madame. Au milieu de l'effroi général qu'avait répandu autour de moi mon inconvenance, comme je restais seul et abandonné de mes propres amis, assez embarrassé de ma contenance, je vis s'avancer une jolie petite main, puis une voix tremblante me dit en espagnol :

— Pour l'honneur, monsieur.

Je ne compris pas d'abord, je l'avoue, mais la petite main s'avança encore, et la voix plus tremblante répéta les mêmes paroles.

Je pris cette petite main et je la baisai les larmes aux yeux.

— Merci, Carmencita (1), lui dis-je.

(1) Diminutif de Carmen.

— Vous savez mon nom ? reprit-elle.

— Vous savez bien le mien !

— Oh ! le vôtre, c'est si différent ; je le connais depuis que je sais lire.

Plus sage que les autres, madame, Carmen ne plumait pas la dinde ou plutôt ne la laissait pas plumer. Voilà pourquoi la pauvre enfant avait eu l'audace de me donner sa main à baiser.

Cette petite scène avait rapproché de moi mesdemoiselles Pietra et Anita ; elles voulurent bien recevoir mes complimens et y répondre, tandis que la pauvre Carmencita s'était retirée derrière une coulisse, et, appuyée contre un portant, me regardait en souriant.

Cependant, tandis que je causais avec ces dames, il était visible qu'il se machinait quelque chose.

Buisson vint à moi.

— Mon cher ami, me dit-il, voici ce qui vient d'être décidé entre ces messieurs : nous vous donnons un bal.

— A moi ?

— Oui, à vous.

— Allons donc, pourquoi faire ?

— Attendez ; c'est-à-dire que nous nous chargeons d'obtenir de ces dames qu'elles dansent pour vous.

— Comment, pour moi ? où cela ?

— Dans un salon. Nos danses de théâtre sont charmantes, vous le croyez du moins ; mais ce sont nos danses de salon qu'il faut voir.

— Et je les verrai ?

— Laissez-nous faire.

— Mon cher Buisson, vous êtes ma providence en ce monde.

— Remerciez qui de droit.

Et Buisson démasqua un groupe de jeunes gens vers lequel je m'avançai.

C'était en effet chose convenue ; il ne s'agissait plus que d'obtenir l'assentiment de ces dames.

Dix minutes après, tout était convenu, arrêté, décidé.

Le bal aura lieu demain soir.

Anita et Pietra m'ont paru faire quelques difficultés, mais enfin elles ont consenti.

Quant à Carmen, au premier mot qui lui a été dit du projet, elle a sauté au cou de sa mère et l'a embrassée.

Nous aurons donc demain soir un bal composé d'Anita, de Pietra et de Carmen, en femmes ;

Et de tous les jeunes gens de la ville, plus nous, en hommes.

J'ai demandé entrée pour Montherot, Nugeac et Saint-Prix ; la faveur m'a été à l'instant même gracieusement accordée.

J'ai aussi parlé d'un fils et d'un Desbarolles, qui se retrouveraient peut-être d'ici là ; il est convenu que, s'ils se retrouvent, ils seront de la fête.

Je ne sais, madame, si les Sévillans sont pour tout le monde ce qu'ils ont été pour moi depuis mon arrivée : alors ce sont les meilleurs fils du monde.

J'ai été en descendant de la scène faire visite à monsieur le comte d'Aguila dans sa loge, où j'étais visiblement attendu ; le comte y était avec sa femme et la sœur de sa femme. Je m'y présentai avec quelque inquiétude ; je craignais que ces dames ne parlassent point français, et mon espagnol à moi est si loin d'être irréprochable, que je ne le hasarde qu'avec une extrême circonspection.

Je fus fort agréablement surpris : la sœur de la comtesse
me fit les honneurs de la loge dans un français que j'eusse
remarqué, même à Paris. J'interrogeai et j'appris qu'elle
était depuis trois semaines seulement arrivée à Séville : elle
sortait du Sacré-Cœur.

On jouait une saynète. Les acteurs andalous, qui jouent
fort mal les pièces de Scribe, dont se compose le fond de
leur répertoire, jouent à ravir les plaisanteries nationales
qu'on appelle saynètes. Je savais cela, aussi j'avais composé
mon spectacle de deux saynètes et de je ne sais combien
de danses.

Le spectacle dura jusqu'à près de minuit. La salle était
comble. Le directeur voulut bien m'attribuer cette heureuse
influence sur la recette, et m'invita à revenir le surlendemain. Le théâtre de Séville ne joue que quatre fois par semaine.

C'était me mettre dans l'impossibilité de refuser, aussi
j'acceptai.

La journée de demain est tellement prise, madame, que je
ne sais si j'aurai le temps de vous écrire.

XXXVII.

12 novembre.

Enfin, madame, hier à quatre heures ils sont arrivés.

Seulement Alexandre a perdu son chapeau à Cordoue et
sa casquette sur la route.

J'attendais au bureau de la diligence. De loin, je vis le canon de la carabine de Desbarolles qui sortait par la portière, et je criai Noël !

Alexandre n'a pas attendu que la voiture fût arrêtée pour sauter dans mes bras : je l'ai attrapé au vol.

Alors il m'a raconté, avec cette suite que vous lui connaissez, une longue histoire, où il est question d'un tailleur, d'un chien et d'un couteau ; de ces trois objets je n'en connais personnellement qu'un seul.

C'est le couteau, le fameux couteau acheté à Châtellerault pour la somme de cinq francs.

Il a à ce qu'il paraît rendu des services pour un million.

Alexandre vous contera sans doute un jour tout cela, madame ; alors vous me le raconterez, et peut-être finirai-je par y comprendre quelque chose.

Desbarolles ne m'a rien raconté du tout ; il m'a seulement avoué qu'il avait eu de graves inquiétudes, et qu'un instant il avait eu peur d'être obligé d'en appeler à sa carabine.

Au reste, vous savez, madame, que les Espagnols eux-mêmes n'appellent plus Desbarolles que Gastibelza.

Bref, nous avons ramené les deux coureurs en triomphe à l'hôtel. Il paraît que les vivres n'avaient pas joué un rôle de premier ordre dans toute cette iliade, car ils mouraient de faim.

Vous comprenez qu'à des gens arrivant de Cordoue par la diligence, il n'y avait point à parler de Séville ; ils avaient droit à leurs douze heures de sommeil. Ils se couchèrent aussitôt qu'ils eurent dîné, et ronflèrent aussitôt qu'ils furent couchés.

Giraud avait fait préparer un lit à son ami Desbarolles

dans son appartement; j'avais gardé à Alexandre une chambre à côté de la mienne.

Bien nous avait pris de nous mettre en mesure; il y avait invasion à l'hôtel de l'Europe : quatre nouveaux Français étaient arrivés. Cette fois, nous nous trouvions quatorze à table, tant de la langue d'oïl que de la langue d'oc.

Aussi l'aveugle, en nous entendant rire en un seul dîner comme il n'avait jamais entendu rire ses compatriotes pendant toute sa vie, fit-il rage de sa guitare, et eut-il le plus grand succès.

Je ne vous ai pas encore parlé de notre aveugle, madame, j'ai eu tort : notre aveugle est un type.

D'abord, il chante comme un aveugle et même mieux qu'un aveugle.

Et puis, il râcle de la guitare comme je n'en ai entendu râcler à personne.

Notre aveugle, il faut vous le dire, est tout simplement un mendiant.

Seulement chaque peuple mendie avec l'expression de son esprit national. Chez nous le pauvre demande la charité au nom du bon Dieu, avec cette voix douloureuse et ces accens notés qui sont une fatigue cruelle pour celui qui les entend.

A Séville, cité joyeuse s'il en fut, le pauvre demande la charité au nom du plaisir, ce dieu universel qui compte autant de dévots que de créatures.

Il en résulte que notre pauvre fait fortune, j'en suis bien certain, ce qui ne l'attriste pas le moins du monde.

Aussi madame, pendant que nous dînons, et chaque fois que notre conversation tombe, c'est un homme plein de tact que notre guitariste : il empoigne soit *la manchega*, soit *los toros*, soit toute autre chanson castillane ou andalouse, moitié parlée, moitié chantée, et avec les contorsions de visage les plus bizarres, avec l'accent le plus varié, il nous la mène à bonne fin, à notre grande satisfaction à tous.

Il va sans dire que lorsque nous rions ou que nous parlons, il se tait religieusement. L'aveugle est donc devenu un plat de notre dîner ; le plat se paye à part, voilà tout, et ce n'est pas le plus cher, quoiqu'à mon avis ce soit un des meilleurs.

Ne prenez pas cette dernière phrase pour une accusation contre Rica, madame ; Rica se maintient à sa hauteur.

Seulement il a des chaises qui cassent quand on s'assied dessus. Aujourd'hui, avec de grands reproches, je lui ai fait renouveler le mobilier de mon salon ; si je n'avais pas pris les devans, et si je ne lui avais pas fait comprendre qu'il exposait la vie de ses voyageurs, négligence ou même imprudence dont les voyageurs pouvaient se plaindre, il est évident qu'il me faisait un jour ou l'autre payer six chaises dont les débris gisaient dispersés sur le carreau.

La journée, dont je ne vous ai pas dit un mot, a été employée à visiter les curiosités de Séville.

Vous savez, madame, ce que l'on entend par curiosités ; c'est un certain nombre de pierres posées les unes sur les autres, d'une manière plus ou moins capricieuse, plus ou moins fantasque, que tous les voyageurs ont vues les uns après les autres, conduits devant elles par le même cicerone qui leur a raconté à tous la même histoire qu'ils viennent raconter à leur tour d'une façon uniforme ou différente, selon qu'ils ont plus ou moins d'imagination.

Heureusement, madame, nous avons constamment échappé aux cicerones.

Aussi, si vous voyagez en Espagne, ne leur demandez

point ce qu'ils pensent de nous ; ce serait croire qu'ils savent ce que nous pensons d'eux.

Les curiosités de toute la ville, celles que tout le monde voit, se composent de l'Alcazar, de la cathédrale et de la maison de Pilate.

Permettez-moi, madame, de vous faire l'histoire générale de Séville en vingt-cinq lignes.

Séville, en espagnol Sevilla, comme vous le savez, mais en latin Hispani, comme vous ne le savez pas, a été visitée, voilà tantôt dix-huit cents ou deux mille ans, par quatre voyageurs qu'on appelait à cette époque et qu'on appelle encore Strabon, Pomponius Méla, Pline et Ptolémée.

Ceux de ces quatre voyageurs qui ne l'ont pas visitée ont écrit sur Séville sans l'avoir vue, comme j'ai fait, moi, pour l'Égypte, et ce ne sont, je ne veux pas dire de mal de ceux qui voient, je n'attaque que la manière dont ils voient, ce ne sont probablement pas ceux qui ont dit le plus de bêtises.

Tant il y a, madame, que du temps de Strabon, de Pomponius Méla et de Ptolémée, Séville était déjà une vieille ville, sur l'origine de laquelle on discutait sans savoir bien positivement à qui l'attribuer, d'Hercule, de Bacchus, des Hébreux, des Chaldéens ou des Phéniciens.

Jusqu'en 711, Séville obéit aux rois goths. Vous savez cette terrible histoire de don Rodrigue et de la Cava, madame, dont on ferait la plus belle tragédie qui jamais ait été faite, si l'on faisait encore des tragédies, et qui attira les Maures en Espagne. Les Maures prirent Séville en 711 ; le sultan de Cordoue y mit un gouverneur. En 1144, Séville, qui voulait, comme les grenouilles de la fable, avoir un roi à elle, fit de ce gouverneur un roi. De son côté, le sultan de Cordoue voulut ravoir Séville, et reprit Séville, ce que voyant Séville, elle se révolta de nouveau, et, ne voulat plus que Cordoue la prit, elle prit Cordoue.

Cela dura ainsi jusqu'à ce que Ferdinand II, roi de Castille et de Léon, ayant pris Cordoue et Jaen en 1256, Séville profita de la circonstance pour se faire république. Comme vous le voyez, madame, Séville avait tâté un peu de tout : de la colonie sous les Romains, de la royauté sous les Goths, du kalifat sous les sultans de Cordoue, de l'empire sous des sultans à elle ; elle allait tâter de la république et se gouverner par ses propres lois.

J'ignore si Séville se gouverna bien ou mal, mais ce que je sais, madame, c'est que, douze ans après que Séville se fut faite république, Ferdinand II, qui passait par là, la prit en passant.

Cet événement arriva le 23 novembre 1248. Depuis cette époque, Séville n'a pas cessé un instant de faire partie des États du roi de Castille.

Il est vrai que sous la domination des rois de Castille, Séville n'a pas prospéré ; lorsque Ferdinand, comme nous l'avons dit, la prit en 1248, il en sortit trois cent mille individus, Maures ou Juifs, qui se retirèrent à Grenade et en Afrique. En 1526, on y comptait encore cent vingt-huit mille habitans. Enfin, au dix-septième siècle, les seules manufactures de soierie occupaient cent trente mille individus des deux sexes.

La fuite des Maures commença la dépopulation de la ville; la chute des manufactures l'acheva ; aujourd'hui Séville n'a plus que quatre-vingt-seize mille habitans, et onze mille huit cents maisons.

Mais Séville, comme vous l'avez vu, n'en est pas plus triste; si Séville se dépeuple, elle se dépeuple en chantant ;

si elle va à la tombe qui s'ouvre pour les nations comme
pour les villes , pour les villes comme pour les individus,
elle mène gaîment son propre convoi.

De toutes ses splendeurs passées, Séville, comme nous
l'avons dit, ne garde que trois monumens :

L'Alcazar, bâti par ses sultans maures ; la cathédrale, bâtie par ses rois catholiques, et enfin sa maison de Pilate,
bâtie par un particulier, un ancêtre des ducs de Médina Cœli
probablement.

Commençons par l'Alcazar : à tout seigneur tout honneur.

L'Alcazar des rois maures n'a conservé aucun souvenir
mauresque ; c'est qu'un homme a franchi le seuil de sa porte,
et a passé sous ses voûtes sculptées, attirant à lui tout le
passé, et je dirai presque tout l'avenir.

Cet homme, c'est Pierre le Cruel, ou plutôt Pierre le
Justicier.

Séville est encore pleine de lui, comme Rome est pleine
de Néron ; un seul nom pourrait lui disputer la palme de la
popularité, c'est celui de don Juan de Marana.

Dans la ville, on vous montrera, madame, la place où l'alcade..... fit décapiter la statue de don Pèdre. Dans l'Alcazar, on vous montrera la chambre où don Pèdre fit trancher
la tête à don Frédéric... Cette tête, que son chien, dit la
romance, emporta par ses longs cheveux, et devant laquelle
s'écartèrent tous les courtisans, et le roi lui-même.

Des bains arabes admirablement conservés, et dans lesquels on peut rêver voir nager les sultanes, sont les bains de
Maria Padilla.

Les jardins sont taillés dans le vieux goût français, et
Charles III leur a imposé uu petit air Louis XV qui jure de
la façon la plus étrange avec le reste du monument. Ce sont

13.

des fontaines en rocailles, des conques avec des amours, des jets d'eau s'élançant en fleurs, en gerbes et en guirlandes, comme j'en avais vu à Palerme, dans je ne sais quel jardin du dix-huitième siècle, dont le maître, comme le gendre d'Auguste, a été conduit par ses goûts hydauliques à la postérité.

Ce qu'il y a de mieux dans ces jardins, ce sont des fleurs merveilleuses, qui fleurissent sans s'inquiéter dans quel goût et selon quel principe on les taille, et des citrons doux qu'on cueille sur des citronniers gigantesques, et dans lesquels on peut mordre à belles dents comme dans des oranges.

Nous emportâmes une charge de citrons et une brassée de fleurs, que nous déposâmes chez nous en passant devant l'hôtel de l'Europe.

L'église, comme nous l'avons dit, a été bâtie au quinzième siècle. La Giralda, en s'offrant pour clocher, détermina sans doute son emplacement.

Les magnificences de l'église sont résumées dans cette phrase de son fondateur :

« Bâtissons un monument qui fasse croire à la postérité que nous étions fous. »

Hélas ! nous n'avons plus de conseils municipaux assez sages pour faire de pareils programmes. Aussi, nous ne bâtissons plus de cathédrales comme la cathédrale de Séville.

Rêvez tout ce que l'imagination des Hindous, des Perses, des Arabes, des Byzantins, a pu composer de plus riche, de plus fouillé, de plus fini, de plus élancé, de plus hardi, et vous n'aurez pas une idée du retable, qui à lui seul fait tout un monde de personnages. Au milieu du chœur s'élève une espèce de mât de vaisseau dont vous cherchez la desti-

nation, une heure avant de deviner que ce mât de vaisseau
est un cierge pascal. Il pèse deux mille cinquante livres. Le
chandelier qui le supporte semble le piédestal de l'obélisque,
il est de bronze, et modelé sur le chandelier du temple de
Jérusalem. On brûle dans la cathédrale vingt mille livres de
cire et vingt mille livres d'huile par an. On y consomme,
rien que pour le saint sacrifice de la messe, dix-huit mille
sept cent cinquante litres de vin. Il est vrai de dire que la
cathédrale de Séville a quatre-vingts autels, et qu'à chacun
de ces autels on dit tous les jours six messes.

C'est-à-dire près de cinq cents messes par jour.

Certes, en un pareil lieu, il n'est pas besoin de se mettre
à genoux pour s'humilier devant le Seigneur. L'œuvre seule
de l'homme suffit pour écraser l'homme.

Et quand on pense que tous ces autels ont chacun au
moins un tableau de Murillo, de Velasquez, de Zurbaran, ou
d'Alonzo Cano, on est presque tenté de nier la réalité de ce
qu'on voit.

Ah ! j'oubliais, madame, quatre-vingt-trois fenêtres à vitraux de couleur, peints par Michel-Ange, Raphaël, Albert
Durer, et que sais-je, moi.

Il y en aurait pour un an au moins pour voir la cathédrale
de Séville comme elle mérite d'être vue.

La maison de Pilate est, comme je vous l'ait dit, un édifice particulier.

Une tradition populaire, qui n'a rien et ne peut rien avoir
d'officiel, veut que cette maison ait été bâtie sur un plan de
celle où l'on conduisit le Christ. Le plan de celle-ci aurait
été rapporté des croisades.

En conséquence, on montre aux étrangers la fenêtre de
l'Ecce Homo, et le petit réduit où chanta le fameux coq, qui

eut une si terrible influence sur la foi douteuse de saint Pierre.

Je n'ai vu nulle part d'aussi belles faïences tapissant les murailles, que dans cette maison de Pilate.

Pardon, madame, mais au nombre des curiosités de Séville, j'ai oublié de mentionner la manufacture des tabacs. C'est un immense édifice d'où sortent les trois quarts des cigares qui se fument en Espagne. On y compte cinquante-trois administrateurs ou directeurs, cinquante et un subalternes, et treize cents journaliers, ou plutôt treize cents journalières.

Je vous ai parlé, madame, de ces jolies Mançanarèses qui arrachent les pistils au safran, et qui s'offrent rieuses aux voyageurs, avec leurs yeux noirs, leurs dents blanches, et leurs doigts jaunes. Eh bien, le bruit qu'elles faisaient n'était rien en comparaison de celui de la manufacture de tabac.

Imaginez-vous, madame, treize cents belles filles de seize à vingt-cinq ans, riant, babillant ;, et ma foi ! pardon à vous en particulier, et au sexe auquel vous avez l'honneur d'appartenir, en général, fumant comme de vieux grenadiers, chiquant comme de vieux matelots.

En effet, l'administration, outre leurs appointemens de cinq à six réaux par jour, leur laisse prendre autant de tabac qu'elles peuvent en consommer sur place.

Vous comprenez bien, madame, que cet état exercé par treize cents jeunes filles crée une spécialité dans la population. On dit las cigareras de Séville, comme on dit las manolas de Madrid, et les grisettes de Paris.

Seulement, las cigareras de Séville, à cause de la facilité qu'elles ont de fourrer chaque jour dans leurs poches un peu de la marchandise qu'elles manipulent, las cigareras sont fort recherchées des sous-officiers et des contre-maîtres, et presque toujours, aux combats de taureaux, la cigarera, vous le comprenez bien, madame, ne manque pas un combat de taureaux, on la voit, le cigare au coin de la bouche, au bras d'un militaire ou d'un marin, fumant bravement un gros cigare qu'elle passe, hâtons-nous de le dire, à son amant, aussitôt qu'elle l'a fumé à moitié.

En revenant à l'hôtel, nous passâmes par l'hospice de la Charité ; c'est dans l'église de cet hospice que sont renfermés les deux chefs-d'œuvre de Murillo : le *Moïse frappant le rocher* et la *Multiplication des pains*. Vous connaissez ces deux tableaux par la gravure, et nous avons au Musée des Murillos qui peuvent vous donner une idée du coloris.

Mais ce que vous ne connaissez pas, ce sont les tableaux de Valdès qui se trouvent dans la même église. Young, qui a fait ces tristes *Nuits* que vous savez, et Orcagna, ce grand peintre poëte qui a esquissé sur les murs de Campo-Santo son *Triomphe de la Mort*, étaient deux farceurs en comparaison de Juan Valdès.

Je n'essayerai pas de vous faire connaître les tableaux de Juan Valdès. J'ai peu de goût pour tous ces mystères d'outre-tombe qu'il nous révèle ; et toute cette population de vers, de chenilles, d'escargots et de limaces, qui a ses germes dans notre pauvre poussière humaine, et qui éclot en nous après la mort, me semble trop bien où elle est d'ordinaire. c'est-à-dire recouverte par six pieds de terre, pour que je fasse pénétrer jusqu'à elle le moindre rayon de soleil.

Par qui cette église et ce couvent ont-ils été fondés ? Je vous le donne en cent, je vous le donne en mille, je vous le donne en dix mille, madame, comme dit l'illustre marquise, cousine de Bussy-Rabutin.

Par don Juan de Marana.

Oui, madame, par ce don Juan que vous connaissez ; celui que j'ai traduit à la barre de la Porte Saint-Martin, et qui y a fait si bonne figure sous les traits de Bocage.

Voici à quelle occasion cette fondation eut lieu.

Une nuit, don Juan sortait (je serais fort embarrassé de vous dire d'où sortait don Juan, madame, si, à propos de Cordoue, je ne vous avais point parlé de la maison de Sénèque en particulier, et des caravansérails en général), don Juan sortait d'un fort méchant lieu, lorsqu'il rencontra un convoi se rendant à l'église de Saint-Isidore.

Don Juan était fort curieux, surtout lorsqu'il était ivre, et ce soir-là don Juan avait voulu comparer les vins d'Italie aux vins d'Espagne ; et, après une longue balance, il avait fini par déclarer, en buvant d'un seul trait une bouteille de Chypre, que les vins grecs étaient les rois des vins.

Don Juan, dont la curiosité était exaltée ce soir-là, demanda donc aux porteurs comment de son vivant s'appelait le pêcheur qu'ils allaient mener en terre.

« Il s'appelait le seigneur don Juan de Marana, » répondirent ceux-ci.

Vous comprenez, madame, que la réponse frappa notre hidalgo, qui se croyait réel et bien vivant, et qui avait toutes sortes de raisons pour cela.

Aussi ne se laissa-t-il point convaincre par cette réponse ; il arrêta le convoi et demanda à voir le mort.

C'était chose facile en Espagne, comme en Italie encore aujourd'hui : on enterrait à cette époque les morts à visage découvert.

Les porteurs obéirent, déposèrent leur fardeau ; don Juan

se pencha vers le visage du cadavre, et se reconnut parfaitement.

La chose le dégrisa. Don Juan vit dans cet événement un
avertissement du ciel plus sérieux qu'aucun de ceux qu'il
avait encore reçus. Il suivit le cadavre à l'église, qu'il trouva
illuminée à giorno et desservie par une foule de moines
d'une pâleur étrange, qui ne faisaient aucun bruit en marchant, et dont les voix chantaient le *Dies iræ, dies illa,* avec
un accent qui n'avait rien d'humain.

Don Juan commença à chanter avec eux ; mais peu à peu
sa voix s'arrêta dans son gosier. Il tomba sur un genou,
puis sur deux, puis enfin la face contre terre, et le lendemain
on le retrouva évanoui sur la dalle.

Quinze jours après, don Juan prit l'habit monacal, et fonda
l'hospice de la Charité, auquel il légua tous ses biens.

Il est vrai que don Juan avait déjà l'esprit frappé par une
aventure non moins étonnante que celle-ci.

Un soir qu'il revenait sur le quai où s'élève la Tour d'or,
et que son cigare s'était éteint (don Juan avait tous les dé-
fauts, madame, et par conséquent était un fumeur enragé), un
soir donc que son cigare s'était éteint, il aperçut de l'autre
côté de la rivière, large en cet endroit comme la Seine à Rouen,
il aperçut un individu dont le cigare flamboyant étincelait à
chaque aspiration comme une étoile.

Don Juan, qui ne doutait de rien, et qui, grâce à la terreur
qu'il avait inspirée, avait l'habitude de voir tout le monde
obéir à ses caprices, don Juan interpella le fumeur, et lui
ordonna de passer le Guadalquivir et de lui apporter du feu.

Mais celui-ci, sans se donner tant de peine, allongea le
bras du côté de don Juan, et l'allongea si bien que le bras
traversa le Guadalquivir comme un pont, et vint apporter à

don Juan, pour y rallumer le sien, un cigare qui sentait le soufre à faire frémir.

Mais don Juan ne frémit point, ou du moins fit semblant de ne pas frémir; il alluma son cigare à celui du fumeur, et continua son chemin en chantant *los toros de la puerta.*

Ce fumeur, c'était le diable en personne, qui avait parié avec Pluton qu'il ferait peur à don Juan, et qui revint en enfer furieux d'avoir perdu.

XXXVIII.

Séville, 11 novembre.

Il faut vous dire, madame, que nous sommes pris d'une rage d'Andalousie; nous ne sortons pas, mes amis et moi, de chez les guêtriers, de chez les selliers, de chez les tailleurs. Les guêtres, les habits, les aparejos nous paraissent ce qu'il y a de plus charmant au monde.

C'est en effet à Séville que l'on fait les plus charmantes guêtres que l'on connaisse; aussi pour mon compte en ai-je commandé six paires; j'ai aussi commandé tout un attirail de mule, avec pompons et grelots. Je suis sûr que la chose aura le plus grand succès à Longchamps si elle arrive à temps, ce dont je doute, pour y paraître cette année.

Quant aux habits, je m'en suis privé. J'ai rencontré à Cordoue un tailleur exilé, qui m'a raconté une histoire fort touchante sur sa désertion. Il est résulté de ce récit et de l'intérêt qui en a été la suite, que je lui ai commandé un costume complet de chasseur de Cordoue.

J'ai aussi quelque chose qui ressemble à une idée. Vous savez, si vous avez lu *Tristram Shandy*, que chaque homme, a son dada ; mon dada à moi, du moins Alexandre le prétend, c'est de faire arranger des appartemens. J'ai donc, comme je vous le disais, eu une idée, c'est d'appliquer à des rideaux et à des portières ces délicieuses mantes bariolées dans lesquelles les Andalous se drapent avec une coquetterie et un bonheur dont eux-mêmes n'ont aucune idée. Buisson, ne vous étonnez pas de voir revenir son nom à chaque moment, Buisson m'a conduit chez un marchand, et là, sous ses auspices, j'ai fait ma commande.

Le soir, nous avions bal, comme vous savez. Buisson nous prévint que nous ferions grand plaisir à nos hôtes si nous adoptions ce soir-là le costume national. J'étais en mesure ; vous vous rappelez la razzia que j'ai faite à Cordoue ; Giraud et Desbarolles avaient des habits de José de Bataro, le tailleur fashionable de Séville. Alexandre, en un tour de main, s'était procuré veste et chapeau ; les ceintures ne lui manquent pas : depuis Madrid il en a fait collection. Saint-Prix est un véritable Andalous et des plus élégans même ; enfin Boulanger, Monthérot et Nugeac ont trouvé moyen, par quelles ressources cachées, je l'ignore, de se procurer des vestes et des sombréros de majos.

Vous ne m'entendez parler que de vestes et de chapeaux : voici pourquoi. Autrefois, le costume complet était de rigueur, c'est-à-dire qu'outre la veste et le chapeau, l'on portait encore la culotte aux rebords de velours, la guêtre ouverte, et le bas aux coins brodés visibles par les ouvertures de la guêtre; mais que voulez-vous, madame, notre affreux pantalon et nos bottes vernies sont en train de faire le tour du monde. Ils sont entrés à Séville et ont conquis dans la cité leur droit de bourgeoisie, de sorte que l'habit national s'en va par en bas. Ce sont d'abord les guêtres brodées qui ont été remplacées par les bottes, puis la culotte par le pantalon. Aujourd'hui la grande mode à Séville est d'être Français depuis la semelle du soulier jusqu'à la ceinture, et Andalous depuis la ceinture jusqu'au pompon du chapeau.

En somme, c'est fort laid. Les guêtres et la culotte me paraissaient de toute nécessité ; dans ces deux objets gît tout le pittoresque, c'est-à-dire toute la distinction du costume ; l'homme le plus distingué avec le chapeau, la veste, la ceinture, le gilet andalous et le pantalon français, a l'air d'un affreux cocher de fiacre.

La réunion était fixée à neuf heures du soir, dans une espèce de café qui nous avait abandonné son premier étage. Ce premier étage se composait d'une grande chambre séparée en deux au plafond par une grosse poutre ; elle était carrelée en carreaux rouges, et blanchie à la chaux pour tout ornement.

Quatre quinquets fumeux l'éclairaient, un Bohémien, sa guitare sur ses genoux et un fragment de cigare à la bouche, composait tout l'orchestre.

Quand j'arrivai, la salle du bal était déjà pleine ; l'aspect en était triste ; tous les jeunes gens en veste brune ou noire, avec leurs chapeaux ronds, faisaient assez mal sur ces murs blancs, à la pauvre lueur de ces quinquets.

Mais, il faut le dire, au milieu d'eux se détachaient, comme trois points lumineux, comme trois étoiles brillantes dans un ciel sombre, les trois reines de la soirée, Anita, Pietra et

Carmen; leurs basquines de gaze blanche, leurs corsages noirs ou bleus brodés d'argent; leur coiffure en paillettes et en franges étincelantes, faisaient merveille en renvoyant la lumière.

Elles avaient leurs mantes sur leurs épaules et attendaient le moment de danser, accompagnées de leurs mères, de leurs frères, de leurs sœurs et de leurs novios.

Quand tout le monde fut à peu près arrivé, les premiers accords de la guitare se firent entendre. Carmen se leva sans attendre aucune prière, jeta sa mante aux mains de sa mère, et s'avança avec ses petits souliers de satin sur le carreau brutal, au milieu d'un cercle qui pouvait avoir à peine huit pieds de diamètre. Les premiers spectateurs étaient assis, les autres debout, étagés par rang de taille; la salle ne présentait plus que l'aspect d'un vaste entonnoir de têtes, les dernières touchant le plafond, les premières étant à la hauteur de la ceinture des danseuses.

Cette danse de Carmen n'était qu'un programme: la pauvre enfant était la plus jeune et la moins forte des trois; on l'avait lancée en avant comme un ballon d'essai, aussi l'enthousiasme fut-il modéré.

Anita se leva; toutes les voix crièrent: L'olé? l'olé!

L'olé, madame, est une de ces danses que la censure espagnole ne permet pas de danser au théâtre; c'est l'état de tout censeur de retrancher, dans ce qui passe sous sa juridiction, tout ce qui est vraiment beau, tout ce qui est vraiment original.

Heureusement nous étions chez nous, heureusement nous échappions aux ciseaux de messieurs de la censure, heureusement Anita, Pietra et Carmen, ces jolis oiseaux du soir, venaient à nous avec toutes les plumes de leurs ailes.

Hé! mon Dieu! madame, ce n'est point qu'on puisse rien reprocher à cette pauvre danse; ce qui effarouche la susceptibilité pudibonde de messieurs les censeurs, ce n'est point tel écart de jambe, tel ou tel entrechat risqué, tel ou tel battu dangereux; non, ce qui fait le charme de cet exercice, c'est tout un ensemble de mouvemens fiers et voluptueux à la fois, provoquans au delà de toute expression, et auxquels il est cependant impossible de reprocher aucune liberté; c'est l'air sur lequel ces mouvemens se font, le chant accompagné de sifflemens aigus qui les accompagne, c'est ce parfum de danse nationale, comme les peuples les rêvent avant que ne viennent les polluer les doigts de rose de messieurs les maîtres de ballets, c'est enfin quelque chose d'enivrant au suprême degré pour les Espagnols, qui voient de pareilles danses cinq ou six fois par an, et qui non-seulement ne s'en lassent pas plus que des courses de taureaux, mais encore les revoient toujours avec un nouvel enthousiasme.

Ainsi jugez de l'effet que font ces danses sur les étrangers.

Alors je vis se renouveler ce phénomène d'exaltation qui m'avait déjà frappé au cirque; c'étaient des bravos, c'étaient des cris comme vous n'en avez jamais entendu aux jours de nos plus grands succès, contre lesquels protestent toujours quelques-uns, ne fût-ce que nos amis intimes; cinquante chapeaux roulaient aux pieds de la danseuse dans cet étroit espace, et celle-ci, avec une adresse charmante, comme la Mignon de Gœthe au milieu de ses œufs, celle-ci bondissait au milieu de toute cette chapellerie sans la froisser.

J'avoue que je comprenais l'enthousiasme, mais aucunement la façon dont il se manifestait. Qu'avaient à faire tous ces chapeaux que l'on retirait quand Anita s'éloignait, que l'on repoussait sous ses pieds lorsqu'elle se rapprochait, et

au milieu desquels la dédaigneuse fée passait si légèrement?

Cette danse est charmante, madame, en ce que ce n'est
point une danse comme nous l'entendons, mais tout un
poëme. Je ne sais rien de plus triste que nos danseuses à
nous, qui bondissent avec une fatigue visible, et dont tout
le but est de dépasser en hauteur d'une ligne ou d'une demi-
ligne les souvenirs laissés par Taglioni ou Elssler; malgré
ce sourire éternel attaché avec des épingles aux deux coins
de leur bouche, on sent, ou devine la fatigue, car nos danseuses à nous ne dansent que des jambes, et quelquefois
par hasard des bras. Mais en Espagne, c'est bien différent;
la danse est un plaisir pour la danseuse elle-même, aussi
danse-t-elle avec tout le corps; les seins, les bras, les yeux,
la bouche, les reins, tout accompagne et complète le mouvement des jambes. La danseuse piaffe, bat du pied, hennit
comme une cavale en amour; elle s'approche de chaque
homme, s'en éloigne, s'en rapproche encore, le chargeant
de ce fluide magnétique qui jaillit à flots de son corps
échauffé par la passion. Alors vous comprenez, madame, ces
hommes qui sentent s'approcher d'eux cette vivante effluve
de plaisir, ces hommes gagnent la fièvre de la danseuse, la
partagent, et rejettent à leur tour, en bravos, en applaudissemens, en cris, cette flamme qui les brûle. On parle des
rêves de l'opium et des divagations du hatchis: j'ai étudié
les uns et suivi les autres, madame, rien de tout cela ne
ressemble au délire de cinquante ou soixante Espagnols ap-
plaudissant une danseuse dans le grenier d'un café de Séville.

Une des figures les plus gracieuses de l'olé était celle-ci,
ou plutôt cette figure est toute la danse.

Anita tenait un chapeau d'homme à la main : ce chapeau c'est celui du premier venu ; l'accepter n'a point d'importance, et la danseuse l'accepte, comme je l'ai dit, du spectateur qui se trouve le plus proche d'elle au moment de son départ. Ce chapeau, ne pas confondre la forme coquette du sombrero andalous avec la forme de nos chapeaux de Desprez ou de Bandoni, ce chapeau, elle commence par s'en coiffer de toutes les façons possibles : sur le côté, comme un petit-maître du Directoire; en arrière, comme un Anglais; sur le front, comme un académicien.

Anita tenait donc ce chapeau dont elle se coiffait de toutes les façons, puis de temps en temps elle ôtait le chapeau de sa tête et s'avançait vers un de nous comme pour le mettre sur la sienne. Mais au premier mouvement que celui qui paraissait favorisé faisait au-devant de cette faveur, Anita tournait sur elle-même, et d'un bond se trouvait de l'autre côté du cercle, faisant la même coquetterie à un autre, qui devait être trompé comme son devancier ; et à chaque tromperie du genre de celle-ci, madame, c'étaient des rires, des cris, des applaudissemens, des bravos à faire crouler la salle, ce qui était justice; car, il faut le dire, jamais papillon, jamais abeille, jamais sphinx effleurant du bout de sa trompe les fleurs d'un parterre, n'a volé de l'une à l'autre avec plus d'agilité, de grâce et d'inattendu qu'Anita.

Comme j'étais le roi de la fête, madame, ce fut sur ma tête que vint se poser le chapeau, à mon grand embarras, je dois le dire, car que faire pour remercier une danseuse à qui l'on ne peut pas même baiser la main?

Il y eut une pause d'un instant, pendant laquelle Anita recueillit les hommages et les applaudissemens de toute la société. La flatterie qui paraissait lui faire le plaisir le plus vif était lorsqu'on lui disait qu'elle était très salée, *salada*.

Je le lui donne à mon tour, n'ayant pas d'autre moyen de m'acquitter envers elle.

Pendant ce temps, Pietra se préparait : plus tôt elle attirerait l'attention générale, plus le règne de sa rivale serait court. Deux ou trois voix crièrent : Le vito, le vito ; toutes les voix répétèrent : Le vito. Je le répétai comme les autres, sans savoir ce que je demandais.

Pietra s'avança au milieu du cercle.

Si j'ignorais ce que c'était que le vito, madame, anx premières mesures de la guitare, aux premières notes du musicien, je le vis et je l'appréciai immédiatement.

Le vito est un trépignement qui commence avec la nonchalance d'une femme qui s'ennuie, qui s'augmente avec l'impatience d'une femme qui s'irrite, et qui redouble enfin avec la fureur d'une femme en délire.

Ce trépignement a quelque chose de convulsif ; on comprendrait que la danseuse tombât morte à la fin d'une pareille danse.

Cette danse est indescriptible ; rien n'en peut donner l'idée, ni la plume, ni le pinceau : la plume n'a point la couleur, le pinceau n'a point le mouvement. Ces cambrures de reins, ces renversemens de tête, ces regards de flamme, qui n'appartiennent qu'à ces filles du soleil qu'on appelle les Andalouses, ne peuvent se raconter ni se peindre. Puis, il y a cela de remarquable, et qu'on aura peine à croire dans nos climats du Nord ou d'Occident, c'est que tous ces mouvemens étrangers, inconnus, inouïs pour nous, sont voluptueux sans être un instant libertins, comme une statue grecque est nue sans être indécente.

Pietra dut être contente ; son succès égala celui d'Anita sa rivale. Tous les chapeaux furent jetés à ses pieds, et, toujours fidèle aux lois de l'hospitalité, tous les chapeaux furent dédaignés au profit du mien.

Pietra bondit dessus, et le foula de ses deux petits pieds, jusqu'à ce qu'il eût la forme d'un gibus aplati.

C'est la suprème galanterie de la danseuse espagnole, c'est ce qu'elle peut faire de plus coquet en faveur d'un étranger.

Je remerciai Pietra de mon mieux ; je lui dis que de ma vie je n'avais rien vu d'aussi salé qu'elle, et elle parut aussi satisfaite du compliment que je l'avais été de sa galanterie.

Il y eut une pause. Il semblait qu'après le vito et l'olé on avait tout épuisé. On apporta des rafraîchissemens.

Ces bals, le plus grand honneur qu'on puisse faire à un étranger, ces bals, qui ne se renouvellent point quatre fois par an, et pour lesquels nos fils de famille feraient toutes les folies de la terre, sont d'une simplicité primitive. J'ai déjà parlé du local, et j'ai essayé de le décrire. Quant aux rafraîchissemens, ils se composaient tout simplement de deux ou trois douzaines d'excellentes bouteilles de vin de montilla, que chacun but à trois ou quatre au même verre.

En vérité, cette simplicité qui vous fait sourire, madame, avait quelque chose de charmant et de fraternel. Peut-être avions-nous parmi nous de très riches hidalgos, qui pouvaient, qui eussent pu consacrer cent louis à une soirée ; mais peut-être avions-nous aussi quelque pauvre gentilhomme pour lequel un douro est l'existence de deux ou trois jours. Eh bien ! à cette fête nationale, chacun pouvait assister sans le regret du lendemain. Riche hidalgo et pauvre gengilhomme, chacun pouvait prendre sa part des doux sourires semés par nos charmantes fées, chacun pouvait respirer sa part de cet air brûlant, tout chargé d'amour et de volupté.

J'avais bu mon verre de montilla comme les autres, tout en regardant Anita tremper ses lèvres dans le sien, quand je la vis remettre son verre effleuré aux mains de son voisin, qui me l'apporta.

— De la part d'Anita, me dit-il.

— Buvez, buvez, me souffla Buisson ; c'est une galanterie qu'Anita vous fait.

Je saluai et bus sans me faire prier ; Anita m'avait, à ce qu'il paraît, pardonné mon inconvenance de la veille.

Cinq minutes après on m'apporta un autre verre de la part de Pietra ; elle me faisait en même temps signe des yeux que c'était bien à moi qu'il était adressé.

Les yeux de Pietra, madame, sont des plus beaux que j'aie jamais vus ; je me hâtai de faire ce que me demandaient ces beaux yeux, puis je me retournai vers Carmen.

La pauvre enfant était rouge comme une cerise ; lorsqu'elle vit que mon regard la cherchait, elle se leva, effleura à son tour des lèvres son verre, et me l'apportant elle-même :

— Faites-moi, me dit-elle, le même honneur que vous avez fait à Pietra et à Anita.

Je lui pris le verre de la main, et un peu la main avec le verre.

Je bus et le lui rendis.

— Maintenant, dit-elle, je garderai ce verre toute ma vie.

Et elle alla reprendre sa place.

Je vous raconte cela, madame, avec la même simplicité que l'action fut faite et que les paroles furent dites.

L'heure du souper était arrivée ; on avait dressé trois tables ; chacune devait être présidée par une de nos danseuses.

Anita se leva et vint prendre mon bras.

Je la conduisis, ou plutôt je me laissai conduire par elle.

Nous prîmes place ; nous étions vingt à peu près.

La table était longue et fort simplement servie. Je vous l'ai dit, madame, en Espagne, le repas est une espèce de devoir que l'on accomplit pour sa conservation personnelle, et jamais un plaisir. La table ne porte donc en mets et en vins que ce qui est strictement nécessaire pour satisfaire l'appétit et étancher la soif.

Je vous ai déjà parlé de la sobriété des Andalouses. Pour tout rafraîchissement, Anita, Pietra et Carmen avaient trempé leurs lèvres dans leurs verres ; pour toute nourriture elles se contentèrent de goûter du bout des dents aux deux ou trois plats qui composaient le souper.

En Espagne, vous l'avez vu, madame, on boit à la santé des gens d'une façon toute particulière, c'est-à-dire, qu'on leur envoie son verre ; eh bien ! on mange de la même façon à la santé des gens, en leur envoyant tantôt au bout de sa fourchette un morceau du mets que l'on a sur son assiette, tantôt au bout de son couteau un fruit dans lequel on a mordu.

Il va sans dire qu'on m'apporta de tous côtés des fourchettes et des couteaux.

Giraud profita de la circonstance pour faire un portrait de moi en jongleur.

Le souper était d'une gaîté et d'un bruyant dont vous n'avez aucune idée, et cependant chaque convive n'avait pas bu le quart d'une bouteille.

Les uns chantaient, une guitare à la main, les autres disaient des vers ; grâce à cette belle langue castillane, en Espagne comme en Italie, tout le monde est poëte.

C'étaient des vers à Anita, des madrigaux, des sonnets, des odes. C'étaient des éloges, des louanges, des comparaisons, des métaphores ; c'étaient des applaudissemens, des bravos, des cris, qui rendaient le vin inutile, et qui suffisaient pour enivrer ceux qui louaient et celle qu'on louait.

Et en effet, vous le comprenez, madame, toute cette exagération n'était qu'une délicatesse instinctive, c'était par gracieuseté pure et sans intérêt aucun que ces trois charmantes filles nous donnaient leur soirée ; on les payait, si de pareilles faveurs se payent, on les payait en enthousiasme, ou plutôt en fanatisme.

Cet enthousiasme et ce fanatisme allaient croissant, j'ignorais jusqu'où il nous mènerait, quand tout à coup vingt voix crièrent :

— Le vito ! le vito ! le vito ! Anita, le vito sur la table !

Anita ne se fit pas prier. Ah ! madame, quel exemple sous ce rapport les Andalouses donnent à nos Françaises ! Anita ne se fit point prier, elle sauta sur sa chaise, et de sa chaise bondit sur la table.

A l'instant même, assiettes, verres, bouteilles, couteaux et fourchettes furent écartés des petits pieds chaussés de satin qu'ils eussent pu blesser, et la danse commença.

Oh ! cette fois, madame, vous dire les trépignemens, la joie, les hurlemens de tous les convives, ce serait chose impossible, et j'avoue pour mon compte que je trouvais cette exaspération on ne peut plus naturelle. Je ne me rappelle pas avoir vu quelque chose de plus curieux que cette ivresse à laquelle le vin n'avait aucune part, saluant l'incroyable sylphide, qui, sans ébranler la table, sans faire trembler les verres, sans faire choquer les assiettes, bondissait, dominait tout ce cercle d'hommes frénétiques, qui dévorait des yeux chacun de ses mouvemens.

Ce fut la fin du souper. Quand Anita eut fini, on l'emporta sur sa chaise, dans la salle de bal, en criant :

— La danse ! la danse !

Quelqu'un qui, sans être prévenu, eût passé devant la porte, et eût entendu ces cris, aurait cru que l'on s'égorgeait, quand tous les pores, au contraire, étaient ouverts à la joie, et aspiraient le plaisir.

Chacune des autres danseuses avait présidé sa table comme Anita, et comme Anita avait eu son triomphe.

Il y eut cependant, avant que le bal recommençât, un moment de chuchotemens entre les intimes, entre nos danseuses et les grands parens des danseuses.

Ce chuchotement, auquel moi, pauvre étranger, je ne comprenais rien, et dont le résultat me paraissait impatiemment attendu par le reste de la société, s'acheva dans des cris de victoire.

— Le fandango ! le fandango !

Anita et Pietra avaient consenti à danser ensemble, et dans toute sa pureté, le fandango, qui est dansé d'ordinaire par un homme et par une femme.

Le plus habile donneur de fêtes n'eût pas plus habilement gradué ses effets que ne venaient de le faire nos excellens hôtes.

Ah ! madame, si je n'ai pas trouvé d'expressions pour vous peindre la cachucha, l'olé et le vito, n'espérez donc pas que j'essaie de vous donner une idée du fandango.

Figurez-vous deux abeilles, deux papillons, deux colibris qui courent et volent l'un après l'autre, qui se croisent, se touchent du bout de l'aile, se croisent, bondissent ; deux ondines, qui, par une belle nuit de printemps, aux bords du lac, vont se jouant à la cime des roseaux que leurs pieds diaphanes ne font point plier, puis qui, après mille tours mille fuites, mille retours, s'approchent graduellement, au point que leur souffle se mêle, que leurs cheveux se confondent, que leurs lèvres s'effleurent.

Ce baiser est le point culminant de la danse, trois fois il se renouvelle avec une aspiration croissante, à la troisième fois il a épuisé toutes les forces des deux danseurs.

Et la danse s'évanouit, comme s'évanouiraient deux ondines rentrant dans leur lac.

Deux choses m'ont surtout frappé, c'est l'apathie complète dans laquelle tombent les danseuses aussitôt qu'elles ont dansé.

Puis le respect de tous ces hommes, qui, au milieu de leurs transports frénétiques, ne touchèrent pas une seule fois le bas de la robe de Pietra, d'Anita ou de Carmen.

La soirée finit à deux heures. Chaque danseuse jeta sa mante sur ses épaules, prit le bras de sa mère, salua, sortit, et rentra chez elle à pied.

Je rentrai à l'hôtel, brisé d'émotions. Deux soirées bien différentes laissèrent un souvenir ineffaçable dans ma vie.

La soirée de la chasse dans la sierra.

La soirée du bal de Séville.

Le lendemain, je m'informai quelle espèce de souvenir on pouvait envoyer à ces dames.

On me dit qu'elles refuseraient toute autre chose que des bonbons.

J'allai au bazar français, il y a un bazar français à Séville, madame ; il est vrai que tout le monde y parle espagnol ; j'allai au bazar français, et j'achetai trois corbeilles de porcelaine que je fis emplir de bonbons, de fruits et de fleurs, et que je fis porter au domicile de ces dames.

XXXIX.

Séville.

Consternation générale à Séville, madame; il n'y aura pas course de taureaux aujourd'hui dimanche.

Vous vous rappelez, madame, que Montès et le Chiclanero étaient restés à Séville et s'étaient engagés à donner une course, n'est-ce pas? Oui. Eh bien! il a plu toute la nuit : *Nocte pluit totá*, comme dit Virgile, et les spectacles, au lieu de revenir le matin, s'en sont allés à vau-l'eau.

Il en est ainsi de Montès et du Chiclanero, madame; ce sont de petits maîtres qui ne veulent pas souiller leurs bas de soie et leurs souliers de satin; quand ils ont vu la boue, ils ont dit : « Fi donc ! » et sont montés dans le bateau à vapeur qui part pour Cadix.

Montherot, de son côté, qui avait retardé son départ de deux jours, au risque du dommage que pouvait souffrir le Portugal, et cela dans le seul but de voir une course de taureaux, spectacle qui avait pour lui tout l'attrait de la nouveauté, Montherot les a suivis dans la malle-poste.

Nugeac, à son tour, part demain par *le Trajano*, prononcez *Trakano*, si vous voulez prononcer à la manière espagnole. Il est accompagné jusqu'à Oporto de monsieur Meulien, consul à la Havane. Monsieur Meulien est un des rares passagers qui ont survécu au naufrage de *la Méduse*.

Alexandre est parti je ne sais pour où ; depuis hier cinq heures il a disparu, et Desbarolles lui-même, son gardien ordinaire, n'a pu m'en donner aucune nouvelle.

A la nouvelle de sa disparition, Desbarolles a pris sa carabine et m'a offert de se mettre à sa recherche ; mais je n'ai pas pensé que la chose fût urgente.

Nous nous sommes donc trouvés tout désorientés ce matin ; toutes nos dispositions étaient prises pour la course, et la course nous manquant, nous avons été forcés de nous créer une occupation nouvelle.

Cette occupation a été vite trouvée ; je voulais rapporter un souvenir de la soirée d'hier. J'ai pris Giraud et Buisson avec moi, et nous nous sommes acheminés vers la rue qu'habite Carmen. Il s'agissait d'obtenir d'elle qu'elle laissât faire son portrait en costume de guerre, c'est-à-dire avec toutes ces gazes, ces paillettes, ces fanfreluches qui constituent la toilette d'une danseuse.

La pauvre enfant a fort rougi en nous voyant entrer. Elle travaillait, avec sa mère et une sœur plus jeune qu'elle, à un costume aragonais qu'elle devait mettre le soir même pour danser la jota.

La besogne était pressée ; aussi à peine osai-je lui expliquer le motif de ma visite, car il était déjà midi, la robe n'était pas fort avancée, et la séance devait nous tenir une heure au moins.

Ce fut l'objection que nous fit sa mère : mais Carmen lui dit quelques mots à l'oreille qui levèrent la difficulté.

J'ai su depuis quels étaient ces mots.

— En ne dînant pas, avait dit Carmen, je rattraperai le temps perdu.

Il fut donc convenu que Giraud appellerait à lui toute sa diligence, et que Carmen poserait.

Nous étions dans une pauvre petite pièce du rez-de-chaussée, blanchie à la chaux comme tous les intérieurs espagnols, ayant quatre chaises pour tout meuble. Carmen nous invita à l'attendre, et monta rapidement les escaliers pour aller changer de costume.

En son absence, sa mère nous conta toutes ses douleurs : le père était malade et s'en allait mourant d'une maladie de langueur. Longtemps Carmen avait hésité avant de se mettre au théâtre ; mais l'ouvrage manuel qu'elle faisait rapportait à peine trois ou quatre réaux par jour. La malheureuse famille vendit le peu de bijoux qu'elle avait, et avec l'argent que produisit cette vente, Carmen, qui se sentait des dispositions pour la danse, put prendre quelques leçons.

Enfin avec beaucoup de peine elle entra au théâtre, où elle est depuis un an, et où elle gagne, ne riez pas, madame, car cela m'a paru fort triste, à moi, quand on me l'a dit, où elle gagne cinquante sous toutes les fois qu'elle danse. Elle danse quatre fois par semaine, ce qui fait quarante francs par mois.

Sur ces quarante francs elle fournit ses costumes.

Vous comprenez bien que si la pauvre Carmen n'en était pas revenue à ses broderies et à ses dentelles, sa nouvelle profession n'eût pas fort enrichi la maison ; mais la sœur travaillait, la mère travaillait, Carmen travaillait, et si l'on ne vivait pas, au moins on avait l'air de vivre.

Peut-être quelqu'un qui n'eût point entendu ce que nous

venions d'entendre eût-il souri en voyant au jour toutes ces
gazes et tous ces oripeaux, qui la veille au soir, à la lueur
des quatre quinquets enfumés, pouvaient encore produire
un certain effet, mais nous qui venions d'entendre le dou-
loureux récit, je vous jure que ce fut le cœur serré que nous
vîmes reparaître cette pauvre jeune fille qui, à l'âge où l'on
ne devrait avoir qu'à être belle et heureuse, avait déjà tous
les lourds fardeaux de la vie à soulever.

Elle posa avec son charmant sourire, s'étonnant sans
doute de ce voile de tristesse qui en son absence s'était répandu sur nos yeux.

Giraud demanda un peu de mie de pain pour effacer son
crayon ; il n'y avait pas de pain dans la maison ; on fut obligé
d'en aller chercher chez le voisin.

Au bout d'une heure le portrait fut fini ; il était charmant.
Rarement Giraud avait si bien réussi un croquis.

Je ne savais qu'offrir à toute sa famille ; je priai Carmen
de faire pour Giraud une coiffure pareille à celle qu'elle portait. C'était une espèce de chou en gaze brodé d'argent ; elle
détacha celle qu'elle avait sur la tête et la lui donna aussitôt.

J'avais des boutons de manchettes, une paire de brillans ;
je les détachai et priai Carmen de les accepter pour se faire
des boucles d'oreille.

Puis je donnai un louis à la petite sœur, n'osant donner
davantage, de peur qu'on ne crût pas que je donnais pour
rien.

Vous vous feriez difficilement une idée du sentiment de
profonde tristesse que j'éprouvais en sortant de cette maison.
Certes, il y a loin de Carmen à Cerrito, à Elssler et à Taglioni, mais cette distance peut-elle se comparer à l'abîme
qui sépare la misère de l'une du luxe des autres ?

Carmen me fit promettre d'aller lui voir danser la jota aragonaise. Je n'avais garde d'y manquer : la pauvre enfant était joyeuse de ses boutons comme s'ils eussent valu mille louis. Elle me promit qu'elle les aurait dès la même soirée.

En rentrant je trouvai le comte Aguila qui sortait de chez moi.

Il avait entendu dire que le départ de Montès et du Chiclanero m'avait désespéré. En effet je regrettais cette course, la dernière que, selon toute probabilité, je dusse voir en Espagne, et il venait m'offrir un dédommagement.

Lui et ses amis avaient projeté de me donner une fête, et d'aller piquer pour moi le taureau dans la campagne de Séville.

Comprenez-vous la grandeur de cette hospitalité, madame, et n'était-ce pas merveilleux que dix ou douze des meilleurs gentilshommes de la ville se fissent picadors pour moi?

J'acceptai avec reconnaissance : la fête fut remise au surlendemain, il fallait le temps de tout préparer pour cette course.

Alexandre n'était pas rentré, je commençais à être sérieusement inquiet, lorsque Buisson m'avoua tout.

Alexandre lui avait pris une lettre de crédit de mille francs, la veille, et lui avait recommandé de me tranquilliser sur son absence ; seulement il ne savait par où il nous rejoindrait, et nous priait, comme le petit Poucet, de jeter des cailloux sur notre chemin.

Comme la lettre de change était tirée sur Paroldo, il n'était pas difficile de deviner de quel côté était allé le fugitif.

Quoi qu'ait dit et fait Alexandre, ce départ m'inquiète quelque peu ; d'un moment à l'autre nous pouvons recevoir l'avis que notre bâtiment nous attend à Cadix, et nous sommes obligés de partir ; alors, madame, je vous demande un peu dans quel coin du monde nous rejoindra jamais le petit Dumas, comme l'appelle Giraud.

Le reste de la journée se passa à regarder dans les cours à travers les portes.

Oh ! madame, la charmante chose que les cours de Séville!

D'abord, point de ces affreuses portes massives que vous savez, mais les grilles les plus élégantes, les mieux façonnées et les plus coquettes que j'aie vues de ma vie, avec toutes. sortes de dessins Louis XV, de chiffres, de bouquets, d'artichauts, le tout en fer, mais en fer travaillé comme on le travaillait il y a quatre cents ans.

Derrière cette grille, une cour dallée de marbre ; ici c'est la pierre qui est hors de prix, et le marbre qu'on emploie à toute venue. Donc, derrière cette grille une cour de marbre, avec une fontaine au milieu, et des arcades de marbre tout autour.

C'est l'impluvium antique, c'est le patio arabe.

Puis des fleurs inconnues à nos climats du nord, à larges corolles rouges, roulées comme des cornets ; des grappes bleues longues d'un pied, secouant leurs mille clochettes au moindre vent ; des espèces de roses couleur de chair, qui montent à vingt pieds de haut ; des étoiles de pourpre qui flamboient dans un feuillage vert foncé pareil à celui du sureau, et dans les angles, des orangers ou des citronniers courbés sous le poids de leurs fruits d'or.

Parfois, sous les arcades de ces cours, des tableaux comme dans une galerie.

A propos de tableaux, madame, aimez-vous Murillo?

Oui, c'est votre peintre, n'est-ce pas ? il a la couleur, la forme, le charme. Il a tout, c'est un homme qui n'est ni Rubens ni Raphaël, et qui a fait des Vierges aussi chastes que Raphaël, avec une couleur aussi éclatante que celle de Rubens.

Si vous aimez Murillo, ne venez pas à Séville.

Murillo est de Séville, ou plutôt de Pilas, petit bourg des environs. Or, en qualité de compatriote, chaque Sévillan amateur de peinture se croit obligé d'avoir ou de dire qu'il a cinq ou six Murillos. Or, comme Murillo, ainsi que Raphaël, a eu trois manières, c'est une grande commodité pour les amateurs, qui chargent le maître de tous les péchés commis par ses élèves, et qui ont des Murillos de tous les genres, genre froid, genre chaud, des Murillos pâles, des Murillos foncés. Il y a à ce compte, rien qu'à Séville, trois mille Murillos à peu près. Vous voyez que, près de cet infatigable travailleur, Raphaël et Rubens étaient des paresseux.

Des nouvelles, madame, des nouvelles ! nous apprenons à l'instant même que *le Trajano* a fait naufrage dans le Guadalquivir.

Vous comprenez que notre premier soin a été de nous informer du sort de nos deux compatriotes, messieurs de Nugeac et de Meulien.

Heureusement, madame, personne n'est mort : seulement, tout le monde a eu grand'peur, excepté monsieur de Meulien, qui a été d'une impassibilité superbe.

C'est que quand on a fait naufrage avec *la Méduse* on doit être à peu près familiarisé avec tous les naufrages du monde.

Voici le fait. En arrivant vers Cadix, le Guadalquivir se donne des airs d'Océan. Il a donc ses petites tempêtes.

Le capitaine du *Trajano*, en retard de deux heures, a profité d'un brouillard épais à couper au couteau pour aller échouer à cinquante pas du bord.

Seulement, comme la marée montait, il a été impossible pendant six heures d'aller gagner le bord tant désiré.

Pendant six heures les passagers ont été tour à tour rafraîchis par toutes les vagues à qui il a plu de visiter le bâtiment, de sorte que chacun avait gagné les haubans et même les hunes, comme dans un véritable naufrage.

Au reflux, la mer s'est retirée, et a laissé *le Trajano* à sec ou à peu près. Les passagers ont alors pu descendre, non pas à terre, mais dans le fleuve. Du fleuve, ils ont gagné le rivage, et du rivage Cadix, où ils sont arrivés sains de corps, mais fort troublés d'esprit.

Voilà ce qu'il y a de plus nouveau à Séville pour le moment, madame, et je m'empresse de vous en faire part.

Par le même courrier, nous apprenons que notre bâtiment n'est point encore arrivé ; cela nous enlève donc tout scrupule à l'égard de notre séjour un peu trop prolongé dans la capitale de l'Andalousie, que nous quittons après-demain, par le camarade du *Trajano*, *el Rapido*.

Nous partons d'ici à dix heures du matin. *Le Rapido*, en vertu de son nom, nous promet d'être à Cadix à quatre heures du soir.

Adieu, madame. Je ne vous écrirai probablement plus que de Cadix.

XL.

Cadix, 19 novembre au soir.

Vous voyez, madame, que les bateaux se suivent et ne se ressemblent pas.

Nous avons passé fièrement à une demi-lieue du cadavre du pauvre *Trajano*, toujours engagé dans les sables du rivage, et qui attend les hautes marées pour se remettre à flot, et cela sans qu'il arrivât au *Rapido* le moindre accident.

Il est sept heures du soir, nous sommes installés à la fonda dell' Europa ; nous avons quitté Séville ce matin à dix heures.

Hier matin à neuf heures, une calèche attelée de sept mules m'attendait, non pas à la porte de l'hôtel, les voitures à un cheval ne peuvent pas arriver jusqu'à cette porte, mais sur la place voisine, qui doit être la place de la Constitution.

En Espagne, toutes les places s'appellent place de la Constitution.

Je n'ai jamais rien vu de plus élégant que cet attelage, avec son harnais de soie rouge et jaune, ses pompons, ses plumets, ses grelots, ses bouffettes, son zagal et son cocher.

Monsieur Écala, c'est le nom du gentilhomme avec lequel j'étais venu de Cordoue à Séville, monsieur Écala, de son côté, nous avait aussi envoyé sa voiture, de sorte que nous nous trouvâmes avoir la disposition de trois places.

L'une de ces trois places appartenait de droit à Buisson; l'autre fut offerte à Saint-Prix.

A cent pas au-delà des portes de la ville, que nos deux équipages ont mise en rumeur, monsieur le comte de Aguila nous attendait à la porte d'une petite posada, où l'habitude est de boire en passant un verre de vin de Xérès.

Le vin était bon, et la forme des verres charmante.

Tous ces messieurs, au nombre de vingt à peu près, étaient à cheval avec le costume andalous; ils étaient armés de longues lances de picadors.

Le costume du comte de Aguila, quoique d'une simplicité remarquable, et peut-être même à cause de cette simplicité, était d'un goût parfait.

Son cheval aussi, quoiqu'un peu fatigué, comme tout cheval à qui l'on veut faire courir le taureau, avait sous son petit galop relevé une excellente tournure.

Le comte de Aguila avait ce cheval spécialement pour 'exercice auquel nous allions le voir se livrer.

Le comte de Aguila passe pour un des premiers picadors de l'Espagne.

En Espagne, madame, il n'est point rare, à part les cavaliers en place dont je vous ai parlé, et qui ne surgissent que dans les grandes circonstances; en Espagne, madame, il n'est pas rare de voir les gentilshommes courir le taureau pour leur plaisir, à propos d'un pari, ou pour l'honneur des dames, comme on disait du temps de la chevalerie.

Quelques chevaux de main avaient été amenés pour ceux de nous qui préféreraient suivre la course à cheval.

Giraud et Desbarolles profitèrent de l'offre, seulement ils refusèrent la lance qu'on leur offrait en même temps.

Nous nous mîmes en route à travers la plaine; les chevaux et les mules espagnoles ne sont pas si délicats que les nôtres, auxquels il faut des chemins; ils passent partout, et avec eux la voiture qu'ils traînent, laquelle, il faut le dire, a presque toujours été confectionnée dans la prévision de ces circonstances extrêmes.

Le rendez-vous était au pied du Guadalquivir, dans une plaine assez inculte, qui paraissait semée d'une herbe courte et sèche, au-dessus de laquelle s'élevaient de place en place des touffes de chardons.

Cette plaine était dominée par une colline, laquelle elle-même était dominée par un couvent.

Un grand parc fermait l'horizon par un mur, au-dessus duquel s'élevaient quelques beaux arbres.

Le lieu où nous nous rendions formait donc une espèce d'arène carrée, fermée sur une de ses faces par les spectateurs, sur l'autre par le Guadalquivir, et sur la troisième par la colline et par le mur du parc.

La quatrième face était libre; c'était celle par laquelle devaient entrer les taureaux.

On les voyait au loin par bandes de cinq ou six, paissant lourdement dans la plaine, et de temps en temps levant la tête, et poussant, le cou tendu, un meuglement prolongé.

Le comte de Aguila prit douze ou quinze cavaliers avec lui, forma un grand cercle, et enferma les taureaux dans ce cercle, comme les rabatteurs font du gibier.

Les taureaux, pendant ces dispositions, manifestaient des signes visibles d'inquiétude; ils tournaient la tête de côté, beuglaient et se battaient les flancs avec leur queue.

Quand ils virent les cavaliers s'approcher d'eux, les plus prévoyans se mirent en mouvement, quelques autres manifestèrent des inquiétudes plus grandes, mais parurent décidés à ne quitter qu'à la dernière extrémité le pâturage qu'ils avaient choisi; d'autres enfin, ou plus ignorans ou plus philosophes, ne parurent avoir rien remarqué.

Cependant les seconds suivirent bientôt les derniers; il ne resta plus que les insoucieux. Ceux-là se mirent à leur tour en chemin quand ils commencèrent à sentir le fer de la lance.

Un troupeau d'une soixantaine de taureaux s'avançait donc dans le cercle au petit trot, et tout en courant lourdement, regardant à droite et à gauche, d'un côté cette muraille de pierres, de l'autre côté la muraille de spectateurs.

Ils ne pouvaient voir le troisième obstacle invisible, le Guadalquivir encaissé dans ses rives, mais ils le sentaient, mais ils savaient qu'il était là.

Lorsque les taureaux furent rassemblés, chacun prit le sien, et la course commença.

C'étaient des bêtes de quatre ou cinq ans, destinées au cirque. Cette course était une espèce d'essai que l'on faisait de leur courage à venir. Ceux qui allaient mériter les honneurs de la mort sur le champ de bataille seraient immédiatement marqués; ceux qui seraient reconnus faibles ou lâches étaient d'avance voués sans pitié à la boucherie.

Le comte de Aguila, qui menait la course, piqua le premier taureau; l'animal, pour fuir la douleur, prit sa course; alors le comte le suivit, pressant le galop de son cheval selon que le taureau pressait le sien; puis, lorsqu'ils furent, cheval et taureau, bien emportés, au moment où les quatre sabots du taureau quittaient la terre à la fois, le comte allongea la main et le toucha de sa lance entre la naissance de la queue et le haut d'une des cuisses de derrière.

Le taureau manqua des quatre pieds, fit trois tours sur lui-même, et resta le ventre en l'air, tout étourdi de ce qui venait de lui arriver, cherchant à s'en rendre compte, mais inutilement.

Le comte attendit un instant, pour voir si le vaincu se relèverait et reviendrait au combat; mais le taureau, après avoir repris son centre de gravité, resta assis avec un air bien plus pensif encore qu'il n'avait étant couché.

Il était évident que ses réflexions l'absorbaient, et que c'était peut-être un grand penseur, mais pas un brave.

Aussi le comte se dirigea-t-il vers un autre en criant : A la boucherie ! à la boucherie !

Pendant ce temps, vingt luttes du même genre avaient commencé avec plus ou moins de succès, selon le degré d'adresse des picadors.

Deux ou trois taureaux culbutés comme celui dont nous avions suivi les mésaventures, s'étaient relevés et étaient revenus sur le picador ; l'un d'eux même était très pressé, il avait mis son cheval au galop pour fuir, et était poursuivi par le taureau, quand le comte toucha l'animal du bout de sa lance, et l'envoya rouler à dix pas.

Mais celui-là avait de véritables instincts guerriers ; il se releva une seconde fois, et revint vers le comte, qui alors nous ayant donné une preuve d'adresse comme picador, nous donna une preuve de science comme cavalier.

Tout ce que nous avions vu faire à Montès, à pied, pour éviter le taureau, le comte le fit à cheval.

Le cheval et le cavalier semblaient n'avoir qu'une pensée, et même qu'un instinct. La fable du centaure était réalisée ;

au bout de dix minutes de cette lutte vaine, le taureau, fatigué des tours et des détours que lui avait fait faire le comte, tomba sur les deux genoux de devant.

Le comte n'eut qu'à le pousser du bout de sa lance, et il le coucha.

Mais cette chute équivalait pour le taureau à une victoire, il fut désigné pour le cirque.

Cette joute dura trois heures, madame, et avec des fortunes différentes ; beaucoup de taureaux furent culbutés, mais quelques cavaliers aussi roulèrent dans la poussière. Cependant, aucun accident grave n'eut lieu. Aussitôt qu'il y avait danger pour un cavalier, une distraction était créée pour le taureau, soit par un cavalier, soit par un piéton amateur qui se jetait dans le cercle, et qui, sa mante déployée, se mettait à caper l'animal, sinon avec autant d'adresse qu'un toréro de profession, au moins avec autant de courage.

L'un de ces capeurs fit un faux pas et tomba ; un instant, comme le pauvre Lucas Blanco d'aérostatique mémoire, nous crûmes le voir monter dans l'espace. Mais au moment où la corne le touchait, la pointe d'une lance toucha le taureau, et le taureau roula de son côté.

Deux ou trois fois, les taureaux poursuivis enfoncèrent la muraille vivante qui leur fermait un côté du cirque, mais à leur venue la muraille s'ouvrait avec de grands cris, laissait passer taureau, cheval et cavalier, et se refermait derrière eux.

C'est alors, madame, que je me rendis compte du grand sang-froid de tous ces hommes qui, dans les vingt cirques d'Espagne, luttent vingt fois l'année avec le taureau.

Le taureau semble être l'ennemi né de l'Espagnol. Tout enfant qu'il est encore, l'Espagnol, de quelque province qu'il soit, au lieu de le fuir, l'agace et le provoque. Lorsqu'un jeune homme se destine au cirque, soit comme picador, soit comme chulo, soit comme banderillero, c'est donc avec une grande connaissance des habitudes de l'animal qu'il se présente. Dès son enfance il étudie l'adversaire contre lequel il se mesurera un jour. Ce qu'il va faire sur un théâtre entouré de spectateurs, il l'a déjà fait vingt fois dans les coulisses, si on peut s'exprimer ainsi. Ferdinand VII, qui adorait les courses de taureaux, avait créé à Séville un conservatoire de tauromachie.

Ce mépris du taureau est si grand chez les Espagnols, que j'ai vu deux enfans courir à un taureau qui venait d'être renversé par monsieur de Aguila, l'un lui tendre la queue, et l'autre danser sur cette queue tendue comme sur une corde.

Après deux heures de spectacle, je suis sûr que chacun de nous eût pris une lance et se fût fait picador, s'il n'eût été retenu, non point par la crainte du taureau, mais par la crainte de sa maladresse à essayer un exercice auquel il n'était point accoutumé.

Vers trois heures de l'après-midi, nous rentrâmes à Séville suivis de toute la population. L'adresse du cocher de monsieur de Aguila à manœuvrer ses sept mules et sa calèche dans les rues étroites et tortueuses de Séville, est quelque chose d'incroyable.

Tout le reste de la journée se passa en visites d'adieux et en préparatifs de départ. Montherot et Nugeac nous avaient devancés, comme nous l'avons dit; Boutrel restait malade à Séville, Saint-Prix résolut de nous accompagner.

Il avait eu la veille quelques mots désagréables avec son balcon, et il espérait le rendre plus traitable par cette absence momentanée.

Le soir il y avait grand ballet national, pour faire honneur une dernière fois à notre présence : l'impresario n'avait point manqué sa spéculation, la salle était comble.

J'allai sur le théâtre prendre congé de Pietra, d'Anita et de Carmen. Je n'avais garde cette fois de baiser les mains, la chose m'avait trop mal réussi. Mais nous étions de vieilles connaissances maintenant, et ces demoiselles me tendirent franchement leurs joues.

Carmen, en même temps, me demanda tout bas si je n'aurais pas occasion de la faire engager en France.

Malheureusement la pauvre enfant, depuis six mois à peine au théâtre, était la moins forte des trois ; je lui demandai combien de temps il lui faudrait pour arriver à être la rivale de ses deux compagnes ; elle fut franche.

— Un an, me répondit-elle, si je pouvais payer un maître.

Je dis deux mots à Buisson, et il fut convenu que Carmen étudierait un an.

Ma soirée se passa, non point à regarder le spectacle, mais à faire des visites dans les loges. Pendant mes huit ou dix jours de halte à Séville, je m'étais créé un monde de connaissances, j'avais vécu avec ce monde nouveau pour moi comme si je le connaissais depuis vingt ans, et comme si jamais je ne le devais quitter ; voilà que le lendemain tout allait être fini entre lui et moi.

Ce lendemain arriva comme tous les lendemains de ce monde. Buisson était à sept heures du matin à l'hôtel ; lui n'était pas ma connaissance, c'était un ami, aussi avait-il grande envie de faire comme Saint-Prix, de lâcher Séville, et de nous accompagner jusqu'à Cadix.

Malheureusement, le commerce moderne est représenté comme on représentait la Nécessité antique, avec des coins dans les mains, et Buisson n'avait pu mettre de côté les coins de son commerce.

Il se contenta donc de nous accompagner jusque sur le quai, ou plutôt jusque sur le pont d'*el Rapido;* le capitaine étant de ses amis, il eut la faculté de demeurer avec nous jusqu'au troisième coup de sonnette, mais au troisième coup de sonnette il se fallut quitter.

Ce fut un moment de chagrin. Il y avait bien entre nous ces vagues promesses qu'on se fait en se quittant : « Je reviendrai à Séville, j'irai en France; » mais on sent le peu de croyance qu'il faut ajouter à ces paroles, dites avec la meilleure foi du monde au moment où on les dit, mais qui cependant finiront par être emportées sur les ailes du vent, qui passe dans cet intervalle que l'absence creuse tous les jours entre les cœurs, et dont les années finissent par faire un abîme.

Il fallut se quitter, repasser sur la planche qui nous rattachait encore au rivage, la planche se leva; nous ne tenions plus en rien à l'hospitalière Séville, nous la voyions encore, voilà tout.

Je recommandai une dernière fois Alexandre à Buisson.

Enfin le bateau se mit en marche, glissant entre deux rives chargées d'orangers aux fruits d'or; mais pour nous le paysage tout entier se concentrait sur un point seul : Buisson faisait des signes avec son mouchoir, et nous les lui rendions de notre mieux; mais déjà au bout de dix minutes il fallait toute la puissance de nos yeux pour le distinguer au milieu des autres spectateurs, parmi lesquels il finit par se confondre.

Je suis sûr, madame, qu'il n'y avait pas l'un de nous qui en ce moment n'eût le cœur serré et les larmes aux yeux.

Cependant nos regards se reportèrent des objets devenus

invisibles aux objets restés visibles, des habitans à la ville.

Nous marchions avec une rapidité qui justifiait à merveille le nom du bâtiment qui nous emportait. C'est quelque chose de délicieux que le mouvement doux et balancé du bateau à vapeur, succédant au trot des mules ou aux cahots de la malle-poste. Puis le temps était magnifique; un soleil dont la trop grande ardeur était tempérée par les premiers souffles de l'hiver s'épanouissait au-dessus de nos têtes; toutes les conditions en rapport avec nous portaient au bien-être notre baromètre moral et physique, un instant tombé à la pluie par le chagrin de notre séparation.

Nous levâmes donc, comme je vous le disais, nos yeux vers la ville.

La ville s'abaissait au fur et à mesure que nous nous éloignions, tandis qu'au contraire la cathédrale semblait grandir de cet éloignement même. Clochers, maisons, arbres, tout rentrait en terre, comme si des trappes de théâtre se fussent ouvertes et les eussent engloutis. La Giralda seule, avec sa teinte rosée et sa statue de la Foi qui étincelait comme une abeille d'or, restait visible. Je ne sais combien de temps notre œil eût pu en embrasser les contours, ni à quelle distance la tour mauresque eût disparu complétement; tout à coup un coude du fleuve étendit devant elle son rideau verdoyant, et la dernière vision qui nous rattachait encore à Séville s'évanouit.

XLI.

J'en suis fâché pour son nom pittoresque et pour l'idée que vous vous en faites, madame ; mais le Guadalquivir est loin d'offrir sur ses rives cet aspect enchanté que lui ont donné les poëtes arabes qui l'avaient vu, et les poëtes français qui ne l'avaient pas vu.

Les poëtes arabes ont été pris par l'aspect du Guadalquivir. En effet, c'était quelque chose de merveilleux pour des gens habitués à la vue de ces fleuves africains, torrens l'hiver, simples ruisseaux l'été, que le développement de cette belle masse d'eau qui s'avance en s'élargissant vers la mer. Aussi l'appelèrent-ils, comme nous l'avons dit, l'Oued el Kebir, c'est-à-dire la grande rivière.

De leur côté, les poëtes français qui n'avaient pas vu le Guadalquivir ont cru les poëtes arabes sur parole, et ont renchéri sur eux comme ils renchérissent sur tout.

Restaient les poëtes espagnols, qui eussent pu rétablir la vérité. Mais les poëtes espagnols n'ont pu, de leur côté, juger que par comparaison ; or en comparant le Guadalquivir au Mançanarès, ils ont trouvé le Guadalquivir un très grand seigneur.

D'ailleurs c'était le seul fleuve qui portât bateau ; et quand on n'a qu'un fleuve qui porte bateau, comment dire du mal de ce fleuve?

En échange, si les bords du Guadalquivir sont plats et peu accidentés, ils sont couverts de gibier, ce qui n'est peut-être pas une compensation pour les touristes, mais ce qui est un grand avantage pour les chasseurs. A chaque instant, des volées de canards s'élevaient battant lourdement d'abord l'eau de leurs ailes, puis prenant de l'air, puis tournoyant au-dessus de nos têtes, et allant reprendre derrière notre sillage, quand nous étions passés, la place qu'ils avaient d'abord devant le bâtiment.

De temps en temps une outarde aux larges ailes s'élevait au bord du rivage, et s'enfuyait poursuivie par une de nos balles.

Un énorme goéland passa à portée de ma carabine : je lui brisai l'aile ; il tomba.

Ce fut un événement : on fit stoper le bâtiment, on mit la chaloupe à l'eau, on alla chercher l'animal.

Le matelot revint les mains tout en sang. Le blessé avait fait une magnifique défense.

La blessure était grave ; l'amputation de l'aile fut résolue et exécutée par un jeune élève en chirurgie qui se trouvait à bord.

Puis on lâcha l'animal, qui se mit aussitôt à sautiller en regardant ceux qui l'entouraient d'un air plus étonné que craintif.

Le goéland a quelque chose de l'aigle ; c'est la frégate en petit.

Ce beau coup que je venais de faire avait attiré bon nombre de spectateurs autour de moi, quand tout à coup il me sembla, au nombre de ces spectateurs que je croyais étrangers, apercevoir une figure de connaissance.

Je ne me trompais pas. Sur le même bateau que nous,

vêtue de la basquine, avec le long voile de dentelle soulevé par le peigne et tombant jusqu'à la ceinture, était une jeune fille répondant au nom de Julia, que nous avions rencontrée dans une maison qui n'était pas précisément une des mieux famées de la ville. Cette jeune fille s'était prise, je ne sais à quel propos, d'un grand amour pour Boulanger. Nous avions fort plaisanté notre camarade sur cette passion, lequel s'en était défendu de son mieux, lorsque cette apparition remit Boulanger à notre discrétion.

Admirez la naïveté de la jeune personne, madame : quoique fort connue à Séville, elle n'hésita pas un instant à venir nous saluer avec le charmant sourire qui lui était habituel. Il n'y avait pas à nier la connaissance ; il y eût eu quelque chose de lâche à cela. Nous acceptâmes bravement la situation.

Interrogée comment elle se trouvait sur le bateau à vapeur, elle répondit naïvement qu'elle avait sa mère à Cadix, que depuis longtemps elle désirait faire une visite à sa mère, et qu'ayant appris que les Français partaient cejourd'hui 19 novembre pour Cadix, elle avait décidé de prendre passage sur le même bâtiment qu'eux pour jouir plus longtemps de leur compagnie, qu'elle trouvait de beaucoup préférable à celle de ses compatriotes.

Il n'y avait rien à répondre à cela, madame ; aussi ne répondîmes-nous rien, si ce n'est qu'elle était fort aimable.

L'heure du déjeuner arriva.

Nous descendîmes dans l'entrepont. J'avais veillé à la carte ; le couvert était mis ; nous nous plaçâmes à table.

A la première côtelette que nous piquions avec notre fourchette, nous vîmes apparaître dans l'escalier deux petits pieds voilés par une robe noire : puis une main avec un

éventail, puis un voile, puis enfin une Andalouse tout entière.

Avant d'avoir vu le visage, nous avions reconnu Julia.

Nous commencions à nous repentir de notre amabilité;
mais en y réfléchissant, nous nous dîmes qu'elle avait payé
son passage comme nous, et que comme nous, par conséquent, elle avait non-seulement le droit de se promener
sur le pont, mais encore celui de descendre dans la salle à
manger.

Sans doute Julia devina les sentimens favorables qui se
formulaient dans notre esprit; car elle s'approcha en souriant, et vint s'asseoir au plus près de Boulanger, devant la
table qui faisait suite à la nôtre.

Là, elle demanda une tasse de chocolat.

Nous eussions mieux aimé qu'elle fût allée s'asseoir ailleurs, mais notez-le bien, madame, nous n'avions pas le droit
de lui dire :

— Allez-vous-en.

Elle était là comme nous pour son argent; elle pouvait
déjeuner, dîner, faire tout ce que nous faisions.

Seulement elle était si près de nous, qu'elle avait l'air de
déjeuner avec nous.

Et, je vous le demande, avec quoi déjeunait-elle, pauvre
fille? avec une de ces tasses de chocolat grandes comme un
dé à coudre, qui avaient fait le désespoir de nos estomacs
lorsque nous étions entrés en Espagne.

C'était humiliant pour nous, qu'ayant l'air de déjeuner
avec nous, elle déjeunât, elle, avec une tasse de chocolat,
tandis que nous déjeunions, nous, avec des côtelettes, des
perdrix rouges de Ganbamond, et du vin de Montilla.

D'ailleurs, ne l'avait-elle pas dit, pauvre enfant? elle avait choisi le jour où les Français allaient à Cadix pour y aller sur le même bateau qu'eux.

Or, elle avait bien pensé que ces Français, si aimables qu'elle les préférait à ses compatriotes, ne la laisseraient pas mourir de faim en route.

Vous conviendrez, madame, que c'eût été la laisser mourir de faim ou à peu près que de permettre qu'elle déjeunât avec une tasse de chocolat.

Je poussai le genou de Giraud, qui passa le plat de côtelettes à Desbarolles, qui le passa à Boulanger, qui le passa à Julia.

— Une assiette ! cria Julia.

Vous voyez bien, madame, que Julia s'attendait à la politesse que nous lui faisions, puisqu'elle acceptait sans difficulté aucune.

Ce n'est pas qu'elle fût gourmande, la pauvre fille, tout au contraire. L'Espagne n'a que six péchés capitaux, madame ; le septième, la gourmandise, ce charmant péché des Julia de France, est parfaitement inconnu des Julia espagnoles.

Elle déjeuna donc pour déjeuner, purement et simplement, mais elle n'en déjeuna pas moins.

Seulement nous décidâmes que, dussions-nous dîner un peu tard, nous ne dînerions pas à bord du *Rapido*.

Aussitôt le café pris, nous remontâmes sur le pont. Julia, rendons-lui cette justice, eut la discrétion de ne pas remonter avec nous ; mais cette discrétion, il faut le dire, était tant soit peu tardive.

Je trouvai sur le pont le Chiclanero qui examinait mes fusils. Le Chiclanero était non seulement excellent toréro, mais encore excellent chasseur.

Je ne l'avais jamais vu de près. C'était un jeune homme de vingt-quatre à vingt-cinq ans à peine; ses cheveux, qu'il a d'une couleur incertaine, et dont la nuance est plutôt blonde que brune, sont coupés à peu près comme ceux de tout le monde, à l'exception d'une petite tresse relevée par derrière, et qui, les jours de grande cérémonie, lui sert à attacher l'espèce de chou sur lequel pose le chapeau.

Le Chiclanero est l'élève favori de Montès, qui voit en lui le seul successeur sérieux qu'il puisse léguer à l'Espagne.

Nous avancions assez rapidement. A mesure que le fleuve s'élargissait, ses rives allaient s'aplatissant. Un homme endormi à Paris et qui se fût éveillé où nous étions eût juré qu'il se touvait en pleine Hollande, et n'eût point manqué de baptiser le Guadalquivir du nom moins poétique de l'Escaut.

Le ciel seul rappelle au souvenir de la latitude, ce ciel d'un bleu dur et cru sous lequel les eaux de toute rivière paraissent jaunes.

Au bord de ce fleuve auquel le ciel faisait un si grand tort, les animaux aquatiques continuaient à se multiplier. Tout cela volait par bandes de mille, de deux mille, de dix mille, avec un bruit métallique d'ailes faisant siffler le vent, découvrant de temps en temps sur la rive soit un héron, soit une cigogne plantée sur une seule patte, immobile comme un oiseau empaillé qu'on eût fiché au bout d'une baguette, et qui gardait cette immobilité jusqu'à ce qu'une balle de moi, faisant jaillir à six pouces de lui soit l'eau du fleuve, soit la vase de la rive, le tirât de son engourdissement par une secousse qui l'enlevait lentement vers le ciel, où longtemps il se détachait comme un point blanc qui allait sans cesse diminuant jusqu'à ce qu'il se fût perdu tout à fait.

Un peu en avant de San-Lucar, nous aperçûmes la carcasse du *Trajano*.

C'était sur cette carcasse que s'était passé, trois jours auparavant, le drame dont nous avons essayé de donner une idée.

Le pauvre *Trajano* nous parut fort endommagé ; il était posé mal d'aplomb sur le côté comme un malade qui souffre. Quelques hommes, qui à la simple vue nous paraissaient gros comme des fourmis, nous semblèrent, à l'aide d'une lunette d'approche, occupés à transporter à terre une partie de son chargement.

A partir de San-Lucar, où parfois l'on descend pour gagner de là Cadix, le Guadalquivir prend les proportions d'un grand fleuve.

C'est qu'il y a déjà mariage entre lui et la mer.

Le cas avait été prévu par Maquet et Giraud, tous deux très-accessibles à ce mal étrange, contre lequel il n'y a pas de précaution et auquel il n'y a pas de remède.

Maquet s'assit sur un banc et s'accouda du mieux qu'il put au bordage.

Giraud étendit sa mante auprès du mât de misaine et se coucha sur sa mante.

Tous deux pâlirent provisoirement.

Desbarolles paraissait parfaitement insensible à cette transition du fleuve à l'Océan, et prenait avec le Chiclanero une leçon de tauromachie.

Je cherchai Boulanger ; Boulanger avait disparu.

En effet la lame s'allongeait ; le fleuve, au lieu de clapoter doucement se tordait en volutes régulières, l'eau changeait de couleur, et quittant sa teinte jaune passait au bleu verdâtre.

Il y a deux heures de mer pour aller de San-Lucar à Cadix.

Ce fut une heure de trop pour Giraud, une heure et demie de trop pour Maquet.

Enfin on aperçut l'extrémité des maisons de la blanche Cadix, qui semblaient sortir de la mer, car on ne voyait pas encore le sol sur lequel la ville est bâtie, le sol paraissant noyé dans l'eau.

Cette blancheur, se détachant sur le double azur du ciel et de la mer, comme dit Byron, a quelque chose d'éblouissant.

Vers cinq heures, comme nous l'avait promis *le Rapido*, nous entrions dans le port : c'était la première fois qu'un bateau me tenait à peu près parole. J'en fus on ne peut plus reconnaissant au *Rapido*.

Le port était plein de bâtimens de tous pays, de toutes formes, de toutes dimensions.

Notre premier coup d'œil fut pour nous assurer si au milieu de tous ces mâts de bâtimens à voiles, il n'existait pas quelque cheminée de bâtiment à vapeur.

Il en existait deux ; nous avions donc double chance.

Nous jetâmes l'ancre au milieu du port.

De petites barques nous entourèrent à l'instant. Comme dans tous les ports du monde, un nuage de commissionnaires nous enveloppa. Nous transbordâmes nos effets, nous primes congé de Julia et nous nous acheminâmes vers la jetée.

Les honneurs nous en furent faits par messieurs de la douane.

Si les gouvernemens savaient ce que les plus charmantes villes perdent de charmes à être gardées par les odieux uniformes verts que l'on retrouve partout, ils détruiraient bien certainement d'un commun accord les aides et gabelles.

Cependant, puisqu'ils étaient là, je jugeai à propos de les

utiliser en leur demandant quels étaient les bateaux à vapeur qui étaient dans le port, et à quelle nation ils appartenaient.

Ils appartenaient à la nation française, et se nommaient *le Véloce* et *l'Achéron*.

Tous deux venaient de Tanger.

Cela ne nous apprenait pas grand'chose.

Nous gagnâmes les portes de la ville. Mais là la véritable douane nous attendait : les douaniers que nous avions sur la jetée n'étaient que des escarmoucheurs.

Notre arsenal avait éveillé la susceptibilité de messieurs les gabelous ; ils voulaient absolument savoir pourquoi cette quantité de fusils.

On n'avait pas vu un pareil matériel à Cadix depuis la prise du Trocadéro.

On nous avait donné à Séville l'adresse de la fonda de l'Europe ; nous nous y fîmes donc conduire. C'était la meilleure de Cadix, nous avait-on dit.

En effet, son aspect, relativement aux atroces posadas des deux Castilles, de la Manche et de l'Andalousie, que nous venions de pratiquer, était celui d'un véritable palais.

On nous installa au premier, dans le plus bel appartement de l'hôtel.

A peine y étions-nous, qu'un garçon monta et me demanda si je voulais recevoir monsieur Vial, lieutenant en second du *Véloce*.

— Je crois parbleu bien ! m'écriai-je ; faites monter.

Le lieutenant Vial parut.

C'était un homme de quarante ans, à la figure ouverte et sympathique.

A la première annonce d'un officier du *Véloce*, nous avions présagé un grand événement.

Nous ne nous étions pas trompés.

Le lieutenant Vial venait au nom du capitaine Bérard nous annoncer que, par ordre du gouverneur général de l'Algérie, la corvette à vapeur *le Véloce* était distraite de son service et mise à notre disposition.

Nous nous regardâmes les uns les autres avec un air de satisfaction qui n'échappa point au lieutenant.

Il était en outre chargé d'une lettre charmante du comman dant Ferey, beau-frère de monsieur de Salvandy et gendre du maréchal Bugeaud. Il m'écrivait au nom du gouverneur général de l'Algérie, et m'invitait à me rendre à Alger, où, disait-il, j'étais attendu avec impatience.

Le bateau que m'amenait monsieur Vial m'avait été po- sitivement promis à mon départ par monsieur de Salvandy. J'en avais même fait une des conditions du voyage ; mais, je l'avoue, je ne croyais pas que le gouvernement mettrait cette bonne grâce à s'exécuter.

Enfin, comme la Charte, le bateau à vapeur était devenu une vérité. Restait à retrouver Alexandre.

Nous invitâmes le lieutenant Vial à prendre sa part de notre dîner. Il accepta avec une franchise qui nous mit en sympathie directe ; de ce moment nous comprîmes que nous allions devenir d'excellens amis.

Le dîner était servi avec une certaine tournure française qui nous fit plaisir à voir.

Mais ce qui vint attrister légèrement la gaîté que nous inspirait ce reflet de la patrie absente, ce fut la forme de Julia apparaissant dans la pénombre de la porte.

Décidément elle avait résolu de nous compromettre sur terre et sur mer.

Au reste, avec une naïveté charmante, la pauvre fille entra et vint s'asseoir auprès de nous.

Nous lui demandâmes si elle avait dîné.

Elle nous répondit que non.

Le moyen, je vous le demande à vous-même, madame, d'être plus sévères le soir que nous ne l'avions été le matin?

Un seul scrupule eût pu nous retenir, c'était la présence de Vial.

Mais, il faut le dire, il ne nous paraissait pas homme à s'effrayer d'une jolie figure, cette jolie figure fût-elle un peu plus engageante qu'il n'était convenable.

Ces mots s'échappèrent donc naturellement de toutes nos bouches :

— Garçon, une assiette.

Julia ne se fit point prier : on voyait que la pauvre enfant ignorait complétement ce que c'était que la résistance.

Hélas! madame, cette urbanité nous perdit : Julia se regarda désormais comme de notre société.

Le soir elle nous quitta à grand'peine, et revint le lendemain matin.

Vous dire comment elle fut reçue par mes compagnons, madame, je n'en sais rien, car dès le matin je me suis mis en course; j'avais une visite à faire à notre consul, monsieur Huet.

Je n'ai que le temps de vous dire, madame, que monsieur Huet est un homme charmant.

L'heure de la poste arrive comme arrivent toutes les heures fatales, c'est-à-dire au galop, et il faut que j'écrive à Cordoue à Paroldo, et à Séville à Buissón, pour avoir des nouvelles d'Alexandre.

Vous savez qu'Alexandre est toujours plus perdu que n'a
jamais été perdu le petit Poucet.

XLII.

Hélas ! madame, j'ai quelque chose de fort triste et surtout
de fort humiliant à vous apprendre.

Nous venons d'être renvoyés de l'hôtel d'Europe pour cause
d'inconduite.

Il va sans dire que c'est à la pauvre Julia que nous devons
cette avanie.

Je ne veux pas vous dire quel est le nouvel Ulysse que
suivait la moderne sirène ; mais le fait est que la mère n'était
qu'un prétexte, et Cadix qu'un moyen.

Je ne prétends point pour cela que Julia n'avait point de
mère, ou que Julia n'aimait point sa mère, seulement l'amour
filial n'était pas le seul amour de la pauvre enfant.

Donc, je vous ai raconté, madame, comment, obéissant à
son amour et peut-être un peu à son appétit, Julia était venue la veille à l'heure du dîner, et le matin à l'heure du
déjeuner.

Julia était revenue à l'heure du dîner.

Mais il faut que vous sachiez, madame, que l'Espagne est
le pays des mœurs sévères ; les hôteliers surtout sont fort
puritains. Le nôtre se scandalisa de cette triple visite, et à
la troisième il signifia à Julia qu'elle ne monterait point.

La paûvre fille crut que l'ordre venait de nous, et se retira en pleurant.

Mais enfin elle nous avait trouvés si bons enfans, que des doutes lui vinrent à l'endroit de l'aubergiste.

Elle eut l'imagination de nous écrire, et nous écrivit.

La lettre dévoila la discourtoisie de notre hôte.

Le brave homme nous avait en réalité rendu un grand service; mais vous le savez, madame, il y a des services qu'on n'aime pas qu'on vous rende.

Celui-là était du nombre de ceux qu'on demande, mais qu'on n'accepte pas sans les avoir demandés.

Nous fîmes monter notre hôte, et lui adressâmes une longue admonestation sur le respect dû aux femmes. Nous croyions que le drôle allait se disculper.

Tout au contraire, madame, il assuma toute la responsabilité du fait sur lui, et déclara que ce qu'il avait fait était chose urgente pour maintenir l'honneur de son hôtel.

Je demandai majestueusement la carte.

Notre hôte nous la monta avec une majesté égale à la nôtre.

Quel bonheur que le digne hôtelier ait été si susceptible à l'endroit de l'honneur de son hôtel, madame! La carte, pour vingt-quatre heures, montait déjà à deux cent cinquante francs.

Nous poussâmes des hurlemens.

Il faut vous dire, madame, que nous sommes à peu près au bout de nos ressources. Je ne saurais trop répéter, car on ne manquera pas de dire le contraire, que le voyage d'Espagne se fait de nos deniers, et que les deniers vont vite quand on mène la vie aventureuse que nous menons.

Nous poussâmes donc des hurlemens en voyant ce chiffre de deux cent cinquante francs pour un jour.

Il faut vous dire que les hôteliers espagnols ne connaissent pas ce que nous avons si judicieusement appelé l'addition.

Les hôteliers espagnols présentent un total, et cela leur suffit. Comme le Cid, il faut qu'on les croie sur parole.

Malheureusement nous étions moins riches que ces juifs de Burgos qui prêtèrent à don Rodrigue ; aussi lâchâmes-nous notre économiste Maquet sur l'hôtelier de l'Europe.

Maquet rogna cinquante francs sur le total.

Après quoi, comme il était trop tard pour se procurer des commissionnaires, nous déménageâmes nous-mêmes.

Nous voyez-vous, madame, défilant dans les rues de Cadix, ayant chacun nos nippes à la main, ni plus ni moins que les saltimbanques de ce cher monsieur Bilboquet, moins la musique ?

Nous rencontrâmes Julia sur notre route ; elle était fort tentée de se joindre à notre cortége, dût-elle porter quelque chose. Mais nous lui dépêchâmes son Ulysse pour lui expliquer que nous croyions avoir assez fait pour soutenir à l'étranger l'honneur de la galanterie française.

La pauvre Julia se retira en soupirant et en donnant son adresse.

Après une certaine hésitation, après ce flux et ce reflux bien naturel à des gens qui ne connaissent pas une ville, nous abordâmes à la posada des Quatre-Nations, où nous fûmes reçus par le maître de l'hôtel, les valets de chambre, les marmitons et les filles de cuisine.

Notre aventure avait fait du bruit, on connaissait l'événement. Le maître des Quatre-Nations était naturellement en

16

rivalité avec le maître de l'Europe : il devait donc être aussi bien pour nous que l'autre était mal.

Aussi nous recevait-il, madame, avec tous les honneurs de la guerre.

A peine apparûmes-nous au bout de la rue, que maître, valets de chambre, marmitons et filles de cuisine se précipitèrent sur nous comme une nuée de goëlands sur un banc de sardines.

Puis chacun reprit sa volée, emportant quelque chose à sa patte.

Nous craignîmes un instant que le trop grand empressement ne nous fût encore plus désavantageux que la trop grande négligence ; mais appel fait de tout notre bagage, il faut le dire à la gloire des commensaux de l'hôtel des Quatre-Nations, rien n'a manqué.

En somme, nous n'avons pas trop perdu du côté du comfortable, et nous avons fort gagné du côté de la courtoisie. Le premier mot que nous a dit notre hôte, c'est que dans sa posada les étrangers étaient parfaitement libres de recevoir qui ils voulaient ; ce qui était une preuve que la cause de notre déménagement ne lui était pas inconnue.

Mais voyez de quelle façon cornue l'esprit humain est fait, madame ; nul de nous n'a manifesté le désir de profiter de la permission.

Et maintenant que nous en avons fini avec nos tribulations, permettez-moi de vous parler un peu de la ville : je n'en ai encore guère vu autre chose que ce que l'on en voit en allant de la fonda de l'Europe, de pudibonde mémoire, à la poste ; mais c'est déjà assez pour en prendre une idée générale.

D'abord Cadix est la fille bien-aimée du soleil ; son œil de

flamme la couvre de ses plus ardens rayons; de sorte que la
ville tout entière semble être dans la lumière.

Maintenant trois teintes seulement saisissent la vue: le
bleu du ciel, le blanc des maisons et le vert des jalousies.
Mais quel bleu! quel blanc et quel vert! Il n'y a pas de cobalt,
il n'y a pas d'outremer, il n'y a pas de saphir comparable au
bleu; il n'y a pas de neige, il n'y a pas de lait, il n'y a pas
de sucre pareil au blanc; il n'y a pas d'émeraude, il n'y a pas
de vert véronèse, il n'y a pas de vert de gris qu'on puisse
comparer à ce vert.

De temps en temps, à travers les grilles d'un balcon, sortent les branches d'une plante que je ne connais pas, et
dont la fleur rayonne sur la muraille comme une étoile de
pourpre.

Nulle part, en Espagne, je n'ai vu les maisons si élevées
qu'à Cadix; c'est que Cadix ne peut s'étendre ni à droite ni
à gauche, et se trouve forcée de demander à la hauteur ce
que son étroit îlot lui refuse en largeur; aussi chaque maison se hausse-t-elle sur la pointe du pied, l'une pour regarder le port, l'autre la mer, celle-ci Séville, celle-là Tanger.

Cette exiguité de terrain fait les rues de Cadix au moins
aussi étroites que celles des autres villes d'Espagne. Hâtons-
nous de dire qu'elles ne sont pas mieux pavées.

Mais ce qu'elles ont sur les autres villes d'Espagne, et ce
que je ne sais à quoi attribuer, c'est que Cadix est la seule
ville où j'ai vu des rues qui semblent aller au ciel.

Comprenez-vous, madame? l'extrémité de ces rues dont je
parle aboutit au vide, et elles sont bornées par l'infini; cet
azur qui s'étend au bout de deux lignes blanches, apparaît
alors du bleu le plus excessif, le plus absolu, le plus in-
tense.

Tout cela est gai, vivant, lumineux, tout cela donne l'explication de ces nuits pleines d'amour et de sérénades, que même en Espagne on appelle les nuits de Cadix.

Rien à voir du reste à Cadix, ni monumens, ni palais, ni musée ; une cathédrale d'assez méchant goût, voilà tout. Mais ce qu'on vient chercher à Cadix comme à Naples, c'est ce ciel bleu, cette mer bleue, cet air limpide, et ce souffle d'amour qui court dans l'air.

Aussi aime-t-on Cadix sans savoir ce que l'on aime à Cadix. Nous avons couru toute la journée avec notre aimable consul, monsieur Huet, et à part une charmante dame qui nous à reçus avec une grâce toute française, et qui donne tout exprès pour moi un bal demain, je serais fort embarrassé de vous dire ce que j'ai vu.

En passant sur une place qui doit être la place de la Constitution, je suis entré à la poste aux lettres.

Pas plus de nouvelles d'Alexandre que s'il n'existait pas. La malle de Cordoue arrive à minuit heureusement, et j'espère avoir ce soir de ses nouvelles par lui-même.

Toute cette fatale aventure de Julia m'a ôté la mémoire d'une chose fort importante.

Au moment où nous allions nous mettre en route pour aller faire notre visite au commandant du *Véloce*, on nous a annoncé le capitaine Bérard.

Nous nous sommes regardés tout honteux. Nous étions prévenus.

Le commandant Bérard est un homme froid, mais extrêmement poli. Il nous a dit ce que la lettre que j'avais reçue la veille nous avait dit déjà, c'est que lui et son bâtiment étaient à notre entière disposition.

Pour nous en donner la preuve, il nous a demandé nos ordres pour le départ.

Comme vous le comprenez bien, madame, il y a eu à cette occasion assaut de politesse entre moi et le commandant. Enfin, il a été convenu que nous partirions le 25 au matin.

C'est deux jours et demi que nous avons encore à passer à Cadix. J'en suis enchanté pour mon compte ; ce sursis donnera à Alexandre le temps de nous rejoindre.

Tout l'équipage du *Véloce* va être enchanté et nous bénir du fond du cœur. Pour de pauvres officiers qui font le service entre Oran et Tanger, jugez donc ce que c'est, madame, que de stationner quatre jours à Cadix.

Je crois en vérité que la visite de cérémonie du capitaine a dégénéré en visite de plaisir. Venu pour passer dix minutes avec nous, il est resté trois heures. C'est un esprit sérieux, mais qui pardonne aux esprits gais. Je crois que nous nous entendrons à merveille avec lui.

Après la visite du capitaine, nous avons eu celle des autres officiers. Ce sont de charmans garçons, avec lesquels nous allons faire un voyage vraiment royal ; ils connaissent Cadix à merveille et se chargent de nous piloter.

Au reste, nous serions injustes envers Giraud et Desbarolles si nous disions que nous avions besoin des autres pour cela ; tous deux étaient venus déjà à Cadix, en assez misérable état, à ce qu'il paraît, les malles ayant pris je ne sais plus quel chemin qui n'était pas celui des individus. Il en était résulté que nos deux voyageurs, qui éprouvaient le besoin de mettre des chemises blanches, avaient été obligés de faire laver celles qu'ils avaient **sur** eux, ce qui avait été l'affaire de toute une journée.

Mais on n'est pas embarrassé pour une chemise de plus

ou de moins quand on a l'imagination de Giraud et de Desbarolles. Ils tirèrent les draps du lit, en firent des toges, et se drapèrent en Romains.

L'art y gagna : la journée fut employée par Giraud à classer ses croquis, par Desbarolles à mettre ses notes au courant.

Ce fut dans ce costume pittoresque que monsieur Huet les trouva et fit leur connaissance.

Aussi monsieur Huet avait-il gardé de Giraud et de Desbarolles une profonde impression, qui fera probablement tort à celle qu'il gardera de nous.

Adieu, madame ; j'ai bien peur de m'être laissé entraîner au delà de l'heure de la poste par le plaisir que j'ai à causer avec vous.

P. S. A quelque chose malheur est bon ; comme je l'avais prévu, ma lettre n'est point partie et je la rouvre.

Alexandre a donné signe d'existence, madame. J'ai reçu une lettre ou plutôt un dessin de lui, en date du 18 novembre.

Ce dessin représente une petite main ouvrant une porte. Alexandre et son ami Paroldo sont prêts à entrer par cette porte ; un Espagnol, d'aspect formidable, les suit enveloppé dans un manteau.

Tout cela prouve qu'il est en train de faire une comédie de cape et d'épée, dans laquelle, comme Shakespeare et Molière, il joue le principal rôle.

Je ne sais pas combien la comédie aura d'actes mais à coup sûr je viens de recevoir le premier.

Au reste, il est probable qu'Alexandre, craignant les indiscrétions de la poste, aura préféré le crayon à la plume.

De l'époque de son retour, il n'est aucunement question,

ce qui me porte à croire que la comédie commencée est des
plus intéressantes.

XLIII.

Comme nous devions partir ce matin pour faire une promenade autour de la baie, nous avons passé la soirée à visiter les magasins de nattes.

Les nattes sont la spécialité de Cadix.

Je ne sais rien de plus propre, de plus coquet, de plus élégant que ces grandes nattes blanches, souples comme des
toiles, avec leurs dessins et leurs bordures rouges et noires.
J'en ai acheté je ne sais combien de mètres que le *Véloce*
aura la bonté de nous transporter à Alger, puis à Alger j'aurai bien du malheur si je ne trouve pas une occasion de les
faire passer en France.

A neuf heures du matin, monsieur Huet est venu nous
chercher en voiture. J'ai envoyé à la poste, qui est place
Mina, et non pas place de la Constitution, comme je le
croyais. Mais il était encore trop matin, on ne distribuait
pas les lettres.

Je n'ai pas besoin de vous dire, madame, que la lettre il-
lustrée que j'ai reçue hier d'Alexandre ne m'a que médiocre-
ment rassuré. L'Espagnol au sombréro et au manteau sur
les yeux m'inquiète ; heureusement qu'il y a certain couteau

de Chatellerault, qu'Alexandre tient de la Providence moyennant la somme de quatre francs, qui me rassure un peu.

Ce qui achève de m'inférer un peu de tranquillité dans l'esprit est cette porte ouverte et cette petite main qui apparaît. Il est évident qu'Alexandre a des alliés dans la place; or, les alliés, l'allié ou l'alliée d'Alexandre sont les ennemis, l'ennemi ou l'ennemie de l'Espagnol.

J'ai oublié de vous parler d'un chien caniche qui suit le jaloux; car c'est un jaloux sans aucun doute. Ces diables de chiens caniches, dont la race comme celle des carlins se perd en France, ont bien de l'instinct; mais Alexandre a vu le chien caniche puisqu'il l'a dessiné, et s'il l'a vu, eh bien! il s'en défiera.

Je suis donc parti sans être plus avancé que la veille. J'ai montré le dessin à monsieur Huet, que je jugeais plus au fait des mœurs espagnoles que moi; mais monsieur Huet n'y a pu voir que ce que j'y ai vu moi-même.

Deux voitures nous attendaient; nous montâmes cinq dans l'une et quatre dans l'autre. Monsieur Huet emmenait deux de ses amis.

J'ai timidement parlé de provisions à prendre. Monsieur Huet a levé le couvercle d'un des coffres, et j'ai vu que nous n'avions rien à désirer de ce côté-là.

Pendant une demi-heure ou trois quarts d'heure nous avons suivi une jetée étroite comme un ruban, avec la mer à notre droite et les salines à gauche. C'est au bout de ce ruban, qui par une courbe se rattache à l'Europe, que Cadix semble naviguer, comme un de ces petits bâtimens à voiles blanches que les enfans promènent avec un fil sur le bassin des Tuileries.

A un demi-quart de lieue de la ville à peu près, une redoute coupe la jetée.

Bientôt, au lieu de côtoyer la mer, nous lui tournâmes le dos, et nous nous enfonçâmes vers l'île de Léon.

Nous avions alors le Trocadéro à notre gauche, et les grandes plaines qu'arrose le Guadalète à notre droite.

C'est dans cette plaine, c'est sur les bords de ce fleuve au doux nom que le roi Rodrigue livra cette bataille qui dura huit jours.

Vous connaissez cette poétique tradition, n'est-ce pas, madame ? l'Espagne fut perdue comme Troie, perdue comme l'Italie, pour l'amour d'une femme.

Seulement on connaît Homère, le père de l'*Iliade;* seulement on connaît Tite-Live, le narrateur ou peut-être même l'inventeur de la tradition romaine ; tandis qu'on ne connaît pas l'auteur de ces charmants romancéros qui ont popularisé même en France les noms de Rodrigue, de don Julien et de la Cava.

Et cependant tous ces malheurs qui lui arrivèrent avaient été prédits au malheureux roi le jour où il ouvrit la tour d'Hercule.

Oui, madame, cette tour d'Hercule, dont nous avons vu les ruines à Tolède, elle a été ouverte par le roi Rodrigue, onze cent trente-sept ans avant nous; il croyait y trouver les trésors du dieu ; il n'y trouva que ces paroles terribles écrites sur la muraille :

« Roi, c'est pour ton malheur que tu as ouvert cette tour ; car le roi qui ouvrira cette tour doit mettre en feu l'Espagne. »

Mais ces paroles n'arrêtèrent point l'imprudent; un pilier creux était fermé par une porte de fer.

Rodrigue brisa cette porte.

Dans cette cavité était un coffre.

Rodrigue ouvrit le coffre.

Mais au lieu d'or, il n'y trouva que des bannières incon-nues représentant des figures d'hommes à cheval emboîtés dans de grandes selles.

Ces hommes étaient des Arabes.

Ils avaient des épées suspendues à leur cou, et des arba-lètes tout armées.

Don Rodrigue, effrayé, sortit de la tour.

Mais derrière lui un aigle s'abattit, qui semblait descen-dre du ciel. Il tenait un tison dans sa serre, il le secoua sur la tour, et la tour fut incendiée.

Don Rodrigue se trompa au présage, il crut que Dieu lui ordonnait d'aller combattre les Maures d'Afrique. Il leva vingt-cinq mille chevaliers, les mit sous les ordres du comte Julien, et l'envoya conquérir l'Afrique.

Mais l'expédition était condamnée d'avance ; le comte Ju-lien perdit deux cents navires, cent galères à rames, et tous ses gens, excepté quatre mille.

Le comte Julien avait une fille.

Elle s'appelait dona Florinde.

Dona Florinde était la plus belle du royaume.

Le comte Julien la gardait comme un trésor. Jamais elle n'était sortie, jamais un autre homme que son père ne lui avait vu le visage. Et en partant son père lui avait permis pour toute promenade un jardin ombragé de grands arbres, dont le feuillage, quand il était immobile, interceptait la vue comme un rideau.

Donc, pendant que l'ouragan dispersait la flotte de son père, dona Florinde, qui le croyait abordé et vainqueur, dona Florinde descendit avec ses compagnes dans le jardin, et elle se coucha sur le gazon.

Ses compagnes se couchèrent autour d'elle.

Les folles jeunes filles se croyaient à l'abri de tous les regards.

Alors, dona Florinde leur proposa de se mesurer les jambes avec un ruban de soie jaune. Ses compagnes commencèrent; puis, quand chacune eut pris la mesure de sa jambe avec le ruban, dona Florinde prit le ruban à son tour, et à son tour mesura la sienne.

Et il se trouva que dona Florinde avait parmi toutes la jambe la plus fine et la plus élégante.

Toutes en convinrent.

Mais la fatalité voulut qu'une fenêtre du palais des rois goths donnât sur le jardin du comte, et par fatalité encore, qu'il fît du vent.

De sorte que le vent écarta les arbres, et que le regard ardent du roi Rodrigue passa à travers le feuillage.

Or, le roi n'avait jamais vu si joli visage ni si jolie jambe.

A peine l'eut-il vue, qu'il sentit un grand feu qui lui brûlait le cœur.

C'était le feu qui devait dévorer toute l'Espagne.

Le même jour, il envoya chercher la fille du comte.

Rodrigue était roi, et quand il ordonnait, il fallait obéir.

Dona Florinde obéit, et se rendit chez le roi.

— Tu sauras, ma Florinde chérie, lui dit-il, que depuis que je t'ai vue, je m'en vais mourant : si tu veux me rendre à la vie, mon sceptre et ma couronne sont à toi.

On dit que d'abord Florinde ne répondit rien, et même on prétend qu'elle se fâcha. Mais à la fin de l'entrevue, ce que demandait le roi lui fut accordé ; et toute l'Espagne fut perdue, par le caprice de Rodrigue et par la faiblesse de Florinde.

Et si l'on demande à qui des deux fut la faute, les hommes disent que c'est à la Cava, et les femmes à Rodrigue.

Il faut pourtant croire que dona Florinde se repentit, car elle écrivit à son père pour lui avouer sa faute, qu'elle rejeta, bien entendu, sur le roi Rodrigue.

Quand le vieillard lut sa honte, il saisit ses cheveux à deux mains, les arracha de son front, et les jeta au vent, qui les emporta, pareils à ces fils d'argent que l'automne arrache à la quenouille de la Vierge.

— Oh! s'écria-t-il, oh! roi qui t'es conduit comme un vilain! Noble qui as commis une action par laquelle est détruite ma noblesse, qu'ils ne s'étonnent point ceux qui apprendront une chose qui n'eût pas dû se faire, car un roi perfide porte ses vassaux à la trahison.

« Vive le ciel! elle amènera la ruine de l'Espagne entière, cette lâcheté que le roi a commise sur mon sang : les innocens payeront pour le coupable, les sujets pour le maître.

» Si j'eusse eu en mon pouvoir une autre vengeance moins terrible, c'est celle-là que j'eusse prise, mais je n'en avais pas d'autre. Malheur à toi, don Rodrigue, malheur à l'Espagne!

» Que l'Africain entre donc ici par Tarifa, qui est à moi. Qu'il saccage, pille et tue dans mon propre domaine, et sur mes propres terres. On ne dira pas que je me suis plus ménagé que les autres. Fatal ou propice, le sort en est jeté maintenant, le dé roule sur la table, et nul ne l'empêchera de courir.

» Vive Dieu! l'infâme roi, quoi qu'il fasse, perdra à ce coup, j'en réponds, l'honneur, le sceptre et la vie, et le ciel, qui est juste, ne pèsera la réparation qu'en même temps qu'il pèsera l'outrage. »

Et aussitôt qu'il eut dit, le comte Julien appela un vieux More.

Et il lui dicta en espagnol une lettre que celui-ci écrivit en arabe.

Puis, aussitôt qu'il eut achevé cette lettre, le comte Julien le tua, pour que nul ne sût ce qu'il avait écrit.

Oh ! c'était un message de douleur pour toute l'Espagne que cette lettre, car elle était adressée au roi more, et au roi more le comte Julien disait que s'il lui donnait le nécessaire, lui, comte Julien, lui donnerait l'Espagne.

Oh ! pauvre Espagne, Espagne si renommée, et renommée à si juste titre ! oh ! la meilleure, la plus belle, la plus aimable des contrées, Espagne si parfaite en beauté, si fertile en courage, voilà que pour le crime de ton roi, tu vas passer sous la domination des Mores !

Si ce n'est pourtant les Asturies.

Les Asturies sont la terre des braves.

Mais le roi don Rodrigue ne savait pas encore l'arrêt du destin. Il rassembla tout ce qu'il put réunir de chevaliers et de vassaux, et marcha à la rencontre des Mores.

Mais les Mores étaient nombreux : Tarek les commandait.

La bataille dura huit jours.

Au huitième jour, les ennemis étaient vainqueurs, et les soldats de don Rodrigue fuyaient de tous côtés.

Rodrigue quitta le champ de bataille à son tour.

Il allait seul, le malheureux ! sans un seul ami qui l'accompagnât.

Son cheval était si las, qu'à peine pouvait-il marcher. D'ailleurs son maître ne le guidait plus et il allait où il voulait.

Le roi, sans force, avait presque perdu le sentiment. Il allait, à demi mort de soif et de faim. C'était pitié que de le voir.

Il était tellement rougi de son sang et du sang de ses ennemis, qu'on eût dit une braise ardente.

Son armure, resplendissante de pierreries avant la bataille, était bosselée de toute part ; son épée pendait à sa main, ébréchée comme une scie.

Son casque, enfoncé sur sa tête, cachait son visage gonflé de fatigue et de douleur.

Il monta sur la plus haute colline, et de là il jeta les yeux sur sa belle armée.

Sa belle armée s'enfuyait toute en déroute.

Il jeta les yeux sur ses drapeaux et ses étendards.

Ses drapeaux et ses étendards étaient foulés aux pieds et couverts de poussière.

Il cherche des yeux ses capitaines.

Tous ses capitaines sont tués.

Il regarde la plaine.

La plaine est teinte de sang, et ce sang s'écoule en ruisseaux qui vont se jeter dans le fleuve.

Et triste et honteux de voir cela, il dit tout en pleurant :

» Hier j'étais roi de toutes les Espagnes.

» Aujourd'hui je ne le suis plus d'une seule ville.

» Hier j'avais des forts et des châteaux par centaine.

» Aujourd'hui je n'en ai plus aucun. Aujourd'hui, aujour-
» d'hui je n'ai plus même une tour crénelée que je puisse
» dire être à moi.

» Oh ! malheureux fut le jour, oh ! malheureuse fut l'heure
» où je naquis, puisque ma naissance devait faire la honte
» de l'Espagne !

» Oh ! fatal fut le jour, fatale fut l'heure où j'héritai de
» cette magnifique seigneurie, puisque je devais perdre cette
» magnifique seigneurie en une seule bataille ! »

Puis, quand il eut dit cela, il frappa Orelio de l'éperon,
et Orelio, retrouvant un reste de force, emporta son maître,
qui fuyait la tête tournée encore vers le champ de bataille.

Un seul de ses capitaines, nommé Alcastras, le vit fuir. Il
était couché à terre dans le sang de ses blessures ; il se leva,
fit quelques pas vers son maître ; mais son maître, emporté
par Orelio, disparut.

Alors Alcastras s'achemina vers Tolède, où la cour était
restée, et se présentant chez la reine, quoiqu'il lui en coûtât
d'apporter un si mauvais message :

— Madame, dit-il en ouvrant la porte, vous n'êtes plus
reine. Vous n'avez plus aucun pouvoir, car en huit jours de
bataille vous avez perdu votre état, et le roi Rodrigue lui-
même, je l'ai vu fuyant, cruellement blessé, et à cette heure
il doit être mort ou captif.

La reine tomba évanouie sur son trône, et ce ne fut que
quatre heures après qu'elle reprit ses sens.

Alors elle ordonna à Alcastras de lui conter la chose
comme elle s'était passée. Et Alcastras obéit sans rien omet-
tre.

Et la reine répondit : Ce doit être ainsi, et je n'ai plus de
doutes, car la nuit passée j'ai fait un mauvais songe. Je voyais
don Rodrigue partant en hâte, le visage furieux et les yeux
sanglans, pour aller venger la mort du malheureux don San-
che, et il revenait ensanglanté et le corps couvert de blessures, s'avançait vers moi, me tirant par le bras, et me disant
en pleurant très-fort :

— Adieu, adieu, ma reine, calme-toi. Je pars. Les Mores

m'ont vaincu. Les Mores ont triomphé de moi. Ne prends nul souci de pleurer ma mort, ne prends nul souci de ton royaume ; songe seulement à te mettre à l'abri là-bas, au loin, le plus au loin possible. Va-t'en vite, va-t'en vers les montagnes de l'Asturie, car là seulement tu seras en sûreté. Tout le reste du royaume est aux Mores.

Et pendant ce temps-là l'Espagne se lamentait, disant :

» O Rodrigue, Rodrigue, tourne les yeux sur moi, et vois comme ces infidèles maudits me pillent et me brûlent. Vois le sang que perdent tes soldats dans la bataille, tes soldats qui sont mes enfans.

» Pauvre Espagne, perdue pour un caprice, perdue pour la Cava !

» Car je n'appelle plus Florinde Florinde, je l'appelle la Cava (1).

» Cette gloire de tes aïeux amassée pendant tant de siècles, elle n'est plus ; tu l'as sacrifiée à un moment de plaisir, à un moment de plaisir tu as sacrifié ton royaume, ton corps et ton âme. Ton bonheur est fini et tes malheurs commencent.

» Pauvre Espagne, perdue par un caprice pour la Cava ! »

Cependant don Rodrigue fuyait toujours. Il s'enfonçait dans les montagnes les plus profondes, afin de n'être point trouvé par les Mores qui le poursuivaient.

Il rencontra un berger qui faisait paître son troupeau, et il s'approcha de lui en disant :

— Indique-moi, bonhomme, où je trouverai quelque habitation ou métairie où je puisse me reposer, car je meurs de fatigue.

(1) La méchante femme.

Le berger lui répondit aussitôt :

— Vous chercheriez vainement, seigneur, car il n'y a dans tout ce désert qu'un ermitage, où demeure un ermite qui mène une vie très sainte.

Le roi fut heureux d'apprendre cela, il pensa qu'il pourrait finir ses jours avec cet ermite, et il demanda au berger de lui donner à manger s'il avait quelque chose.

Le berger tira une besace dans laquelle il mettait son pain, et il partagea son pain avec don Rodrigue, ainsi qu'un morceau de viande fumée que d'aventure il avait.

Le pain était noir et mauvais.

Le roi se rappela les mets qu'il mangeait en d'autres temps, et des larmes coulèrent de ses yeux sans qu'il les pût retenir.

Puis, après qu'il eut mangé et qu'il se fut reposé, il s'informa de l'ermitage ; le berger lui enseigna le chemin qui y conduisait, et le roi lui donna sa chaîne et sa bague.

C'étaient des joyaux de grand prix et que le roi estimait beaucoup.

Puis il se mit en route et arriva en vue de l'ermitage comme le soleil se couchait.

Aussitôt il s'agenouilla et fit sa prière.

Puis, ayant aperçu l'ermite, il marcha droit à lui.

L'ermite lui demanda qui il était, et comment il était venu là. Le roi lui répondit :

— Hélas ! je suis don Rodrigue, qui fus roi d'Espagne. Dieu m'a ôté mon royaume en expiation de mes péchés. Je viens faire pénitence avec toi ; ne reçois pas de chagrin de ma présence, au nom de Dieu et de la vierge Marie.

L'ermite lui répondit :

— Certes, vous avez choisi le chemin qu'il fallait pour votre salut, et Dieu vous pardonnera.

Et disant ces mots, l'ermite se mit à genoux, priant Dieu de lui indiquer la pénitence qu'il imposait au roi.

Alors il lui fut révélé de la part de Dieu, que Rodrigue eût à s'enfermer dans un tombeau avec une couleuvre vivante, et que Rodrigue eût à prendre cela en patience pour le mal qu'il avait fait.

L'ermite, fort joyeux, retourna vers don Rodrigue et lui dit ce que Dieu ordonnait.

Et don Rodrigue dit :

— Que la volonté de Dieu soit faite.

Il se coucha donc dans un tombeau avec une couleuvre près de lui.

Et le troisième jour l'ermite alla le voir.

— Comment vous trouvez-vous de votre compagne ? demanda-t-il au roi.

— Jusqu'à cette heure, elle ne m'a point touché, parce que Dieu, sans doute, ne l'a point voulu, dit Rodrigue. Mais prie pour moi, saint homme, afin qu'elle me touche et que j'achève bien ma vie.

L'ermite pria, et trois jours après revint encore.

— Eh bien ? dit-il.

— Eh bien ! dit Rodrigue, Dieu a eu pitié de moi, la couleuvre me mord.

L'ermite l'encouragea, et le roi Rodrigue mourut de la morsure de la couleuvre.

Ainsi finit le roi Rodrigue, qui, ayant expié son crime sur la terre, s'en alla tout droit au ciel.

Voilà, madame, le poëme que chante encore l'habitant de ces belles plaines, où coule le Guadalète, où s'élève Xérès.

Je doute que dans mille ans la victoire des Français et la prise du Trocadéro aient laissé d'aussi poétiques souvenirs.

XLIV.

A bord du *Véloce*.

Je vous écris à bord du *Véloce*, madame; dans deux heures nous levons l'ancre, et je ne tiens plus à la terre d'Europe même par ce léger fil dont je vous parlais hier.

Hier, je vous écrivais de Puerto Santa-Maria, tandis que mes amis, plus curieux que moi de ces sortes de choses, visitaient les magnifiques caves qui font la richesse de la ville.

C'est de Puerto Santa-Maria que le vin de Xérès se répand sur le monde gastronome.

Vous savez, madame, le fameux Xérès, le Xérès des chevaliers, que don César de Bazan est si heureux de trouver côte à côte du roi des pâtés.

Aussi, Puerto Santa-Maria est-il un véritable pèlerinage pour les Anglais. Un petit bateau à vapeur qui va d'heure en heure de Santa-Maria à Cadix, porte à chaque voyage, sinon une cargaison complète, du moins bon nombre d'échantillons de gentlemen voyageurs, qui, après s'être arrêtés à San-Lucar, veulent comparer le pajareto au xérès.

A quatre heures, nous étions de retour à Cadix après avoir fait le tour de la baie.

Un bateau à vapeur était arrivé : en l'apprenant, j'eus l'espoir qu'il avait ramené Alexandre, je me hâtai donc de regagner l'hôtel. Mais au lieu et place de l'enfant prodigue, je ne trouvai qu'une deuxième lettre, ou plutôt qu'un deuxième dessin.

Celui-ci représentait un intérieur.

Cette même petite main qui l'avait attiré du dehors, le poussait dans une chambre assez coquette pour une chambre espagnole. Je vis avec plaisir qu'un assez bon lit faisait le principal ornement de cette chambre.

Le dessin porte la même date que le premier, c'est-à-dire qu'il est du 18 novembre.

Seulement il est évidemment postérieur.

Heureusement il y a malle-poste ce soir. C'est une dernière chance.

Qu'Alexandre arrive ou n'arrive pas, nous décidâmes que le lendemain, c'est-à-dire aujourd'hui, serait le jour de notre départ.

D'ailleurs, notre excellent Saint-Prix s'engage à rester derrière nous, et à attendre Alexandre jusqu'à ce qu'il arrive.

En conséquence, je lui laisse la moitié de mon argent. Ah ! madame, si vous saviez quel soupir je pousse en écrivant cette ligne !

L'enfant prodigue, au moins, ne mangeait que son patrimoine, tandis qu'Alexandre mange celui de la société.

Heureusement le bal qu'on me donne (je crois vous avoir dit, madame, qu'une charmante Gadétane donne un bal en mon honneur), heureusement le bal qu'on me donne me rapproche de la poste.

La malle de Séville passe sous les fenêtres.

Vous jugez avec quelle impatience j'ai attendu cette malle.

A minuit un quart elle a passé.

Je me suis esquivé sans être vu ; j'ai pris mon burnous, et j'ai couru à la poste.

Le conducteur était fort pressé de se coucher, car quelque diligence que j'aie faite, je ne trouvai plus que le postillon.

Vous savez comment parlent les postillons de tous les pays ; l'habitude qu'ils ont de parler à leurs chevaux ou à leurs mules leur fait désapprendre petit à petit la langue que l'on parle aux hommes.

Tout ce que je pus comprendre à ce que me disait celui-là, c'est qu'il n'y avait dans la malle-poste qu'un officier et une jeune dame.

Je courus à l'hôtel.

Alexandre avait peut-être enlevé la jeune dame, et pour plus grande sécurité avait endossé l'uniforme.

J'eusse mieux aimé le voir seul qu'accompagné ; mais enfin, j'aimais mieux le revoir accompagné que de ne pas le revoir du tout.

Comme je ne pouvais prévoir l'aventure de Julia, j'avais donné rendez-vous à Alexandre à la fonda d'Europe. Aucun militaire, aucune jeune dame n'y avaient paru. J'allai tout courant à l'hôtel des Quatre-Nations. Néant. J'y pris Desbarolles. Desbarolles n'avait point voulu venir au bal. Pourquoi ? Ah ! madame, c'est un secret entre Desbarolles et son habit.

Mais Desbarolles ne fit aucune difficulté pour se mettre avec moi en quête du conducteur.

Nous retournâmes à la poste. Porte close. Nous frappâmes chez le voisin. Le voisin ouvrit.

Nous demandâmes au voisin l'adresse du conducteur.

Non-seulement le voisin nous la donna, mais il s'offrit à nous conduire à la maison qu'il habitait, nous jurant ses grands dieux que nous ne la trouverions jamais seuls.

Qu'il avait bien raison, mon Dieu, le digne voisin !

Nous courûmes près d'un quart d'heure par des ruelles dans le genre de celles qui aboutissent à la Seine du côté de la Grève. Puis enfin, nous nous arrêtâmes devant une maison parfaitement obscure.

Il nous fallut un autre quart d'heure avant qu'elle s'ouvrît et qu'elle s'éclairât.

Enfin, nous vîmes paraître une chandelle, puis une vieille femme.

Elle nous conduisit dans une espèce de mansarde où dormait le conducteur.

Je ne sais pas trop ce qui se passa dans l'esprit du brave homme lorsqu'il vit en sortant de son sommeil trois hommes debout près de son lit, et drapés dans leurs manteaux.

Sans doute il se crut tombé dans un cercle de francs-juges, car la première expression de sa physionomie fut la terreur.

Puis, nous lui expliquâmes la cause de notre venue.

Alors il nous dit qu'effectivement un jeune homme grand et blond, aux cheveux châtains et frisés, avait retenu sa place, et l'avait même prise.

Mais à une lieue de Cordoue, le jeune homme avait fait arrêter la malle-poste, avait sauté en bas, avait donné un louis au conducteur, avait prononcé quelques mots qu'il n'avait pu entendre, et avait pris sa course à travers les champs.

Cette course l'avait mené si loin, et dans une direction si opposée à celle que le conducteur devait suivre, qu'il avait jugé inutile d'attendre le fugitif, et qu'il avait continué son chemin.

Il nous montra sa feuille. Effectivement elle portait l'inscription de trois voyageurs.

Le premier était l'officier. Le second la dame. Le troisième Alexandre.

Il n'y avait point de doute à avoir, les deux noms étaient écrits en toutes lettres.

L'histoire devenait de plus en plus fantastique.

Vous dire, madame, dans quel dédale se plongèrent nos trois imaginations, serait chose impossible.

Nous allâmes jusqu'à imaginer que le digne conducteur, de concert avec le postillon, l'officier et la dame, avait assassiné Alexandre et l'avait jeté dans quelque ravin.

De cette situation d'esprit à la menace, il n'y avait qu'un pas.

Nous déclarâmes au conducteur que s'il répondait des paquets, à plus forte raison répondait-il des voyageurs, et que, puisque le petit Dumas était inscrit sur la feuille, il fallait que le petit Dumas se retrouvât.

Nous mîmes, à ce qu'il paraît, une certaine énergie dans la menace, car le conducteur se troubla.

Voyant ce trouble, nous insistâmes.

— Voyons, dit-il, êtes-vous parens du jeune homme?

— Je suis son père, répondis-je.

— Jurez que vous êtes son père.

Je fis serment, ni plus ni moins qu'Horatio et Marcellus.

— Alors je puis tout vous dire, reprit le conducteur, dont la conscience semblait soulagée.

— Non-seulement vous le pouvez, mais vous le devez! m'écriai-je.

— Eh bien ! fit-il, tout était convenu.

— Convenu avec qui ?

— Avec moi.

— Quelle chose était convenue ?

— Qu'il ferait semblant de partir.

— Pour où ?

— Pour Cadix.

— Pourquoi semblant ?

— Pour qu'on le crût parti.

— Et quel besoin avait-il qu'on le crût parti ?

— Eh ! monsieur, il n'y avait que ce moyen.

— Moyen de quoi ?

— Moyen de réussir.

— Mais à quoi ? morbleu !

— A enlever la jeune fille.

Je commençai à frémir.

— Comment, à enlever la jeune fille ?

— Oui ; il a été surpris.

— Par qui ?

— Tenez, si vous êtes son père...

— Eh ! je le suis, vous le savez bien.

— Voilà une lettre, en ce cas.

— Vous eussiez dû commencer par là, imbécile !

— Vous allez voir par qui il a été surpris, pauvre jeune homme !

Je décachetai vivement la lettre et trouvai un troisième dessin.

Alexandre était caché sous le lit déjà signalé dans la seconde lettre ; sa tête seule passait, et il se trouvait nez à museau avec le chien caniche dont je vous ai touché deux mots.

Alexandre avait le doigt sur ses lèvres et essayait de séduire le chien ; mais le chien paraissait incorruptible, et continuait d'aboyer avec férocité.

Je compris toute la situation.

— Il n'a donc pas voulu se taire ? demandai-je au conducteur.

— Hélas ! non, monsieur.

— Et ses aboiemens ?

— Ont attiré la mère, le frère et le cousin.

— Ah ! ah ! et que s'est-il passé ?

— Monsieur, par bonheur, votre fils, qui est un garçon charmant, avait un couteau long comme cela.

— Oui.

— Eh bien ! il a montré son couteau.

— Après ?

— Après, la mère, le cousin et le frère l'ont laissé passer.

— Tiens, tiens, tiens.

— Mais ce n'est pas le tout.

— Comment, ce n'est pas le tout ?

— Non, la jeune personne lui a fait dire qu'elle voulait le suivre.

— Où, le suivre ?

— Où il irait.

— En France ?

— Partout. Seulement elle n'exigeait qu'une petite formalité.

— Laquelle ?

— C'est qu'il l'épousât.

— Qu'il l'épousât !

— Oui. Oh ! c'est très facile en Espagne ; le premier prêtre venu vous marie, et l'on est très bien marié.

— Pour l'Espagne.

— Oui, pour l'Espagne.

— Diable ! voilà qui me rassure. J'ai deux ou trois amis qui se sont mariés ainsi en Italie, mais dont le mariage n'a point passé la frontière.

— Je ne comprends pas.

— Il est inutile que vous compreniez. Mais, dites-moi, comment vous trouvez-vous mêlé là-dedans?

— Attendez donc.

— J'attends.

— Il a tous les alguazils de Cordoue à ses trousses.

— Bah ! Et qui les y a mis?

— La famille.

— Pourquoi?

— La famille a juré qu'il ne l'enlèverait pas. Il a juré qu'il l'enlèverait. De sorte que maintenant c'est au plus adroit.

— Mais vous, que faites-vous dans tout cela?

— Je le cache.

— Où cela ?

Chez moi.

— Comment l'avez-vous connu ?

— Par le tailleur. Je suis l'ami du tailleur.

— Voyons, éclaircissons un peu tout cela.

Je respirai un instant.

— Il est chez vous?

— Oui.

— Dans ce moment?

— Oui, s'il ne l'a pas enlevée.

— Mais par quel moyen l'enlèvera-t-il?

— Je lui ai fait faire connaissance avec des contrebandiers de Malaga.

— Qui vont l'emmener à Malaga?

— Sans doute.

— Et de Malaga, où ira-t-il?

— Vous rejoindre.

— Où cela?

— Où vous serez.

— Mais il n'aura pas assez d'argent, le malheureux !

— Bah! la jeune fille est riche.

— Et les alguazils?

— Ils le croient parti.

— Ah! voilà donc pourquoi son nom est sur la feuille?

— Oui.

— Voilà donc pourquoi il est parti ostensiblement avec vous ?

— Oui.

— Voilà donc pourquoi il vous a quitté à une lieue de Cordoue?

— Eh, oui ! eh, oui ! eh, oui ! Cette nuit tout le monde le croit sur la route de Cadix, tout le monde dort tranquille. La jeune fille se lève, elle ouvre la porte. Elle sort, il l'attend dans la rue avec trois contrebandiers. Et en route pour Malaga !

— Diable! diable!

— Est-ce que vous ne trouvez pas le plan bien conçu?

— Trop bien.

— Oh! c'est un jeune homme charmant, que votre fils.

— Vous trouvez?

— Plein d'imagination.

— Vraiment?

— Et qui ne tient pas à l'argent.

— Ah! cela, j'en sais quelque chose.

— Ainsi, monsieur, soyez donc tranquille, et partez.

— Je partirai, soit; mais je ne suis pas tranquille.

— Et il ne vous a pas dit où il me rejoindrait?

— Monsieur, il n'a pas pu me le dire, puisqu'il n'en sait rien.

— C'est juste. Et vous m'avez dit la vérité?

— La pure vérité.

— Jurez à votre tour.

Le conducteur jura. Je regardai Desbarolles et Giraud.

— Eh bien, demandai-je, qu'en dites-vous?

— Je dis qu'il est bien heureux, s'écria Desbarolles; je suis venu exprès en Espagne pour trouver une aventure pareille, et je ne l'ai pas trouvée.

— Le malheureux! dit Giraud, il a femme et enfant.

— Tiens! c'est vrai, dit Desbarolles.

— Le résumé de tout cela est que je ne dois pas m'inquiéter, n'est-ce pas? dis-je au conducteur.

— Pas le moins du monde, monsieur. Il est jeune, adroit, résolu, il a un bon couteau, Dieu sera pour lui.

— C'est le fameux couteau de Châtelleraut, dit Giraud; toujours la Providence.

— En attendant, mon ami, dis-je au conducteur, voilà, non pas pour l'aide que vous lui avez prêtée, mais pour le dérangement que nous vous avons causé.

Et je lui donnai vingt francs.

— Ma foi! monsieur, dit-il, que ne commenciez-vous par là? j'aurais vu tout de suite que vous étiez son père.

Le mot était touchant, je me retirai dessus.

Dix minutes après, je rentrais au bal beaucoup moins inquiet d'une façon, mais beaucoup plus de l'autre.

Maintenant, madame, si vous avez des nouvelles d'Alexandre avant moi, car il est possible qu'au lieu de me rejoindre il s'en aille directement de Malaga à Marseille, si, dis-je, vous avez des nouvelles d'Alexandre, donnez-m'en.

Le reste de la nuit se passa tant bien que mal, je dormis peu. Je voyais sans cesse la mère, le frère, le cousin, le conducteur, et même le caniche, le caniche, qui, pareil au barbet de Faust, prenait dans mes rêves des proportions gigantesques.

A sept heures, comme je commençais à m'endormir, je fus réveillé par les matelots qui venaient chercher nos malles.

En un tour de main nous fûmes prêts, personne n'avait guère dormi. Les aventures d'Alexandre Junior avaient été commentées de toutes les façons.

Saint-Prix, surtout, n'y comprenait rien. En six semaines, il n'était encore parvenu qu'au bûcher. En vingt-quatre heures Alexandre en était arrivé où le chien l'avait découvert.

Et Dieu seul savait le chemin qu'il avait fait depuis.

A huit heures, nous quittâmes l'hôtel. Saint-Prix nous accompagna. Comme j'espère toujours qu'Alexandre viendra par Cadix au lieu de s'en aller par Malaga, Saint-Prix attendra quatre jours.

C'est du dévoument, pour un homme qui a laissé son cœur à Séville.

Et maintenant, adieu, madame. Je ne vous écrirai plus que de la troisième partie du monde : la cheminée fume, le bâtiment appareille. Je n'ai que le temps de fermer ma lettre, et de la donner à Saint-Prix, qui la mettra à la poste à Cadix.

Encore une fois, adieu, madame ; demain je vous écrirai ce qu'il y a de nouveau en Afrique.

— *Quid novi fert Africa*, comme disaient les Romains.

FIN DU SECOND VOLUME.